Lughatuna
al-Fuṣḥa

International Language Institute, Cairo
International House

لغتنا الفصحى

Lughatuna al-Fuṣḥa

A NEW COURSE IN
MODERN STANDARD ARABIC

Book One

Samia Louis

Illustrations by
Nessim Guirges

The American University in Cairo Press
Cairo • New York

First published in 2010 by
The American University in Cairo Press
113 Sharia Kasr el Aini, Cairo, Egypt
420 Fifth Avenue, New York, NY 10018
www.aucpress.com

International Language Institute, Cairo (www.arabicegypt.com), is affiliated to International House, London.

Dar el Kutub No. 14132/09
ISBN 978 977 416 352 4

Dar el Kutub Cataloging-in-Publication Data

Louis, Samia
    Lughatuna al-Fusha: A Course in Modern Standard Arabic / Samia Louis.—
    Cairo: The American University in Cairo Press, 2009
       Book 1;   cm.
       ISBN 977 416 352 4
       1. Arabic language—Study and teaching   I. Title
       492.7

    2 3 4 5 6 7 8   15 14 13 12

Printed in Egypt

Contents   المحتويات

Acknowledgments الشكر والتقدير

I would like to thank **Colin Rogers**, our CEO, whose vision and support made this series possible. Mr. Rogers provided all the necessary finances for consultants, an artist, a recording studio, and most of all, he believed in our capabilities.

Dr Abd El-Rahman El-Sharkawy, professor of Arabic literature at Cairo University, for his help in the design and editing of this book.

Mohamed Amer, project manager, who edited the book and helped in the recordings.

The ILI teaching staff for recording and pioneering the book in class, and giving their constructive feedback and suggestions.

Mafdy Thabet sound engineer at **Dream Studio,** for his special sound effects and professionalism in producing the CD.

Nessim Guirges, the artist whose forty years of experience, illustrating children's stories and working with numerous newspapers, has made the book a very helpful educational aid.

Sabry Botross, managing director at **Master Media,** and the staff for the editing and graphic design of the whole book.

Karim Sobhy for the website design and online support of the project.

AUC Press staff, especially **Neil Hewison**, associate director for editorial programs, and **Nadia Naqib,** managing editor, for their meticulous work.

Introduction   المقدمة

Following the success of our *Kallimni 'Arabi* colloquial Egyptian Arabic series, we now present our new Modern Standard Arabic (MSA) course, *Lughatuna al-Fusha.* This integrated course is a flexible multilevel Arabic program for students of Modern Standard Arabic, from beginner to advanced levels. Book 1, which is aimed at students with no prior knowledge of Arabic, is designed according to the guidelines set by the American Council for Teaching Foreign Languages (ACTFL). The book helps build students' reading and writing abilities, gradually taking them from 'novice low' to 'novice high' (over three beginner levels). *Lughatuna al-Fusha* Book 1 uses meaningful contexts to present basic language, along with clear grammar strategies to enable students to confidently use Arabic. By the end of Book 1, users will be able to read and write.

The aim of this book is to help students communicate orally and in writing in a number of survival situations. Content such as everyday vocabulary is emphasized, progressively building and enforcing students' knowledge of sentence structure through real-life situations.

Students will learn to:
1. Introduce themselves and ask people for their names
2. Greet others and express basic courtesy
3. Respond, read, and initiate short, limited conversations
4. Ask for and give limited instructions and directions to taxi drivers, and be able to read simple instructions
5. Learn sufficient vocabulary to ask for basic information such as train timetables, movie bookings, tickets, and so on
6. Shop for personal needs or gifts and read bills and receipts
7. Write about their daily routine
8. Read weather information and timetables, and make out prices
9. Write short personal letters, greetings, or apologies
10. Write about themselves and their families
11. Read about Arab culture and friends

Book 1 is divided into ten modules. Each module consists of:
• An outline of the module
• Two presentations through which students will encounter:
  a) New vocabulary
  b) New grammatical forms in the target language
  c) Practice exercises

This book provides practice in all four skills with an emphasis on reading and writing. It proceeds in a gradual step-by-step fashion with frequent recycling of vocabulary and grammar, and clarification strategies of certain structures.

- A section providing a quick overview of the points or grammar taught in that module
- Two comprehensive reviews, one after module 5 and one at the end of the book
- Book plan
- Table of contents
- Comprehensive glossary arranged alphabetically

Listening and Visual Aids

The book is supplemented by an audio CD and a DVD. The CD is for all listening activities, including conversations and pronunciation exercises. A CD symbol appears next to each listening exercise or practice. A track number and the aim and type of skill required are also indicated with each exercise.

The DVD teaches learners to write the letters of the Arabic alphabet. Students can navigate the DVD either through the main menu on the screen, or through the DVD player's controller. The main menu includes three units and the short presentation "How to use the pen." Clicking on one of the units will take the student to a submenu of one or two presentations, and a list of the Arabic letters in each presentation. The student has the option of clicking on 'Presentation' to view all the letters in that presentation consecutively, or alternatively, the student can click on an individual letter. When viewing an entire presentation, the student can skip forward or backward to another letter using the buttons on the DVD player's controller, or one of the options at the bottom of the screen.

Computer Assisted Language Learning (CALL)

Book 1 is supplemented by drills that are accessible through our website. Students can easily log on for extra reading or grammar exercises and practice. Users will be able to watch real films online and practice forming words. The website enables them to learn how to read and write short sentences or messages through the use of practical material. They can also benefit from learning our unique 'ILI font,' designed for both teachers and students of Arabic. The website for Book 1 exercises is http://books-Exce.arabicegypt.com.

Grammar

This book provides users with a wide range of learning strategies that help students to be self-sufficient learners, and make the process of language learning more enjoyable. The book integrates a wide range of strategies into the syllabus such as stimulating background knowledge, predicting and making inferences that appear in every unit.

Types of Exercises

Each module contains a variety of exercises that present and emphasize new concepts and develop reading, writing, listening, and speaking skills.

The exercises start from a highly controlled type of practice and move slowly to less controlled and free type. All of these exercises involve the following:

Pronunciation

These exercises present important elements of spoken Arabic such as stress, intonation, and tone reduction.

Listening

Listening exercises feature a wide range of realistic conversations, newspaper reports, interviews, and so on. They also contain a variety of task-based exercises, and they develop listening skills such as predicting, listening for specific information, and listening for gist.

Reading

Students will get the chance to read materials such as social invitations, business cards, weather reports, advertisements, short personal letters and messages, bills and menus, and job advertisements from Arabic newspapers. Most of these reading texts will contain realistic, high-interest content. The readings will be introduced with a pre-reading activity, and accompanied by a series of interesting exercises that allow students to demonstrate their reading comprehension skills.

Writing

All the writing tasks will be based on real-life situations. They will include writing addresses, postcards, notes, letters, news commentaries, descriptions of people or cities, and interviews, and will enable students to express thoughts and opinions in writing. Students begin with pre-writing activities such as discussing an issue or using a model. The writing will therefore integrate speaking and listening.

Voweling or *Tashkil*

Books 1 and 2 will include *tashkil* (voweling), especially in the presentation section. From then on voweling will be partially applied except for case endings and for *shadda* or *sukun*. The student will gradually learn to read texts without *tashkil*, as books, magazines, and newspapers do not contain the vowel marks.

Conversation

Although Modern Standard Arabic is useful mainly in reading and writing, *Lughatuna al-Fusha* users will be asked to express their opinions and discuss issues orally. Conversations will then be carefully introduced in each unit in a way that enables the learner to gradually build up his or her ability to converse on different levels. This integrated approach will encourage students to compare their own culture to an Arabic-speaking culture and to express their opinion both orally and in writing.

– The time needed for teaching this book is between 100–120 hours.

– We hope you will enjoy learning Arabic with us.

Skills			
Listening	**Reading**	**Writing**	**Pronunciation, Conversation**
• Listening to recognize different short vowels or different letters. • Listening to identify everyday Arabic greetings. • Listening to match words to the right spelling.	• Scanning words from pre-taught letters. • Skimming dialog to identify letters. • Reading words composed of the new letters.	• Writing and arranging words. • Completing missing letters. • Connecting the right vocabulary.	• Pronouncing words with short vowels. • Exchanging greetings like 'good morning,' 'hello,' and so on. • Asking someone's name and introducing oneself.
• Listening to recognize different pre-taught letters. • Listening to identify correct words. • Listening to recognize the difference between short and long vowels.	• Reading words composed of the new letters. • Reading words that have short and long vowels. • Reading short dialogs to identify greetings.	• Writing missing letters. • Arranging letters to write proper words. • Filling in spaces. • Dictation. • Connecting the right words.	• Exchanging greetings like 'good afternoon.' • Pronouncing words with long vowels, and differentiating between long and short vowel sounds.

Plan of Module 1

التحيات والتعارف

Module 1	Function	Grammar	Vocabulary
Presentation 1 **Greetings 1** صباح الخير . **Good morning.**	• Greetings 1 • Introducing yourself. تعارف و تحيّات ١ تقديم النفس	الحروف من أ – خ تدريس الحركات القصيرة الفتحة – الكسرة – الضمّة – السكون ألف القطع	الحروف المفتوحة أَ الحروف المكسورة إِ الحروف المضمومة أُ والكلمات الخاصّة بسياق كلّ حرف كلمات التحيّات: صباح الخير/ النور ما اسمك؟ اسمي . . . كيف حالك؟ بخير الحمد لله
Presentation 2 **Greetings 2** مساء الخير . **Good afternoon.**	• Asking about names. • Greetings 2 السؤال عن الأسماء تعارف و تحيّات ٢	الحروف د/ذ/و/ى حروف المدّ – الفرق بين الحركات الطويلة و القصيرة استخدام ما في السؤال عن الاسم	الكلمات الخاصّة بسياق الحروف: د / ذ / و / ي
Remember	Grammar consolidation.		

Skills			
Listening	**Reading**	**Writing**	**Pronunciation, Conversation**
• Listening to recognize different new letters. • Listening to identify Arabic names. • Listening to identify people. • Listening to match words to the right spelling.	• Scanning words or letters. • Skimming dialog to identify letters. • Reading words composed of the new letters.	• Writing and arranging words. • Completing missing letters. • Connecting the right vocabulary.	• Short dialog to ask about people. • Short questions to ask, negate, or confirm names.
• Listening to recognize different pre-taught letters. • Listening to identify correct words. • Listening to identify people.	• Reading words composed of the new letters. • Reading short dialogs asking about people. • Identifying similar words.	• Filling in missing letters. • Arranging letters to form proper words. • Filling in spaces. • Dictation. • Connecting the right words together. • Matching correct spellings.	• Exchanging information about people. • Asking about people.

Plan of Module 2

السؤال عن الأشخاص والأسماء

Module 2	Function	Grammar	Vocabulary
Presentation 1 هل أنت وجدي؟ **Are you Wagdy?**	• Asking about people 1. • Confirming information. السؤال عن الأشخاص ١ التأكيد بالنفي أو الإثبات	الحروف ر/ ز/ س/ ش/ ص/ ض استخدام آداة السؤال . . . هل؟ الإيجاب بالإثبات أو النفي: نعم/ لا . ضمير المخاطب للمفرد و الجمع ضمير المتكلّم للمفرد و الجمع .	الحروف الجديدة والكلمات الخاصّة بسياق كل حرف السؤال هل أنت . . . ؟ أنا – أنتَ – أنتِ
Presentation 2 من أنت؟ **Who are you?**	• Asking about people 2. السؤال عن الأشخاص ٢	الحروف ف/ ق/ ل/ م/ ن استخدام آداة السؤال . . . من أنت؟ في السؤال عن الشخص .	الكلمات الخاصّة بسياق الحروف الجديدة
Remember	Grammar Consolidation		

Skills			
Listening	**Reading**	**Writing**	**Pronunciation, Conversation**
• Listening to identify new letters. • Listening to differentiate between sounds of letters. • Listening to fill in missing letters or words.	• Scanning words to identify new letters. • Skimming short sentences to identify new words. • Reading short dialogs inquiring about absent people. • Reading to arrange short dialogs.	• Writing missing letters or words. • Completing and writing different short dialogs. • Writing missing questions or answers. • Writing Arabic names. • Rearranging letters and connecting them to the right word.	• Pronouncing new letters with long vowels. • Pronouncing new words with short vowels. • Using short dialogs to ask about missing people.
• Listening to recognize letters or words. • Listening for comprehension and meaning of a short dialog. • Listening to differentiate between 'moon' and 'sun' words.	• Reading for comprehension. • Scanning words to identify new letters. • Skimming short sentences to identify new words. • Reading to arrange dialog for inference.	• Learning more features of the Arabic script • Writing missing words. • Writing missing sentences in dialogs. • Arranging correct spelling or words. • Filling in spaces.	• Pronouncing words that have 'moon' and 'sun' letters, and recognizing the difference. • Short conversations to introduce one another and ask about countries.

Plan of Module 3

من هو؟ من أين هو؟

Module 3	Function	Grammar	Vocabulary
Presentation 1 من هو؟ **Who is he?**	Asking about people 3. السؤال عن ألأشخاص باستخدام ضمير الغائب ٣.	تدريس الحروف هـ/ ط/ ظ/ ع/ غ ضمير الغائب للمفرد والجمع من هو/ هما / هم/ هنّ؟ Third-person pronouns	كلمات تشمل الحروف الجديدة مثل هرم – هديّة – طبلة – ظرف – عصفور – غزال . . . إلخ.
Presentation 2 من أين هو؟ **Where is he from?**	• Asking about countries. • Using courtesy to address or ask strangers. السؤال عن بلد الشخص استخدام عبارات تقليديّة مهذّبة في التخاطب مع الغرباء.	الشدّة و التاء المربوطة تاء التأنيث استخدام آداة الاستفهام من أين؟ للسؤال عن البلاد. "ال" الشمسيّة والقمريّة.	كلمات تحتوي على الشدّة و التاء المربوطة مثل سبّورة – نظّارة – سيّارة. . . إلخ. ما اسمك سيّدي؟ ما اسمك سيّدتي؟
Remember	Grammar Consolidation.		

Skills			
Listening	**Reading**	**Writing**	**Pronunciation, Conversation**
• Listening to identify the right usage of همزة. • Listening to differentiate between words. • Listening to write the missing همزة or words. • Listening for comprehension and to connect the proper dialog phrases.	• Scanning words to identify همزة. • Skimming short sentences to identify some Arabic names. • Reading short dialogs for comprehension. • Reading to arrange short dialogs.	• Writing missing همزة or words. • Completing and writing different short dialogs. • Writing missing questions or answers. • Writing Arabic names. • Rearranging phrases of a dialog. • Writing short sentences about friends or colleagues.	• Pronouncing new words with همزة. • Pronouncing new adjectives and differentiating between sounds of feminine, masculine, or plural adjectives. • Using short dialogs to ask about nationality. • Information gap drill to ask about people's names or nationalities. • Survey in class to ask students for different information.
• Listening to recognize objects. • Listening to comprehend the sequence of a dialog. • Listening to differentiate between feminine and masculine objects.	• Reading to identify the contents of a room. • Scanning letters to identify new words. • Skimming short sentences to identify new objects. • Reading to complete a dialog.	• Writing missing phrases in a conversation. • Writing names of missing objects. • Writing short sentences to describe the contents of a room. • Arranging letters to form correct spelling or words.	• Pronouncing feminine or masculine objects. • Exchanging short conversations to ask others about the contents of a room.

Plan of Module 4

السؤال عن الجنسيات والأشياء

Module 4	Function	Grammar	Vocabulary
Presentation 1 . أنا مصري **I am Egyptian**	• Asking about people's nationality. • Learning more Arabic names. • Use of some courtesy or apology phrases. السؤال عن جنسيّة الأشخاص باستخدام السؤال هل أنت سعودي . . . .؟ الإيجاب بالنفي والإثبات . تعلّم المزيد من الأسماء العربيّة المختلفة استخدام بعض عبارات المجاملة والإعتذار .	أشكال الهمزة وطرق كتابتها في أوّل الكلام – في الوسط – في الآخر . النسبة والصفة للجنسيّات . النسبة مع المذكّر والمؤنّث المفرد والجمع .	كلمات تشمل الهمزة بأشكالها المختلفة مثل بدأ – بطىء – ضوء – سأل – أخ . . . إلخ. أسماء عربيّة أو بلاد تحتوي على الهمزة .
Presentation 2 . هذه حجرتي **This is my room**	• Talking about the contents of a room. • Asking about objects. • Answering using affirmation or negation. • Asking about the countries in which objects were made. الكلام عن محتويات الحجرة السؤال عن الأشياء اسخدام الإثبات و النفي للإجابة السؤال عن بلد الصنع	الحروف د/ذ/و/ى حروف المدّ – الفرق بين الحركات الطويلة و القصيرة استخدام ما في السؤال عن الاسم	كلمات تشمل على محتويات الحجرة (سرير – سجّادة نافذة– باب . . إلخ).
Remember	Grammar Consolidation		

Skills			
Listening	**Reading**	**Writing**	**Pronunciation, Conversation**
• Listening to identify new classroom items. • Listening to differentiate between personal classroom items. • Listening to identify missing objects. • Listening for comprehension.	• Scanning words to identify new items. • Skimming short sentences to identify matching items. • Reading short sentences to complete their meaning. • Reading to form a short dialog.	• Writing some missing items. • Completing short dialogs. • Forming questions and answers. • Writing a short essay about a friend. • Compiling a list of new items in a friend's office.	• Pronouncing new items with *idafa* (the genitive construction). • Pronouncing new plural words with possessive pronouns. • Preparing three short dialogs to ask about missing personal items.
• Listening for comprehension. • A Lebanese man describing his family members. • Listening to differentiate between some personal items.	• Reading for comprehension. • An essay about a friend and his family on the beach. • Skimming short sentences to connect the right meaning. • Reading to arrange a dialog to infer meaning.	• Writing proper answers to given questions. • Writing missing sentences in a dialog. • Formulating questions for a given situation. • Filling in spaces.	• Proper intonation of questions or answers when asking about lost items. • Exchanging pleasantries, asking questions about items.

Plan of Module 5

السؤال عن ملكية الأشياء

Module 5	Function	Grammar	Vocabulary
Presentation 1 كتاب من هذا؟ **Whose book is this?**	Asking about personal belongings. السؤال عن ملكيّة الأشياء Expressing possession. التعبير عن ملكيّة الأشياء	إضافة ضمير الملكيّة للأشياء مفرد– مثنّى – جمع التعبير عن الملكيّة لضمير الغائب والمتكلّم (كتابي – كتابه. . . إلخ) هذا للمفرد المذكّر – هذه للمفرد المؤنّث وجمع الأشياء جموع بعض الأسماء (جمع التأنيث – جمع التكسير) • Plural of regular and irregular nouns. • Possessive pronouns. • Classroom items. • Plural pronouns.	كلمات تشمل الأدوات المكتبيّة في الفصل مثل: مسطرة – أوراق – مقلمة – كراسي – كراسات – كتب . . . إلخ. تدريس جموع الكلمات السابقة
Presentation 2 أ– هل هذه حقيبة؟ **a- Is this a bag?** ب– هل هذه حقيبتك؟ **b- Is this your bag?**	• Asking about personal belongings • Using negation or affirmation in answering السؤال عن ملكيّة الأشياء الشخصيّة استخدام النفي أو الإثبات في الإجابة	استخدام ضمير المتكلّم و المخاطب أو الغائب للسؤال عن الملكيّة. نفي الجملة الإسميّة باستخدام "ليس" استخدام أداة الاستفهام "هل؟" للسؤال عن الأشياء. رسم وكتابة الفتحة أو آداة النصب مع الحروف المتّصلة والمنفصلة حالة التنوين للأسماء النكرة والمتّصلة بالضمائر. • Use of first, second, and third-person pronouns to affirm or negate personal objects.	مفردات الأشياء الشخصيّة وتشمل اسماء مؤنّثة ومذكّرة مثال: حقيبة – مفتاح نظّارة – حذاء. . . إلخ.
Remember	Grammar consolidation.		

Skills			
Listening	**Reading**	**Writing**	**Pronunciation, Conversation**
• Listening to identify telephone numbers. • Listening for comprehension to recognize phone numbers and addresses on some business cards. • Listening to complete missing lines in a conversation.	• Scanning to identify new numbers. • Skimming short dialogs to identify the address. • Reading a short message to a friend in a hotel. • Reading an application form of a student. • Reading personal cards.	• Writing the missing numbers. • Writing a short message to a friend. • Filling in an application form for a course. • Formulating questions to ask about information on a personal card.	• Pronouncing new numbers. • Pronouncing cardinal numbers. • Forming short dialogs to ask about missing information on business cards. • Asking classmates about their telephone numbers to create a class directory.
• Listening for comprehension. • Giving information about a train ticket. • Listening to recognize the time.	• Reading the timetable in a businessman's calendar. • Reading the information on a train ticket. • Reading the train timetable.	• Creating a personal timetable for a calendar. • Filling in missing information on a train ticket. • Filling in spaces.	• Proper intonation for questions about time. • Engaging in short conversations to ask about daily routine. • Asking partners about the time. • Asking about train schedules.

Plan of Module 6

أرقام وتواريخ وتليفونات

Module 6	Function	Grammar	Vocabulary
Presentation 1 ما هو الرقم؟ **What is the number?**	• Learning numbers 1–20 • Using numbers in simple mathematical operations in Arabic. • Asking about addresses, and floor, apartment, and telephone numbers. • Cardinal numbers. • Reading business cards and personal information. الأرقام من ١–٢٠ والقيام بالعمليات الحسابيّة المختلفة باللغة العربيّة السؤال عن أرقام التليفونات السؤال عن أرقام المنزل – الدور والشقّة قراءة الكروت الشخصيّة للحصول أو إعطاء معلومات شخصيّة عند الطلب	تدريس الأرقام من ١–٢٠ تدريس الأوّل – الثاني... العشرون استخدام "ما" للسؤال عن غير العاقل ما رقم تليفونك؟ • What is your phone number? ما هو رقم المنزل / الدور / الشقّة؟ • What is the number of your building / floor / apartment?	كلمات تشمل أسماء الأرقام – الدور الشقّة – المنزل .... إلخ. أسماء بعض الوظائف محام – طبيب – صيدلي
Presentation 2 ما هو اليوم؟ **What is the day today?**	• Asking about, dates, birthdays, and days of the week. • Numbers 21–100 • Asking about time. • Asking about daily routines. السؤال عن تاريخ اليوم– عيد الميلاد وأيّام الأسبوع. استخدام أيّام الأسبوع للسؤال عن البرنامج اليومي الأرقام من ٢١– ١٠٠ السؤال عن السّاعة	للسؤال عن اليوم ما هو اليوم من فضلك؟ للسؤال عن الوقت كم السّاعة الآن من فضلك؟	مفردات أيّام الأسبوع مفردات السّاعة الأرقام من ٢٠ – ١٠٠ أرقام العقود مفردات خاصّة بتذاكر وجداول القطارات
Remember	Grammar Consolidation.		

Skills			
Listening	**Reading**	**Writing**	**Pronunciation, Conversation**
• A conversation between a saleswoman and a customer asking about prices. • Listening to prices at a store to recognize cost of various items.	• Reading price lists on a shopping website to check prices. • Reading a dialog to infer information.	• Filling in different prices on certain items. • Creating a shopping list of required items and their prices.	• Pronouncing prices in different currencies. • Creating short dialogs to ask about prices of different items. • Role-play between a customer and a salesman.
• Listening to recognize different colors.	• Reading for comprehension: a description of someone's apartment. • Reading an advertisement for an apartment rental.	• Filling in missing questions in a dialog. • Writing short sentences to describe an apartment. • Rearranging sentences. • Writing an advertisement to rent an apartment.	• Pronouncing names of colors, furniture items. • Pronouncing referent pronouns. • Role-play: asking about apartments and prices.

Plan of Module 7

ما السعر؟ ما اللون؟

Module 7	Function	Grammar	Vocabulary
Presentation 1 ما السعر؟ **How much is this?**	• Asking about prices: clothes, office items, and so on. • Numbers 100–1000 • Shopping. <div dir="rtl">السؤال عن الأسعار مثل سعر الملابس أو الأدوات المكتبيّة إلخ . . . الشراء – استخدام الأرقام الكبيرة ١٠٠ ١٠٠٠</div>	<div dir="rtl">الأرقام الكبيرة التمييز واستخدام المثنّى والجمع مع العملات السؤال ما سعر هذه ال . . . ؟ ما سعر هذا ال . . . ؟</div> • How much is the…? • Using the dual and the plural with money	<div dir="rtl">مفردات الملابس اسماء العملات: جنيهاً – دولاراً – ريالاً – درهماً . . . إلخ.</div>
Presentation 2 أ– ما لون هذا القلم؟ **a-What is the color of this pen?** ب– هذه شقّتي. **b-This is my apartment.**	<div dir="rtl">السؤال عن الألوان وصف الشقّة ومحتوياتها</div> • Asking about colors. • Describing the apartment and furniture.	<div dir="rtl">السؤال ما لونه؟ السؤال ما لونها؟ الضمير العائد</div> Referent pronoun.	<div dir="rtl">مفردات الألوان مفردات الشّقة اسماء الأثاث المختلفة.</div>
Remember	Grammar Consolidation.		

Skills			
Listening	**Reading**	**Writing**	**Pronunciation, Conversation**
• Listening to identify places of items. • Listening for comprehension to recognize places of some missing personal items. • Listening to complete missing lines in a conversation.	• Reading to identify the location of some kitchen items. • Skimming numbers of gates and names of places on the airport information board. • Reading a short message to a friend to direct him to a certain destination.	• Writing the missing places. • Writing a short message to a friend. • Writing short sentences to describe locations of things. • Short essay about an international airport.	• Pronouncing names of new places. • Formulating short dialogs to ask about places of missing items. • Asking about the location of airport facilities. • Asking classmates about the location of some friends.
• Listening for comprehension. • Giving the address of a friend after hearing the instructions.	• Reading details of an invitation to a party. • Reading a map of a home address.	• Writing sentences to give the right directions. • Filling in missing information about locations. • Writing an invitation to a party with directions.	• Proper intonation for asking questions about locations and sites. • Exchanging short conversations asking for directions. • Asking partners about the whereabouts of some locations using real maps.

Plan of Module 8

السؤال عن الأماكن والاتجاهات

Module 8	Function	Grammar	Vocabulary
Presentation 1 أين الحقيبة؟ **Where is the bag?**	• Describing the location of things. • Learning the names of some places. • Asking about places in a building such as: cafeteria, elevators, and so on. تحديد مكان الأشياء التعرّف على اسماء بعض الأماكن السؤال عن أماكن في مبنى مثال: الكافيتيريا – المصعد. . . .إلخ.	ظرف المكان إثبات أو نفي الجملة لنفي ظرف المكان استخدام أين للسؤال عن مكان الأشياء استخدام أين للسؤال عن أماكن بداخل المبنى مثل المطار: البنك – صالة الترانزيت – البوابات Adverb of places	كلمات تشمل اسماء أماكن بداخل مبنى المطار – السوق التجاري – أماكن عامّة مفردات ظرف المكان فوق – تحت – على – أمام – خلف – بين
Presentation 2 أين الصيدليّة؟ **Where is the pharmacy?**	• Describing directions. • Describing addresses. قراءة الخرائط للتعرف على المواقع المختلفة الإرشاد واعطاء تعليمات لوصف الطريق. السؤال عن الطريق و الإتجاهات.	صيغة السؤال أين ال + اسم المكان للسؤال عن مواقع الأماكن استخدام لغة الإرشادات لوصف الطريق مثال: ادخل – درّ – استمرّ تصريف هذه الأفعال مع ضمائر المخاطب المفردة • Asking the question. "Where is the…?" • Giving directions. • Turn, enter, on your left, keep going, and so on.	أفعال لإرشاد الطريق مثل ادخل – لفّ – استمر بعد التقاطع – قبل التقاطع – على الناصية – على اليسار – اليمين. . . .إلخ. أسماء لمواقع مختلفة
Remember	Grammar Consolidation.		

Skills			
Listening	**Reading**	**Writing**	**Pronunciation, Conversation**
• Listening to identify daily routine verbs. • Listening for comprehension to recognize some habits of a working woman. • Listening to complete missing verbs in an essay.	• Reading an essay about the day of a school teacher. • Skimming short conversations to arrange meaning in the right order. • Reading short paragraphs about daily routines of different people.	• Writing short sentences to express routine verbs. • Filling in the missing verb to complete sentences. • Filling in the proper conjugation of verbs. • Asking questions about daily habits.	• Pronouncing new verbs • Making small dialogs to ask about daily habits of friends. • Asking classmates about their daily routine activities.
• Listening for comprehension to fill in missing sentences in a conversation. • Listening to recognize the leisure verbs for vacations.	• Reading an essay about a housewife and her vacation. • Reading about the activities of different members of a family.	• Writing a personal diary or making a calendar. • Filling in missing information on a train ticket. • Filling in the blanks.	• Proper intonation for asking questions about some leisure activities. • Exchanging small conversations to ask about weekly activities. • Asking partners about their weekend.

Plan of Module 9

أحداث و أفعال يوميّة أو روتينيّة

Module 9	Function	Grammar	Vocabulary
Presentation 1 يوم في حياة باسم . **A day in Basem's life.**	• Talking about activities at work. • Talking about routine or daily habits. الكلام عن الأحداث اليوميّة في يوم عمل . التعبير عن العادات اليوميّة الروتينيّة .	زمن الفعل المضارع الصحيح (السالم) وتصريفه مع ضمائر المفرد السؤال عن العادات اليوميّة باستخدام آداة الاستفهام ماذا؟ السؤال ماذا تفعل كل يوم؟ ماذا تفعل الآن؟ • Simple present tense. • Present progressive tense.	أفعال يوميّة في يوم عمل أفعال للعادات الشخصيّة • Daily routine verbs. • Habitual verbs.
Presentation 2 الإجازة الأسبوعيّة **The weekend.**	• Talking about activities on the weekend. • Asking about a routine program on the weekend. الكلام عن الأنشطة المختلفة في الأجازة الأسبوعيّة نفي بعض العادات والأفعال	نفي الفعل المضارع مع ضمائر المفرد . السؤال عن الفعل للإثبات أو النفي مثال: هل تدرس في الإجازة؟ • Negation of the simple present and present progressive tenses.	مزيد من مفردات الأفعال الخاصّة بالأجازة و الراحة
Remember	Grammar Consolidation.		

Skills			
Listening	**Reading**	**Writing**	**Pronunciation, Conversation**
• Listening to identify family members. • Listening to identify jobs of some family members. • Listening to complete missing information in a text.	• Scanning to identify new family members. • Skimming short conversations to identify the jobs of family members. • Reading a short letter to a friend talking about his family.	• Writing missing sentences in a dialog. • Writing a short message to a friend. • Arranging sentences in the right order. • Forming questions to ask about families of colleagues and their jobs.	• Pronouncing new vocabulary for family members and their jobs. • Formulating short conversations to ask about jobs. • Inquiring about classmates' jobs or family members.
• Offering information about weather conditions. • Listening to recognize temperatures.	• Reading the temperatures in some cities and describing the weather conditions. • Reading a dialog between two friends traveling and talking about the expected weather. • Reading a letter from a woman inviting a foreign friend and giving advice about suitable clothes.	• Writing sentences describing weather conditions. • Filling in missing information in a temperature forecast for some cities. • Writing an invitation to a friend describing the weather in your country. • Filling in a survey of countries and their different temperatures.	• Proper intonation for questions about weather. • Exchanging short conversations about the weather. • Asking colleagues about the weather in different seasons. • Asking partners about the current weather in their countries.

Plan of Module 10

السؤال عن العائلة ووظائفهم ـ الكلام عن حالة الطقس

Module 10	Function	Grammar	Vocabulary
Presentation 1 أ- أنا و أسرتي **a - Me and my family.** ب- أسرتي والعمل **b- My family and work.**	• Asking about family members. • Asking what family members do for work. السؤال عن أفراد العائلة . السؤال عن وظائف أفراد العائلة .	استخدام السؤال من هو؟ هل هو والدك؟ الإجابة بالنفي والإثبات باستخدام ليس . السؤال ما وظيفته؟ تصريف أب ـ أم ـ أخ ـ أخت ـ ابن ـ ابنة مع ضمائر الملكيّة للمفرد والجمع • Using possessive pronouns with family members. Answering with the negative form *laysa*.	كلمات تشمل ألقاب العائلة مثال: أب ـ أم ـ جد ـ جدة . . . إلخ. مفردات بعض الوظائف مهندس ـ محاسب ـ ظابط . . . إلخ.
Presentation 2 ما هو الطقس اليوم؟ **What is the weather like today?**	• Asking about the weather and temperature. • Asking about weather conditions in different seasons of the year السؤال عن حالة الطقس اليوميّة السؤال عن حالة الطقس في فصول السنة المختلفة . السؤال عن درجات الحرارة التعبير عن حالة الطقس وأحواله المختلفة .	استخدام السؤال ما هو الطقس اليوم من فضلك؟ للسؤال عن الحرارة كم الحرارة اليوم من فضلك؟ ما هى درجة الحرارة اليوم من فضلك؟ كيف حال الطقس في الشتاء في بلدكم؟	مفردات شهور السنة مفردات فصول السنة صفات أحوال الطقس المختلفة مثال: معتدل ـ بارد ـ حار ـ عاصف . . . إلخ.
Remember	Grammar Consolidation.		

الوحدة الأولى

التحيات والتعارف ١

هَدَفُ الْوِحْدَةِ:

تقديم ١: صباح الخير

١ – تَدْرِيسُ الْحُروفِ مِنْ أ – خ

٢ – تدْرِيسُ الْحَرَكَاتِ الْقَصِيرَةِ

تقديم ٢: مساء الخير

١ – تَدْرِيس الْحُرُوف د / ذ / و / ي

٢ – تَدْرِيس حُرُوف الْمَدّ والْفَرْق بَيْن الْحَرَكَات الطَّوِيلَة وَالْقَصِيرَة

ملاحظات:

١ – المفردات الجديدة التي يجب أن يدرسها الطالب في كل تقديم هي الكلمات التي تم استخدامها في حوارات المحادثة والاستماع أو تحت عنوان "كلمات مفيدة" فقط.

٢ – المفردات الإضافية، وهي مفردات تدريس الحروف الأبجدية، تستعمل في التدريبات كوسيلة وكسياق لتدريس الحرف المطلوب للتعرف على الحرف وطريقة كتابته واختلاف شكله بوضعه في الكلمة أو للتعرف على الحركات القصيرة والطويلة، وليست مستهدفة ككلمات جديدة تضاف إلى حصيلة الطالب. ولهذا لا يجب على المدرس مطالبة الدارس بحفظها أو دراستها ولكن تمت إضافتها في القاموس بآخر الكتاب لمساعدة الطالب على فهم معناها إذا رغب في ذلك.

تقديم (١)

صباح الخير

حرف الهمزة (أ)

(١) النّطْق: ٢

كرّرْ بعْد الْمدرّس:

Repeat after the teacher:

أَ ا

أَب	أَنَا	أَمِير
إِبْرَة	إِصْبَع	إِبْرِيق
أُذُن	أُمّ	أُسْرَة

(٢) كِتَابَة الهَمْزَة:

في أول الكلمة (أ)	في المنتصف (ـأ)	في آخر الكلمة (ـأ)	منفصلة (أ)
أَنَا	سَأَلَ	سَبَأَ	قَرَأَ

(٣) النّطْق مع السّكون: (أْ) رَأْس

التدريبات

تدريب (١)

تتبّع بالْقلم.

Follow the line.

تدريب (٢)

اكْتب الْحرْف النّاقص بالتّشْكيل.

Write the missing letter with tashkil.

١) – ب	٢) – نَا	٣) – مير	٤) – بْرَة
٥) – صْبَع	٦) – بْرِيق	٧) – ذُن	٨) – مّ
٩) – سْرَة			

تدريب (٣)

اسْمع منْ الْمدرّس واكْتبْ الْحرْف النّاقص (أْ / أَ / إِ / أُ) بالتّشْكيل.

Listen to the teacher and write the missing letter with tashkil.

١) – ذُن	٢) – صْبَع	٣) – ب	٤) – بْرَة
٥) – مّ	٦) – بْرِيق	٧) – نَا	٨) – مِير
٩) – سْرَة	١٠) رَ – س		

صحّح مع زميلك.

تدريب (٤)

اسْمعْ وكرّرْ بعْد الْمدرّس واكْتبْ الْحرْف بالتّشْكيل.

Listen and repeat after the teacher and write with tashkil.

أنَا – أسَامَةُ – أب – أخْت – إوَزّة – أشْجَار – إبْرِيق – أسَد – إطَار – أرْنَب – أذُن – رَأس – مَأمُون

تدريب (٥، ٦، ٧)

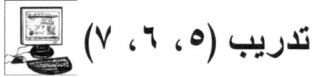

ادْخل إلى الْموْقع واتّبع التّعْليمات.

Go to the website and follow the instructions.

حرف الْبَاءِ (ب)

(١) النّطْق: ٣

كرّرْ بعْد الْمدرس: Repeat after the teacher:

ب َ

بَنَات

بَيْت

بَاب

ب ِ

بِنْت

بِئر

بِطَاقَة

ب ُ

بُنْدُقِيَّة

بُرْتُقَال

بُرْج

(٢) كتابة الْباء:

في أوّل الكَلمة (بـ)	في الْمنْتصف (ـبـ)	في آخر الكلمة (ـب)	منْفصلة (ب)
بطاقة	شِبَّاك	كَلْب	كِتَاب

(٣) النّطْق مع السّكون: بْ نَبْق

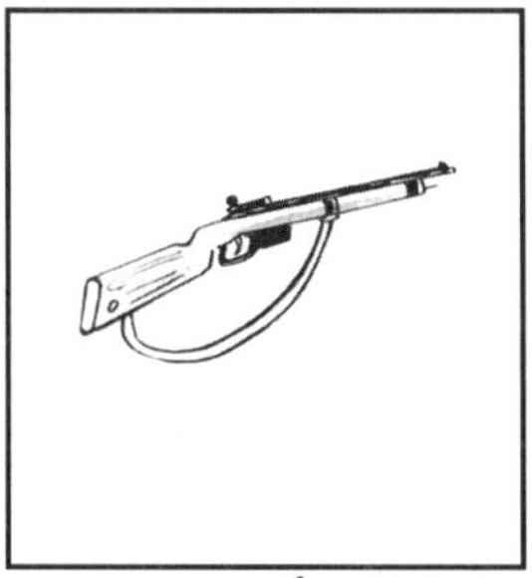

التدريبات

تدريب (١)

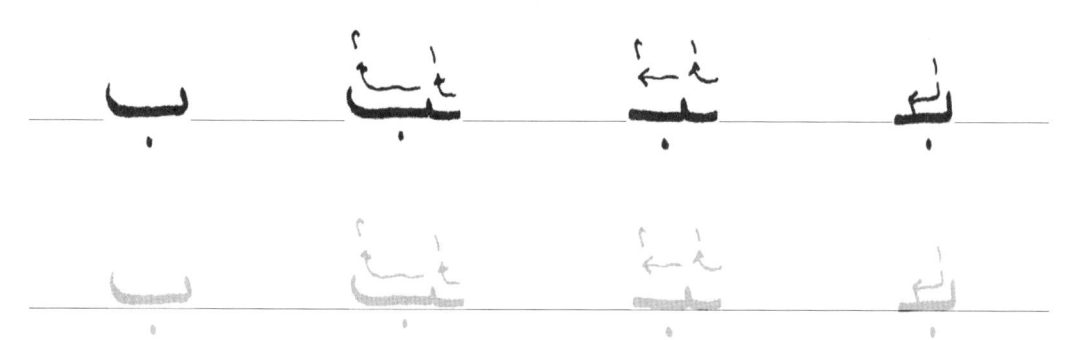

Follow the line. — تتبّع بالْقلم.

تدريب (٢)

Write the missing letter with tashkil. — اكْتبْ الْحرْف النّاقص بالتّشْكيل.

١) -نَات	٢) - يْت	٣) - ا -	٤) - نْت
٥) - ئر	٦) - طَاقَة	٧) - نْدُقِيَّة	٨) - رْتُقَال
٩) - رْج			

صحّح مع زميلك.

تدريب (٣)

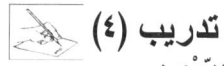

اسْمعْ من الْمدرّس واكْتبْ الْحرْف النّاقصَ (بَ / بِ / بُ / بْ) بالتّشْكيل.

Listen to the teacher and write the missing letter with tashkil.

١) - نْت	٢) -نْدُقِيَّة	٣) -يْت	٤) أ -
٥) - ئر	٦) - رْج	٧) - طَاقَة	٨) - نَات
٩) ا- ا -	١٠) نَـ - ق		

تدريب (٤)

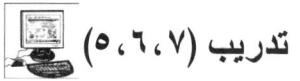

اسْمع وكرّرْ بعْد الْمدرّس واكْتب الْحرْف بالتّشْكيل.

Listen and repeat after the teacher and write with tashkil.

باب - برْتُقَال - بيْت - بابا - بثَيْنَة - بنْت - بنْدُقِيَّة - بنَات - بومَة - بئْر - برْج - بطِّيخَة

تدريب (٥، ٦، ٧)

Go to the website and follow the instructions. — ادْخل إلى الْموقع واتّبع التّعْليمات.

حرف التاء (ت)

(١) النّطْق: ٤

كرّرْ بعْد الْمدرّس: Repeat after the teacher:

تَ

تَاج

تَمْر

تَلّ

تِ

تِلِيفُون

تِمْثَال

تِين

تُ

تُفّاحَة

تُوت

تُونَة

(٢) كتابة التّاء

في أوّل الكَلمة (تـ)	في الْمنْتصف (ـتـ)	في آخر الكَلمة (ـت)	منْفصلة (ت)
تِلِيفُونُ	كِتَاب	بِنْت	بَنَات

(٤) النّطْق مع السّكون: تْ فَتْق

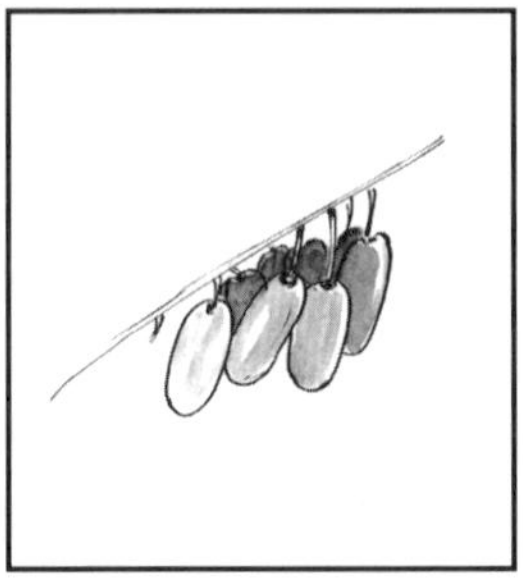

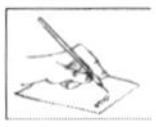

التدريبات

تدريب (١)

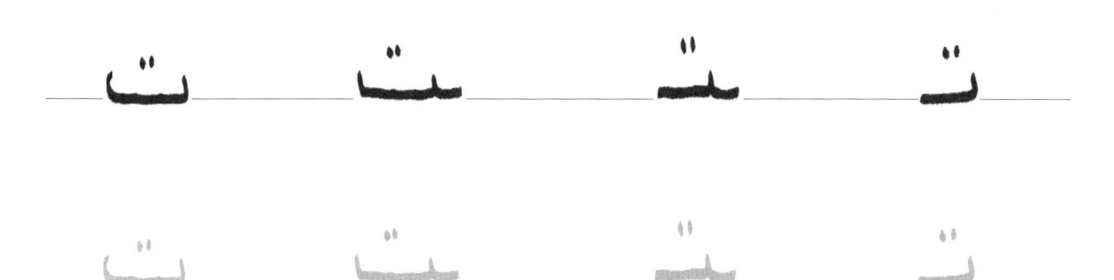

Follow the line. — تتبّع بالْقلم.

تـ ـتـ ـتـ ـت

تـ ـتـ ـتـ ـت

تدريب (٢)

Write the missing letter with tashkil. — اكْتب الْحرْف النّاقص بالتّشْكيل.

١) فـ – ق　٢) – ين　٣) –اج　٤) – مْر

٥) – مْثَال　٦) – ونَة　٧) –لِيفُونُ　٨) – فَاحَة

٩) –وت

تدريب (٣)

اسْمع من الْمدرّس واكْتب الْحرْف النّاقص بالتّشْكيل. (تَ / تِ / تُ / تْ).

Listen to the teacher and write the missing letter with tashkil.

١) – مْر　٢) –لِيفُونُ　٣) –اج　٤) – ونَة

٥) – مْثَال　٦) – فَاحَة　٧) – لّ　٨) – ين

٩) –وت　١٠) فـ – ق

صحّح مع زميلك.

تدريب (٤)

اسمع وكرّرْ بعْد الْمدرّس واكْتب الْحرْف بالتّشْكيل.

Listen and repeat after the teacher and write with tashkil.

تمْر – تلِيفُونُ – كِتاب – تفّاحَة – توت – تاج – تمْثَال – تين – بُرتقَال – فتق – تابَ – بِنْت – فُتنة

تدريب (٥، ٦، ٧)

Go to the website and follow the instructions. — ادْخل إلى الْموْقع واتّبع التّعْليمات.

حرف الثاء (ث)

(١) النّطْق: ٥

كرِّرْ بعْد الْمدرِّس:

Repeat after the teacher:

ثَ

ثَوْب

ثَوْم

ثَلاثَة

ثِ

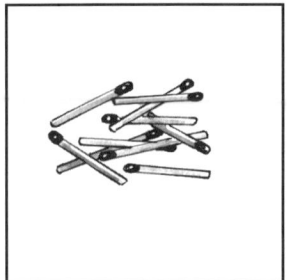

ثِيَاب

ثِمَار

ثِقَاب

ثُ

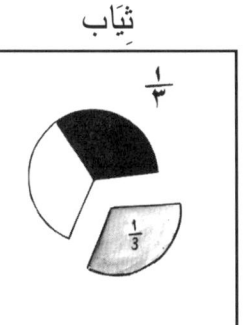

ثُلُث

ثُعْبَان

ثُقْب

(٢) كتابة الثّاء

في أوّل الكَلمة (ثـ)	في الْمنْتصف (ـثـ)	في آخر الكَلمة (ـث)	منْفصلة (ث)
ثَوْب	الثُّلاثَاءُ	ثُلُث	أثاث

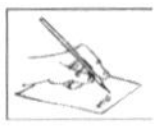

(٣) النّطْق مع السّكون: ثْ أَثْنَاءَ

التدريبات

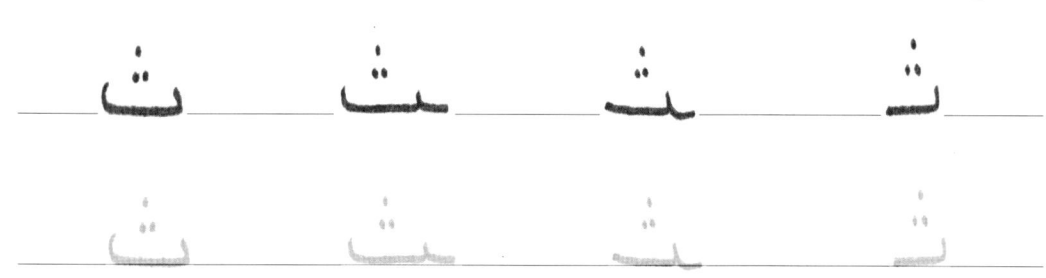

تدريب (١)

تتبّع بالْقلم.

Follow the line.

ـث ـثـ ثـ ث

ـث ـثـ ثـ ث

تدريب (٢)

اكْتب الْحرْف النّاقص بالتّشْكيل.

Write the missing letter with tashkil.

١) – لا – ـة　٢) – مَار　٣) – وْم　٤) – يَاب

٥) – ـعْبِان　٦) – لُث　٧) – قْبُ　٨) – ـوْب

٩) – قَاب

تدريب (٣)

اسْمع من الْمدرّس واكْتب الْحرْف النّاقص بالتّشْكيل. (ثَ / ثِ / ثُ / ثْ).

Listen to the teacher and write the missing letter with tashkil.

١) – مَار　٢) – وْم　٣) – لْـ –　٤) – ـوْب

٥) – ـعْبِان　٦) – قَاب　٧) – يَاب　٨) – لا – ـة

٩) – قْب　١٠) أ – نَاء

صحّح مع زميلك.

تدريب (٤)

اسمع وكرّرْ بعْد الْمدرّس واكْتب الْحرْف بالتّشْكيل.

Listen and repeat after the teacher and write with tashkil.

ثَنَاء – ثَوَابِ – ثِمَار – ثُلُث – ثوْب – ثوْم – أثْوَاب – ثمِين – ثلاثون – وَثق – ثقْب – يَرِث – ثعْلَب – ثرْوَة – أثْنَاء

تدريب (٥، ٦، ٧)

ادْخل إلى الْموْقع واتَّبع التّعْليمات.

Go to the website and follow the instructions.

تدريب (٨)

انْطق الْحرْف مع حركته.

Pronounce the letter with tashkil.

١) ثِ – ثُ – ثَ

٢) بَ – أَ – تِ – ثُ – إِ – بُ

٣) أُ – ثَ – بُ

٤) ثِ – أَ – إِ – بُ – ثَ

تدريب (٩) ٦

اسْمع واكْتب الْحرْف النّاقص بالتّشْكيل (أ – ب – ت – ث).

Listen and write the missing letter with tashkil.

– فَاح / – يَاب / – مْر / ثَوْ – / – مّ / – عْبَان

حلّ تدْريب (٩):

تُفَاح / ثِيَاب / تَمْر / ثَوْب / أُمّ / ثُعْبَان

حرف الجيم (ج)

(١) النّطْق: ٧

كرّرْ بعْد الْمدرّس:

Repeat after the teacher:

جَ

جَمَل

جَرِيدَة

جَرَس

جِ

جِلْبَاب

جِبَال

جِمَال

جُ

جُنُود

جُبْن

جُنْدِيّ

(٢) كتابة الجّيم

في أوّل الكلمة (جـ)	في الْمنْتصف (ـجـ)	في آخر الكَلمة (ـج)	منْفصلة (ج)
جِمَال	الْجُنْدِي	نُضْج	فَرَج

(٣) النّطْق مع السّكون: جْ أَجْمَل

التدريبات

تدريب (١)

تتبّع بالْقلم.

Follow the line.

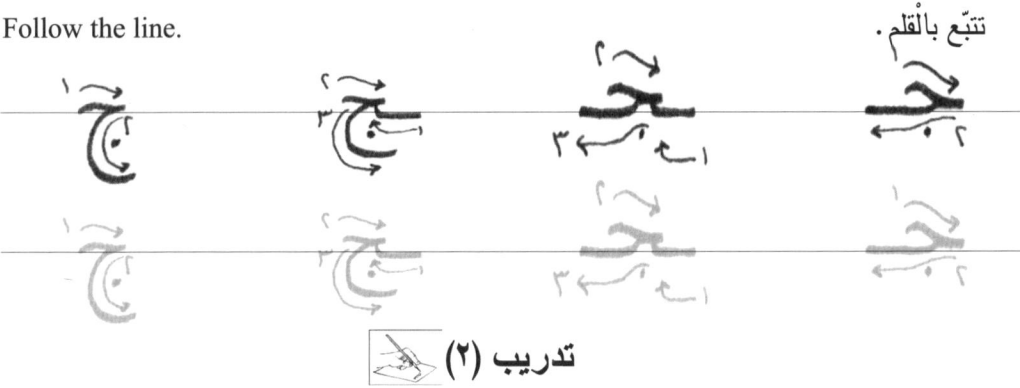

تدريب (٢)

اكْتب الْحرْف النّاقص بالتّشْكيل.

Write the missing letter with tashkil.

١) – ريدَة　　٢) – لْبَاب　　٣) – بَال　　٤) – نُود

٥) – بَن　　٦) – نْدِيّ　　٧) – مَال　　٨) – مَل

٩) – رَس

تدريب (٣)

اسْمع من الْمدرّس واكْتب الْحرْف النّاقص بالتّشْكيل. (جَ / جِ / جُ / جْ).

Listen to the teacher and write the missing letter with tashkil.

١) – رَس　　٢) –مَل　　٣) – نْدِيّ　　٤) – مَال

٥) –ريدَة　　٦) –نُود　　٧) – بْن　　٨) – بَال

٩) – لْبَاب　　١٠) أ –مَل

صحّح مع زميلك.

تدريب (٤)

اسمع وكرّرْ بعْد الْمدرّس واكْتب الْحرْف بالتّشْكيل.

Listen and repeat after the teacher and write with tashkil.

الْجبَال – تَاج – أَجمَل – جسْر – جمِيلَة – أَعْرَج – جِمَال – جنُود – جرَاب – جمْلة – فَرَج – دَرَج – حَجر – جد – حُجرَة – الْجزْء – جار – الْجيرَان

تدريب (٥، ٦، ٧)

ادْخل إلى الْموْقع واتّبع التّعْليمات.

Go to the website and follow the instructions.

تدريب (٨)

انْطق الْحرْف مع حركته.

Pronounce the letter with tashkil.

جَ جِ جُ

تدريب (٩) ٨

اسْمع واكْتب الْحرْف النّاقص بالتّشْكيل (أ – ب – ت – ث – ج).

Listen and write the missing letter with tashkil.

– طَة / – ـوْب / – بَل / – مَار / – ـنُود / – ـسْم / – ـد / الْـ – وَافَة / نَا – ـي

حلّ تدريب (٩):

بَطّة – ثَوْب – جَبَل – ثِمَار – جُنُود – جِسْم – جَد – الْجَوَافَة – نَاجِي

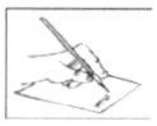

حرف الحاء (ح)

النطق: ٩

كرّرْ بعْد المدرّس:

Repeat after the teacher:

حَ

حَقِيبَة

حَدِيقَة

حَفْلَة

حِ

حِصَان

حِذَاء

حِجَارَة

حُ

حُوت

حُجْرَة

حُبُوب

(٢) كتابة الْحاء

في أوّل الكَلمة (حـ)	في الْمنْتصف (ـحـ)	في آخر الكَلمة (ـح)	منْفصلة (ح)
حِمَار	الْحَفْلَة	نَصَحَ	فَرِح

(٣) النّطْق مع السّكون: حْ أَحْمَر

التدريبات

تدريب (١)

Follow the line. تتبّع بالْقلم .

ح ح ح ح

ح ح ح

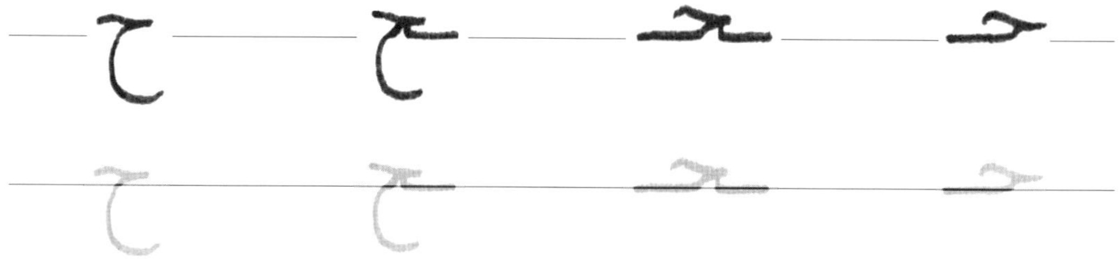

تدريب (٢)

Write the missing letter with tashkil. اكْتب الْحرْف النّاقص بالتّشْكيل .

١) – ـصان ٢) – ـقيبَة ٣) – بُوب ٤) – ـذَاء
٥) – ـديقَة ٦) – ـوت ٧) – جَارَة ٨) – جْرَة
٩) – ـفْلَة

تدريب (٣)

اسْمع من الْمدرّس و اكْتب الْحرْف النّاقص بالتّشْكيل(حَ / ح / حُ / حْ) .

Listen to the teacher and write the missing letter with tashkil.

١) – ـديقَة ٢) – جَارَة ٣) – ـقيبَة ٤) – ـوت
٥) – ـذَاء ٦) – ـصَان ٧) – ـفْلَة ٨) – بُوب
٩) – جْرَة ١٠) – أ – ـمَر

صحّح مع زميلك .

تدريب (٤)

اسمع وكرّرْ بعْد الْمدرّس واكْتب الْحرْف بالتّشْكيل .

Listen and repeat after the teacher and write with tashkil.

بَحر – حرْب – حوَالَيْ – أَحمَد – حصَان – حائِط – حلَّة – الْحيوَان – الصُّبْح – مُحتَرَم – حمَام – حذَاء – حلْم

تدريب (٥ ، ٦ ، ٧)

Go to the website and follow the instructions. ادْخل إلى الْمَوْقع واتّبع التّعْليمات .

تدريب (٨)

انْطق الْحرْف مع حركته.

Pronounce the letter with tashkil.

حُ حِ حَ

تدريب (٩) ١٠

اسْمع و اكْتب الْحرْف النّاقص بالتّشْكيل. (أ – ب – ت – ث – ج – ح).

Listen and write the missing letter with tashkil.

– –سِم / – –مِر / فَر– / – –مَال / – –مَام / الصُّبْ – / – –ابَ / – –د / أ– –مَد / – –وْمَة / – –وَاب

حلّ تدريب (٩):

بَاسِم – تَامِر – فَرِحَ – جَمَال – حَمَام – الصُّبْح – تَابَ – جَد – أَحْمَد – ثُوْمَة – ثَوَاب

Ulsi pentry

حرف الْخَاءِ (خ)

(١) النّطْق: ١١

كرّرْ بعْد الْمدرّس:

Repeat after the teacher:

خَ

خَس

خَمْسَة

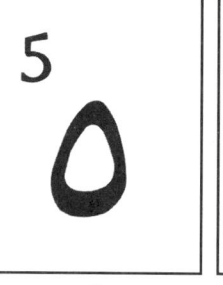

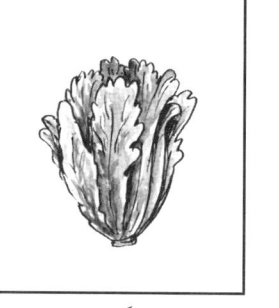

خَاتَم

خِ

خِيَار

خِطَاب

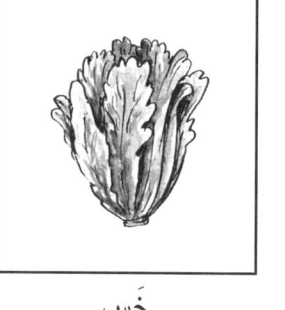

خِيام

خُ

خُضَار

خُوذَة

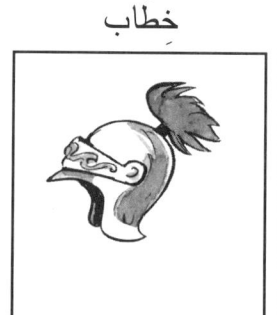

خُبْز

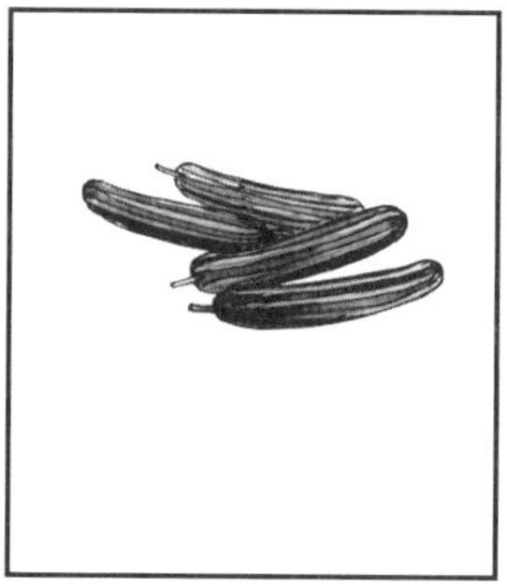

(٢) كتابة الخاء

منْفصلة (خ)	في آخر الكَلمة (ـخ)	في الْمنْتصف (ـخـ)	في أوّل الكَلمة (خـ)
فَرْخ	طَبَخ	الْخُبْز	خِيَار

(٣) النّطْق مع السّكون: خْ نَخْلَة

التدريبات

تدريب (١)

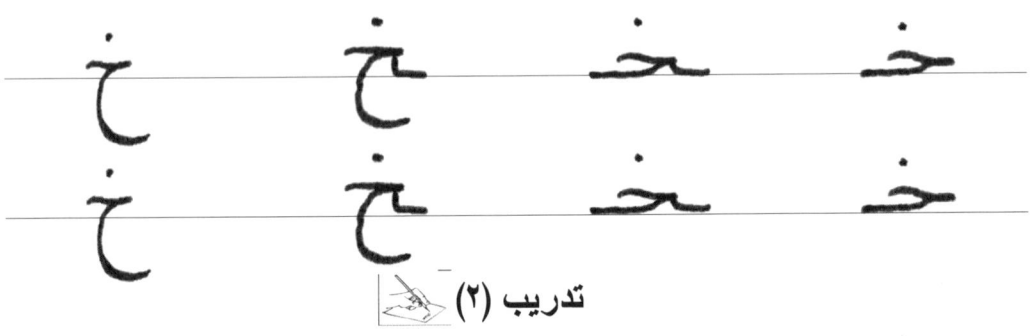

Follow the line.

تتبّع بالْقلم .

تدريب (٢)

Write the missing letter with tashkil.

اكْتب الْحرْف النّاقص بالتّشْكيل .

١) – ـس	٢) – ـمْسَة	٣) – ـطَاب	٤) – بْز
٥) – ضَار	٦) – ـوذَة	٧) – ـاتم	٨) – يام
٩) – يَار			

صحّح مع زميلك .

تدريب (٣)

اسْمع من الْمدرّس و اكْتب الْحرْف النّاقص بالتّشْكيل (خَ / خِ / خُ / خْ) .

Listen to the teacher and write the missing letter with tashkil.

١) – يَار	٢) – ـاتم	٣) – ـطَاب	٤) – ـمْسَة
٥) – ضَار	٦) – يْز	٧) – ـس	٨) – ـوذَة
٩) – يام	١٠) نـ – لة		

تدريب (٤)

اسمع وكرّرْ بعْد الْمدرّس واكْتب الْحرْف بالتّشْكيل .

Listen and repeat after the teacher and write with tashkil.

خُفّاش – خوخ – نَخْلَة – خمْسَة – خرَجَ – الْخضرَوَات – أُخْتِي – خضْرَاء – خيَار – خوْف – بَطِّيخ
– فِرَاخ – خرُوف – صَارُوخ

تدريب (٥، ٦، ٧)

Go to the website and follow the instructions.

ادْخل إلى الْموْقع واتَّبع التّعْليمات .

تدريب (٨)

انْطق الْحرْف مع حركته.

Pronounce the letter with tashkil.

خُ / خَ / خِ

تدريب (٩) ١٢

اسْمع واكْتب الْحرْف النّاقص بالتّشْكيل. (أ – ب – ت – ث – ج – ح – خ).

Listen and write the missing letter with tashkil.

أَ – مَد / – يَار / – اب / صَارُو – / أَ – تَ / – م / – طَاب / – بْز / – طاقة / – اج / – نَا / – مَل

حلّ تدريب (٩):

أَحْمَد – خِيَار – بَاب – صَارُوخ – أُخْت – أُمّ – خِطَاب – خُبْز – بِطاقة – تَاج – أَنَا – جَمَل

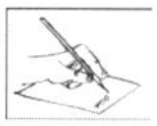

مراجعة على الحروف من أ - خ

١) اقْرأ الكَلمات:

تَابَ - أَب - بَاب - خَابَ - أُخْت - حَاجّ - أَخ - بَاتَ - أَحَبَّ - بَاحَ - بَابَا - تَاج - حَجَّ - حُجَّاج

٢) صل الكَلمة الصّحيحة بعْد كتابتها. Match the words with the letters after writing them.

الكلمة	الحروف	الكَلِمَةُ الصحيحة
أب	أ - حـ - ب	أَحَبَّ
تَابَ	ب - ا - ح	
أُخْت	ت - ا - ج	
بَاحَ	خ - ا - ب	
تَاج	أ - خ - ت	
بَاب	ب - ا - ب	
حُجَّاج	ت - ا - ب	
أَحَبَّ	أ - ب	
خَابَ	ح - ج - ا - ج	

٣) رتّب الْحروف لتكوّن كلمة ثم صحّح من الجّدول.

Arange letters to form a word and compare with the table.

أ) ب - ح - أ / ا - ب - ا - ب / ج - ا ت / ج - ا - ج - ح / خ - أ

ب) ج - ح / ت - ب - ا / ج - ح - ا / ب - ا - ت / خ - أ - ت

٤) اسْمعْ وأَكْمل الْحرْف النّاقص. ١٣ Listen and write the missing letter.

١) - خْت　　٢) تَا-　　٣) حـَ - جّ　　٤) أَ-

٥) حُ - ا -　　٦) بَا -　　٧) - ـابَ　　٨) - ا - ا

حلّ تدريب (٣):

أَحَبَّ - بَابَا - تَاج - حُجَّاج - أَخ - حِج - تَابَ - جُحَا - بَاتَ - أُخْت

حلّ تدريب (٤):

أُخْت / تَاج / حَاج / أَب / حُجَّاج / بَاتَ / تَابَ / بَابَا

صباح الخير

المحادثة:

للتعارف والتحية

المحادثة الأولى: ١٤

١ – كرّرْ بعْد الْمدرّس.

٢ – مَا اسْمُ الرَّجُلَيْن؟

أحْمَد : صَبَاحُ الْخَيْرِ.

عَلِيّ : صَبَاحُ النورِ.

أحْمَد : كَيْفَ حَالُكَ؟

عَلِيّ : بِخَيْرٍ، الْحَمْدُ للهِ.

أحْمَد : مَا اسْمُك؟

عَلِيّ : أنا عَلِيّ، وَأَنْت؟

أحْمَد : وأنا أحْمَد.

المحادثة الثانية: ١٥

١ – كرّرْ بعْد الْمدرّس

٢ – ما اسْمُ الْفَتَاتَيْن؟

نَبيلَة : صَبَاحُ الْخَيْرِ.

فَاطمَة : صَبَاحُ النُّورِ.

نَبيلَة : كَيْفَ حَالُك؟

فَاطمَة : بِخَيْرٍ، الْحَمْدُ للَّهِ.

نَبيلَة : ما اسْمُك؟

فَاطمَة : أنا فَاطمَة، وَأَنْت؟

نَبيلَة : وأنا نَبِيلَة.

 لاحظ الْقَواعد: ١٦

١) للتّحيّة في الصّباح:

الرَّدّ	التّحية	
صَبَاحُ النُّور	صَبَاحُ الْخَيْر	
بخَيْر ، الْحَمْدُ لله .	كَيْفَ حَالُكَ؟	للمذكّر
بخَيْر ، الْحَمْدُ لله .	كَيْفَ حَالُكِ؟	للمؤنّث

٢) لتقْديم النفْس:

ضمير الْمتكلّم للمؤنّث والمذكّر:

أَنَا مَاجِد.

وَأَنَا فَاطِمَة.

التدريبات

١) كرّر الْمُحادثة مع زميلك أوْ زميلتك واسْأل عن اسْمه / اسْمها.

٢) اقْرأ الْحوار وضع خطًّا تحْت حرْف الْألف.

٣) اقْرأ الْحوار وضع خطًّا تحْت حرْف الْباء.

_____

* يكرّر الْمدرّس التّدْريبات السّابقة ويطْلب من الطّلبة التّعرّف على الْحروف الّتي درسوها في الْقراءة والكتابة.

تقديم (٢)

مساء الخير

حرف الدال (د)

(١) النّطْق: ١٧

كرِّرْ بعْد الْمدرِّس: Repeat after the teacher:

دَ

دَوَاء

دَرَّاجَة

دَقِيق

دِ

دِيك

دِهان

دِينا

دُ

دُرْج

دُولاب

دُب

(٢) كتابة الدال:

يُلاحظ الْحرْف لا يقْبل الاتّصال إلّا من الْيمين

في أوّل الكَلمة (د)	في آخر الكَلمة (ـد)	منْفصلة (د)
دُولاب	فَرِيد	دُرْج

النّطْق مع السّكون: دْ مَدْرَسَة

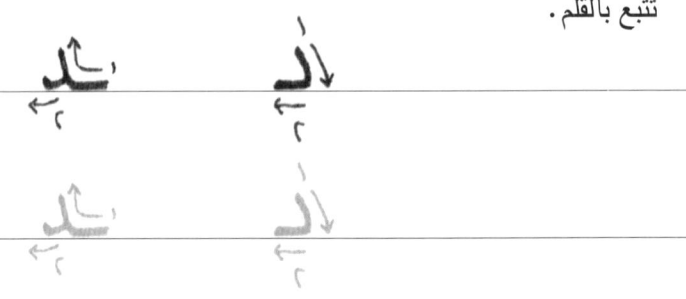

التدريبات

تدريب (١)

تتبّع بالْقلم.

Follow the line.

تدريب (٢)

اكْتب الْحرْف النّاقص بالتّشْكيل.

Write the missing letter with tashkil.

١) – وَاء　　٢) – رَّاجَة　　٣) – ولَاب　　٤) – هان

٥) – قِيق　　٦) – يك　　٧) – رْج　　٨) – ينا

٩) – ب

تدريب (٣)

اسْمع من الْمدرّس واكْتب الْحرْف النّاقص بالتّشْكيل (دَ / دِ / دُ / دْ).

Listen to the teacher and write the missing letter with tashkil.

١) – رْج　　٢) – ينا　　٣) – يك　　٤) – ب

٥) – قِيق　　٦) – رَّاجَة　　٧) – هان　　٨) – وَاء

٩) – ولَاب　　١٠) مَـ – رَسَة

صحّح مع زميلك.

تدريب (٤)

اسمع وكرّرْ بعْد الْمدرّس واكْتب الْحرْف بالتّشْكيل.

Listen and repeat after the teacher and write with tashkil.

درْس – مَدفَأة – دجَاجَة – تَدق – مَسْجِد – مَدرَسَة – شَاهِد – جَديدة – جَد – دار – حَديد – ديَارِي – دبّ – الدنيا – وَرْدة – الأَحد – مَديحَة – حَديقَة – عِيدي

تدريب (٥، ٦، ٧)

ادْخل إلى الْموْقع واتّبع التّعْليمات.

Go to the website and follow the instructions.

تدريب (٨)

انْطق الْحرْف مع حركته.

Pronounce the letter with tashkil.

دُ / دَ / دِ

تدريب (٩) ١٨

اسْمع و اكْتب الْحرْف النّاقص بالتّشْكيل (أ - ب - ت - ث - ج - ح - خ - د).

Listen and write the missing letter with tashkil.

- ـامِر / - ـوْم / - بْرِيق / - رْتُقَال / - ـيَار / - رْج / - فَّاحَة / تَمَا - ـيل / - ـصَان / - ـرُوف / - رْج / - - يقَة

حلّ تدريب (٩):

تَامِر - ثَوْم - إبْرِيق - بُرْتُقَال - خِيَار - بُرْج - تُفَّاحَة - تَمَاثِيلُ - حِصَان - خَرُوف - دُرْج - حَدِيقَة

حرف الذال (ذ)

(١) النّطْق: ١٩

كرِّرْ بعْد الْمدرّس: Repeat after the teacher:

ذَ

ذَقْن

ذَهب

ذَيل

ذِ

ذِئْب

ذِرَاع

ذِئَاب

ذُ

ذُرَة

ذُبَابَة

ذُباب

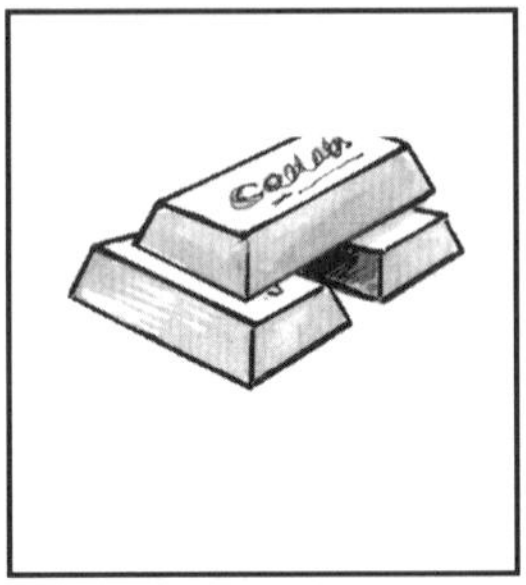

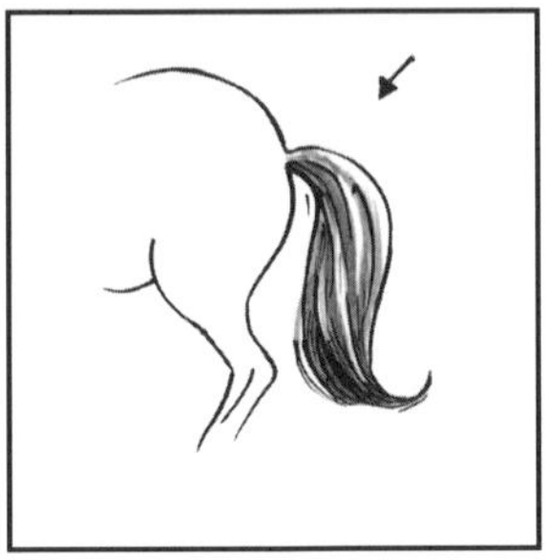

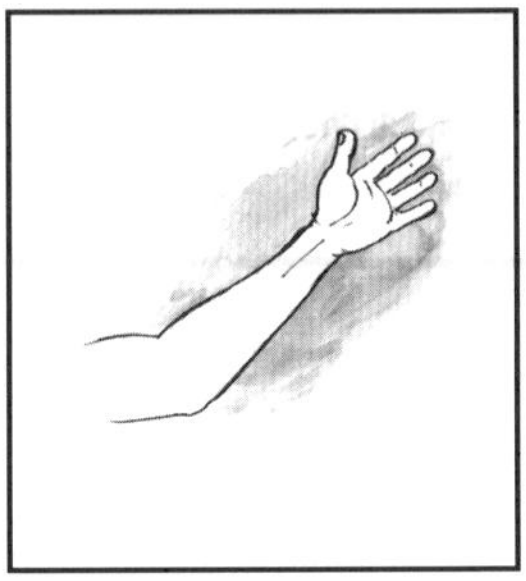

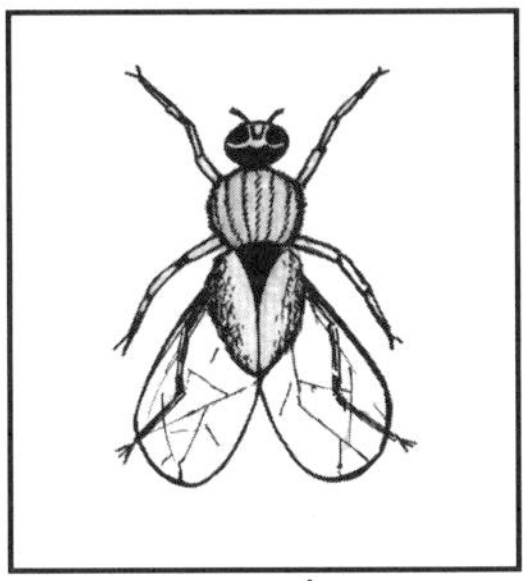

(٢) كتابة الذال:

يلاحظ الْحرف لا يقْبل الاتّصال إلّا من الْيمين

في أوّل الكَلمة (ذ)	في آخر الكَلمة (ـذ)	منْفصلة (ذ)
ذَقْن	أَخَذَ	ذُرَة

(٣) النّطْق مع السّكون: ذْ إِذْن

التدريبات

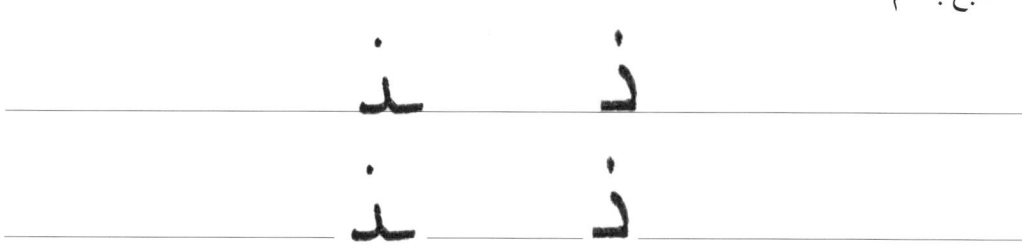

تدريب (١)

تتبّع بالْقلم.

Follow the line.

ذ ـذ

ذ ـذ

تدريب (٢)

اكْتب الْحرْف النّاقص بالتّشْكيل.

Write the missing letter with tashkil.

١) – رَاع	٢) – بَابَة	٣) – قْن	٤) – هب
٥) – يل	٦) – ئْب	٧) – رَة	٨) – باب
٩) – ئاب			

تدريب (٣)

اسْمع من الْمدرّس و اكْتب الْحرْف النّاقص بالتّشْكيل (ذَ / ذِ / ذُ / ذْ).

Listen to the teacher and write the missing letter with tashkil.

١) – هب	٢) – بَابَة	٣) – يل	٤) – رَاع
٥) – باب	٦) – ئَاب	٧) – قْن	٨) – ئْب
٩) – رة	١٠) إ – ن		

صحّح مع زميلك.

تدريب (٤)

اسمع وكرّرْ بعْد الْمدرّس واكتب الحرف بالتّشْكيل.

Listen and repeat after the teacher and write with tashkil.

بُذور – ذيْل – هَذا – هَذه – ذهَبَ – ذبَاب – بُذور – حِذاء – ذبَحَ – نَذرَ – خَذلَ – قَذفَ – حَذرَ – ذو – ذي – أَخَذ – ذهَبَ – ذَهَاب – لَذيذ – حذفَ – ذا

تدريب (٥، ٦، ٧)

ادْخل إلى الْموْقع واتَّبع التّعْليمات.

Go to the website and follow the instructions.

تدريب (٨)

انْطق الْحرْف مع حركته.

Pronounce the letter with tashkil.

ذُ / ذَ / ذِ

تدريب (٩) ٢٠

اسمع و اكْتب الْحرْف النّاقص بالتّشْكيل (أ – ب – ت – ث – ج – ح – خ – د – ذ).

Listen and write the missing letters with tashkil.

– – – ر / – – فَ / – – – / – – – / – وَ – – / – – – – / – – – / – – ن / – – – / – – ر

---

* يمْكن للْمدرّس تدْريب الطّلبة على هذه الكّلمات وقراءتها على كروت أوْ على السّبّورة ثمّ يقوم بإملائها.

*** حلّ تدريب (٩):**

بِذار – حَذَفَ – تَاج – أَخَذَ – ثوَاب – ذُبَاب – تَابَ – ابْن – خَابَ – دَار

حرف الواو (و)

(١) النّطْق: ٢١

كرّرْ بعْد الْمدرّس:

Repeat after the teacher:

وَ

وَرْدَة

وَلَد

وَرَقَة

وِ

وِئَام

وِسَادَة

وِعَاء

وُ

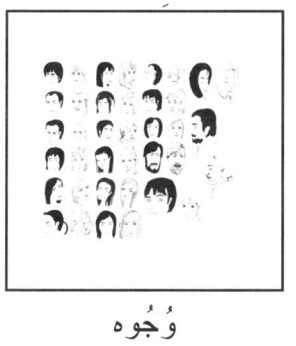

وُرُود

وُصُول

وُجُوه

(٢) كتابة الواو

يُلاحظ: يكْتب الْحرْف منْفصلاً في الْأوّل أوْ في الْآخر ويتّصل من الْيمين فقط.

في أوّل الكَلمة (و)	في المنْتصف (ـو)	في آخر الكَلمة (ـو)	منْفصلة (و)
وَلَد	وُصُول	عَفْو	دَوَاء

(٣) النّطْق مع السّكون: وْ ثَوْر

التدريبات

تدريب (١)

تتبّع بالْقلم. Follow the line.

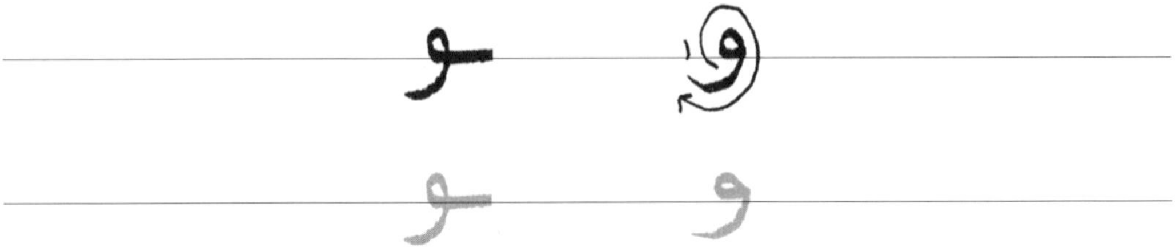

تدريب (٢)

اكْتب الْحرْف النّاقص بالتّشْكيل. Write the missing letter with tashkil.

١) – لَد	٢) – عَاء	٣) – رْدَة	٤) – رُ – د
٥) – سَادَة	٦) – رَقَة	٧) – صُـ – ل	٨) – جـ – ه
٩) – ئَام			

صحّح مع زميلك.

تدريب (٣)

اسْمع من الْمدرّس و اكْتب الْحرْف النّاقص بالتّشْكيل (وَ / وِ / وُ / وْ).

Listen to the teacher and write the missing letter with tashkil.

١) – سَادَة	٢) – صُول	٣) – رْدَة	٤) – ئَام
٥) – رَقَة	٦) – عَاء	٧) – لَد	٨) – رُ–د
٩) – جـ – ه	١٠) ثَـ – ر		

تدريب (٤)

اسمع وكرّرْ بعْد الْمدرّس واكْتب الْحرْف بالتّشْكيل.

Listen and repeat after the teacher and write with tashkil.

وصَلَ – مَورِد – ورْدَة – ولَادَة – وائِل – ثَور – وقَفَ – ولِيد – عُود – وضَعَ – مَوضُوع – دَلْو – قُرُوش – وجوه

تدريب (٥، ٦، ٧)

ادْخل إلى الْموْقع واتَّبع التّعْليمات. Go to the website and follow the instructions.

تدريب (٨)

Pronounce the letter with tashkil.

اِنْطق الْحرْف مع حركته.

وُ / وِ / وَ

تدريب (٩) ✎ 💿 ٢٢

اسْمع واكْتب الكَلمة بالتّشْكيل (أ – ب – ت – ث – ج – ح – خ – د – ذ – و).

Listen and write the word with tashkil.

‎– – – / – – – / – – – / – – – / – – – – / – – – – / – – / – – – / – – – / – – – –

_____

حلّ تدريب (٩):

ثَوَاب / جُحَا / دُود / ذُو / دَاوُد / وُجود / ثَوْب / دُرْج / خَبَر / ذَابَ

حرف الياء (ي)

(١) النّطْق: ٢٣

كرّرْ بعْد الْمدرّس: Repeat after the teacher:

يَ

يَمين

يَد

يَوْم

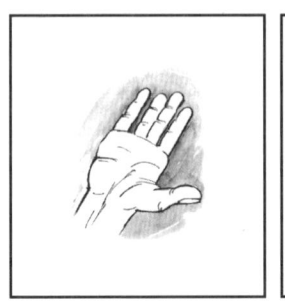

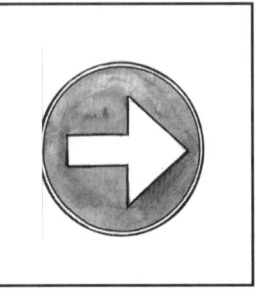

يِ

يِنْ

يُ

يُوسُفِي

يُسْرَا

الْيُونَان

(٢) كتابة الياء

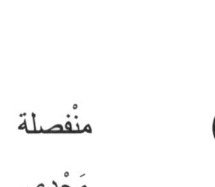

منْفصلة	في آخر الكَلمة (ـي)	في الْمنْتصف (ـيـ)	في أوّل الكَلمة (يـ)
مَجْدِي	يُوسُفَي	يَمِين	يَد

(٣) النّطْق مع السّكون: يْ بَيْت

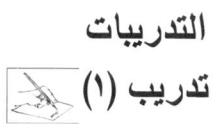

التدريبات

تدريب (١)

تتبّع بالْقلم.

Follow the line.

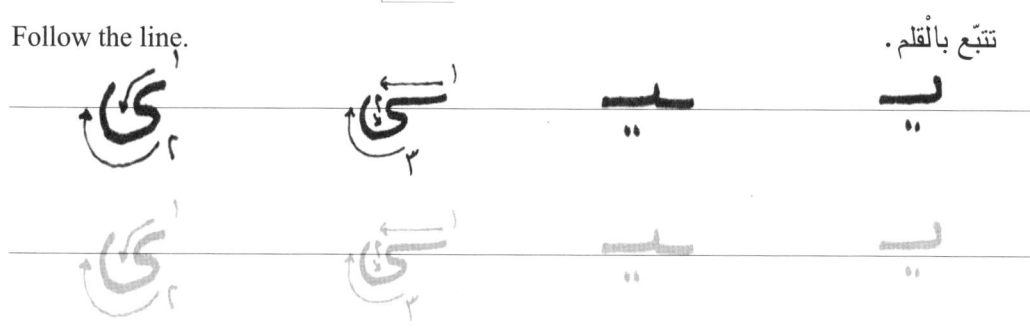

تدريب (٢)

اكْتب الْحرْف النّاقص بالتّشْكيل.

Write the missing letter with tashkil.

١) - اسَمـ - ن　　٢) - ـن　　٣) - ـوْم　　٤) الْـ - ـونَان

٥) - ـوسُفـِ -　　٦) - ـد　　٧) - ـمـِ - ن　　٨) - ـسْرَا

تدريب (٣)

اسْمع من الْمدرّس واكْتب الْحرْف النّاقص بالتّشْكيل (يَ / يِ / يُ / يْ).

Listen to the teacher and write the missing letter with tashkil.

١) - ـوْم　　٢) الْـ - ـونَان　　٣) - ـمـِ - ن　　٤) - ـسْرِا

٥) - ـن　　٦) - ـوسُفـِ -　　٧) - ـد　　٨) بـ - ت

صحّح مع زميلك.

تدريب (٤)

اسمع وكرّرْ بعْد الْمدرّس واكْتب الْحرْف بالتّشْكيل.

Listen and repeat after the teacher and write with tashkil.

يكْتُب - وَليد - تين - يوحَنَّا - عَين - عُيون - سَرير - سِيادَة - عِنْدي - يونَان - ياسِر - بَيت - جُنَيه - عَيب - حَدِيقَة - حَقِيبَة - سِيجَارَة - مَفْدِيّ - سَفِينَة

تدريب (٥، ٦، ٧)

ادْخل إلى الْموْقع واتّبع التّعْليمات . Go to the website and follow the instructions.

تدريب (٨)

انْطق الْحرْف مع حركته. Pronounce the letter with tashkil.

يَ / يُ / يِ   يِ / يَ / يُ

تدريب (٩) ٢٤

اسْمع و اكْتب الْحرْف النّاقص بالتّشْكيل . (أ – ب – ت – ث – ج – ح – خ – د – ذ – و – ي)

Listen and write the missing letters with tashkil.

ـ – مـِ – ل / – – – – – لسَّ / – لْـ – / – رُ – – / – – / – – – / – – –

---

* يوضّح الْمدرّس للطّلبة الْفرْق في الصّوْت بيْن الْياء كحرْف والْألف اللّيّنة مع أنّها كلّها تكْتب ياء. الْفرْق في الصّوْت بيْن مَجْدِي ويَحْيَى (يوضّح شرْح الْحروف الْممْدودة في الدّرس التّالي).

* حلُّ تَدْرِيب (٩):

بَيْت / جَيْب / يَد / خُرُوج / دَلْو / السَّادَات / جَمِيل

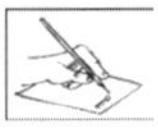

حروف المد

الفرق بين الحركات الطويلة والقصيرة

أولاً: الْمدّ بالْألف ٢٥

١) اسْمع ولاحظ الْفرْق في الصّوْت:

بَاب / بَب – تَاب / تَبَ

عَامِل – عَمَلَ / كِتَاب – كَتَبَ

٢) الْفرْق في الكّتابة والنّطْق بيْن "ألف الهمزة" و"ألف المدّ":

سَأَلْ – سَالَ / بَدَأَ – بَدَا

لاحظ فرق النّطْق: ٢٦

١) الْهمْزة:

أَخْ / أُخْت / أُسْتَاذ / سَأَلَ / رَأْس

٢) الْمدّ بالْألف:

بَابَا – مَامَا – آخِر – آمِن – هُنَا – أَنَا – سَالَ – مَالَ – عَاجَ – عَامِل – مَهَا

- يوضّح الْمدرّس الْفرْق في النّطْق بيْن "ألف" الْهمْزة وألف الْمدّ في الصّوْت.
- يوضّح الْمدرّس طريقة كتابة ألف الْمدّ في أوّل أوْ منْتصف أوْ آخر الكَلمة.
- يوضّح الْمدرّس اخْتلاف طريقة كتابة الْهمْزة عنْ ألف الْمدّ وصوْتهما.

اقْرأ:

بَا – تَا – ثَا – جَا – حَا – خَا – دَا – ذَا – وَا – يَا

ثانياً: الْمدّ بالْواو ٢٧

١ – اسْمع ولاحظ الْفرْق في الصّوت:

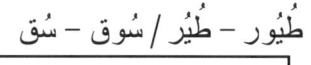

صُورَة – صُرَّة

طُيُور – طُيُر / سُوق – سُق

٢ - الْفرْق في الصّوْت بيْن (و) الْحرْف و (و) الْمدّ:

• وَصَلَ - وُصُول / وَجَدَ - وُجُود / وَلَدَ - وَلُودَ / وَرْد - وُرُود

اقْرأ:

• بُو - تُو - ثُو - جُو - حُو - خُو - دُو - ذُو - وُو - يُو

ثالثا: الْمدّ بالْياء: ٢٨

١ - اسْمع ولاحظ الْفرْق في الصّوت:

دِيك - دِك   يَاسَمِينُ - يَاسَمِنُ / يَمِين - يَمِن

٢ - الْفرْق في الصّوْت بيْن (ي) الْحرْف و (ي) الْمدّ

• الْيَمَن - الْيَمِين / يُسْرا - يَسِير / يَجِد / يُجْدِي

٣ - لاحِظ نطْق هُدَى - مَجْدِي

اقْرأ:

• بِي - تِي - جِي - حِي - خِي - دِي - ذِي - وِي - يِي

٤ - لاحظ الْفرْق في الصّوْت:

• ياء الْمدّ: سمير   ياء كسْرة: يِن   ياء ساكنة: بيْت

التدريبات

تدريب (١)

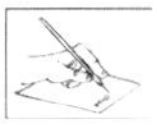

اكْتب الْحرْف النّاقص بالتّشْكيل.

Write the missing letters with tashkil.

١) - - ك   ٢) صُـ - رَة   ٣) - - -   ٤) عَـ - مل

٥) طُـ - ور   ٦) - - سَمِـ - نُ   ٧) كِـ - - -   ٨) فِـ - ل

تدريب (٢) ٢٩

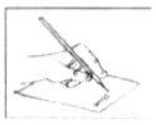

اسْمع من الْمدرّس واكْتب الْحرْف (ا، و ، ي) النّاقص بالتشكيل.

Listen to the teacher and write the missing letter with tashkil.

١) صُـ - رَة   ٢) كتَـ - ب   ٣) عَـ - مِل   ٤) د - ك

٥) سُبُّـ - رَة   ٦) بَـ - بَـ -   ٧) طُيُـ - ر   ٨) يَاسَمِـ - ن

٩) بَـ - ب   ١٠) سُـ - ق

تدريب (٣)

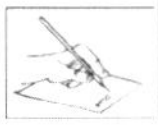

كرّرْ بعْد الْمدرّس واكْتب التّشْكيل.

Repeat after the teacher the long vowels, then write with tashkil.

فيل - وصول - جميل - سفينة - بيوت - كتاب - سبورة - ورود - تين - خوخ - أخي - أختي - بات - مجدي - جابي - منى

تدريب (٤)

ادْخل إلى الْموْقع واتّبع التّعْليمات.

Go to the website and follow the instructions.

تدريب (٥)

اكْتب رقم الصّورة أمام الكَلمة الصّحيحة كما في المثال .

Write the correct number of the picture like the model.

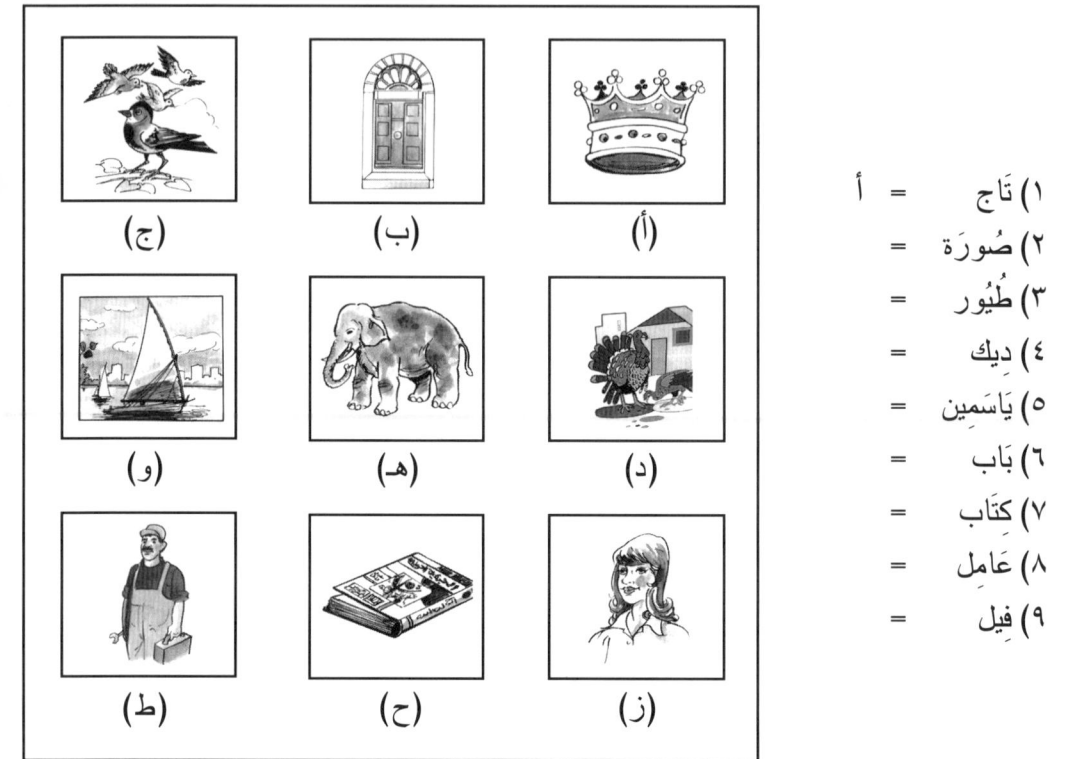

(ج)	(ب)	(أ)
(و)	(هـ)	(د)
(ط)	(ح)	(ز)

١) تَاج   =   أ

٢) صُورَة   =

٣) طُيُور   =

٤) دِيك   =

٥) يَاسَمِين   =

٦) بَاب   =

٧) كِتَاب   =

٨) عَامِل   =

٩) فِيل   =

تدريب (٦)

رتّب الْحروف لتكوّن كلمة واكْتبْها . Arrange the letters to make a word and write it down.

١) (ج – ا – ت)   ٢) (ف – ل – ي)   ٣) (ا – ب – ب)

٤) (ب – ك – ا – ت)   ٥) (عـ – ل – ا – م)   ٦) (ي – سـ – مـ – ن – ا – ي)

٧) (كـ – د – ي)

تدريب (٧)

Read these words: ١) اقرأ هذه الكلمات:

جَاب – ذُو – دُود – بَيْت – وَجْدِي – بَاب – دُودِي – يَدِي – أَخِي – بِيَدِي – دَوَاب – أَخَذ – ذِي –

ذَا – ذَات – ذَاتِي – خَاب – بَخْت – تَحْتِي – بِذَاتِي – وَحْدِي – ثَوْبِي – بَيْتِي – أُخْتِي

٢) ضع خطاً تحت الكلمات التي ليست بها حروف مدّ.

تدريب (٨)

صل الحروف لتكون كلمة ثم وصلها بالكلمة الصحيحة.

Connect the letters to match the words then write them down.

الكلمة	الحروف منفصلة	الكَلمة الصحيحة
رِضَا	١ – ت – و – ت	
تَحْتي	٢ – ج – ا – ب	
جَاب	٣ – ي – د – ي	
يَدي	٤ – ب – ي – ت – ي	
أُخْتي	٥ – و – ج – د – ي	
وَجْدِي	٦ – ث – و – ب – ي	
ثَوْبي	٧ – أ – خ – ت – ي	
بَيْتِي	٨ – ت – ح – ت – ي	
وَحيد	٩ – ر – ض – ا	رِضَا
تُوت	١٠ – و – ح – ي – د	

تدريب (٩)

اكْتب ما يمْلى عليْك.

Dictation.

يختار الْمدرّس كلمات منْ تدْريب ٧ ويقوم بإمْلاء الكّلمات الْمكوّنة من الْحروف الّتي درسها الطلاّب.

حلّ تدريب (٦)

دِيك / صُورَة / بَاب / عَامِل / طُيُور / يَاسَمِين / كِتَاب / فِيل / تاج

مساء الخير

المحادثة:

المحادثة الأولى: ٣٠

كرِّرْ بعْد الْمدرّس ثم أجب.

١) مَا اسْمُ الرَّجُلَيْنِ؟

عَدْنَان : مَسَاءُ الْخَيْرِ.

خَالِد : مَسَاءُ النُّورِ.

عَدْنَان : كيف حالُكَ؟

خَالِد : بخيرٍ، الحمدُ لله.

عَدْنَان : مَا اسْمُكَ؟

خَالِد : اسْمِي خَالِد، وَأَنْتَ؟

عَدْنَان : اسْمِي عَدْنَان.

المحادثة الثانية: ٣١

٢) مَا اسْمُ الْمَرْأَتَيْنِ؟

نَازِك : مَسَاءُ الْخَيْرِ.

دينا : مَسَاءُ النُّورِ.

نَازِك : كَيفَ حَالُكِ؟

دينا : بخيرٍ، الحمدُ لله.

نَازِك : مَا اسْمُكِ؟

دينا : اسْمِي دِينَا، وأَنتِ؟

نَازِك : اسْمِي نَازِك.

لاحظْ الْقواعد: ٣٢

١) للتحية في الْمساء:

التحية	الرد
مَسَاءُ الْخَيْرِ	مَسَاءُ النُّورِ

٢) للسؤال عَن الاسْم

الْمفرد الْمذكر	الْمفرد الْمؤنّث
مَا اسْمُكَ؟	مَا اسْمُكِ؟

التدريبات

١ – كرّر الْمحادثة مع زميلك / زميلتك.
٢ – ضع خطّاً تحْت حرْف (د / ذ) في الْحوار السّابق.
٣ – ضع خطّاً تحْت حرْف الْواو والْياء. يكرّر التّمْرين على باقي الْحروف.

* يسْأل الْمدرّس الطّلبة عن الكّلمات الّتي تحْتوي على حروف الْمدّ في الْحوار السّابق بتكْرار الكَلمة أمامهم وسؤالهم عن نوْع حرْف الْمدّ.

تذكّر

١ – الْفرْق بيْن الْحركات الطّويلة والْقصيرة

الْحركات الطّويلة – حروف الْمدّ	الْحركات الْقصيرة – علامات التّشْكيل
بَا مدّ بالألف	بَ
بُو مدّ بالْواو	بُ
بِي مدّ بالْياء	بِ

٢ – للتّحيّة والتّعارف:

التّحيّة	الرّدّ
صَبَاحُ الْخَيْر.	صَبَاحُ النُّور.
مَسَاءُ الْخَير.	مَسَاءُ النُّور.
كَيْفَ حَالُكَ.	بِخَيْر، الْحَمْد للّه.
كَيْفَ حَالُكِ.	بِخَيْر، الْحَمْد للّه.

٣ – للسّؤال عن الْاسْم:

السّؤال	الجّواب
مذكّر: ما اسْمُكَ؟	اسْمِي ...
مؤنّث: ما اسْمُكِ؟	اسْمِي ...

الوحدة الثانية

السؤال عن الأشخاص ١

هَدَفُ الْوِحْدَةِ:

تقديم ١: هل أنت وجدي؟

١ – تَدْرِيسُ الْحُروفِ ر – ز – س – ش – ص – ض

٢ – السّؤال عن الْأشْخاص – الْإجابة بالْإثْبات أو النّفي

٣ – اسْتخْدام أداة السّؤال "هلْ" والجواب نعم / لا

تقديم ٢: من أنت؟

١ – تَدْرِيسُ الْحُروفِ: ف – ق – ك – ل – م – ن

٢ – السّؤال عن الْأسْماء باسْتخْدام ضمير الْمتكلّم والْمخاطب

٣ – اسْتخْدام أداة السّؤال "مَنْ؟" للْعاقل

تقديم (١)

هل أنت وجدي؟

حرف الراء (ر)

(١) النّطْق: ٢

كرّرْ بعْد المدرّس: Repeat after the teacher:

رَ

رَجُل

رَادْيو

رَأْس

رِ

رِسالة

رِئة

رِجْل

رُ

رُمّان

رُخْصة

رُبْع

(٢) كتَابَة الراء:

في أوّل الكلمة (ر)	في المنْتصف (ـر)	في آخر الكلمة (ـر)	منفصل (ر)
رَجُل	سرير	حرِير	أشجار

الحرف في الأوّل منفصل (رجل) وفي الآخر متصل (سرير) أو منفصل (أشجار).

(٣) النّطْق مع السكون: رْ حرْب

٤٤ لغتنا الفصحى

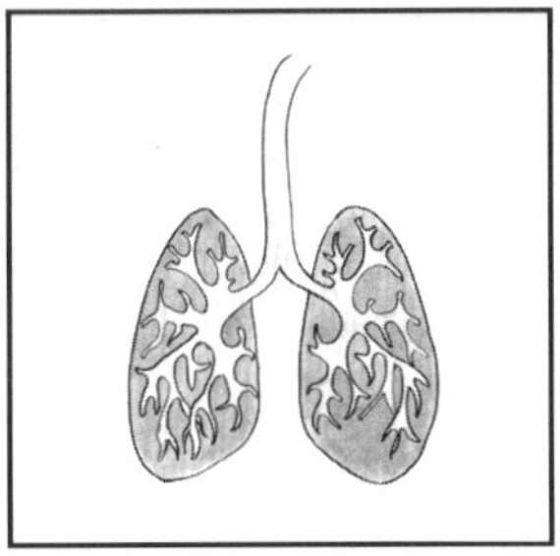

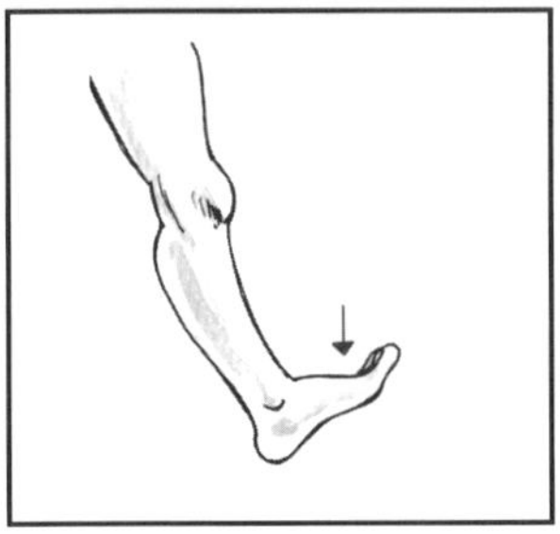

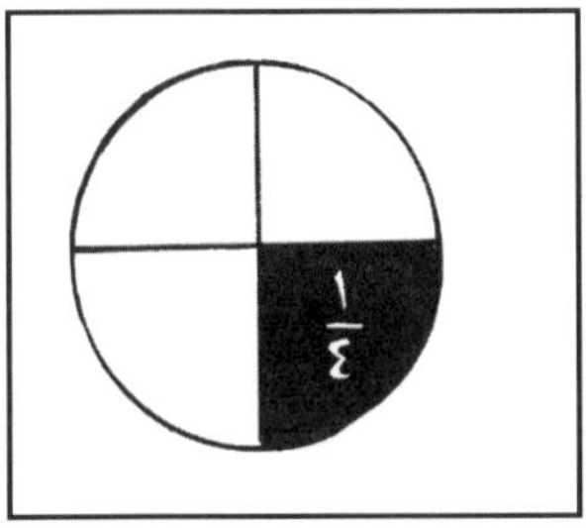

التدريبات

تدريب (١)

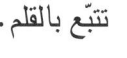

تتبّع بالْقلم.

Follow the line.

تدريب (٢)

اكْتبْ الْحرْف النّاقص بالتّشْكيل.

Write the missing letter with tashkil.

١) – جُلْ　　٢) – جْل　　٣) – مَّان　　٤) – أس

٥) – اديو　　٦) – خصة　　٧) – ئة　　٨) – بعٌ

٩) – سالة

تدريب (٣)

اسْمعْ من الْمدرّس واكْتبْ الْحرْف النّاقصَ (رْ / رَ / رِ / رُ) بالتّشْكيل.

Listen to the teacher and write the missing letter with tashkil.

١) – سالة　　٢) – خْصة　　٣) – جُل　　٤) – أْس

٥) – ادْيو　　٦) – ئة　　٧) – مَّان　　٨) – جْلٌ

٩) – بْع　　١٠) حـ – ب

صحّح مع زميلك.

تدريب (٤)

اسْمعْ وكرّرْ بعْد الْمدرّس واكْتبْ الْحرْف بالتّشْكيل.

Listen and repeat after the teacher and write with tashkil.

حُجرة – شارع – رفعت – صورة – طيور – وردة – ورقة – ورود – ذِرَاع – ذرة – درج – خيار – خروف – جريدة – خضار – برتقال – برج – أرنب – سرير.

تدريب (٥، ٦، ٧)

ادْخل إلى الْموْقع واتَّبع التّعليمات. | Go to the website and follow the instructions.

تدريب (٨)

النّطْق: | Pronunciation:

	انْطق	انْطق الْحرْف
اكْتب الْحرْف مع مد بالْواو: ر + و =	رو	رُ
اكْتب الْحرْف مع مد بالْألف: ر + ا =		رَ
اكْتب الْحرْف مع مد بالْياء: ر + ي =		رِ

انْطق الْحرْف بعْد كتابته.

تدريب (٩) ٣

اسْمع واكْتب الْحرْف النّاقص مع التّشْكيل (أ / ب / ت / ث / ج / ح / خ / د / ذ / ر / و / ي).

Listen and write missing letters with tashkil.

١) – صاص　　٢) س – – –　　٣) شـ – – ة　　٤) – – –　　٥) – – – ف

٦) – – مـ –　　٧) – – مـ –　　٨) – – – –　　٩) – – – – –　　١٠) – – ة

تدريب (١٠)

١) اقْرأ الكَلمات بعْد كتابتها وتصحيحها في تدريب (٩). | Read the correct words in drill (9).

٢) أعد كتابة الكَلمات السّابقة بحروف منْفصلة. | Rewrite each word in separate letters.

حلّ تدريب (٩):

رَصاص – سَرِير – شَجَرَة – بُرْج – خَرُوف – أَحْمَد – تَامِر – ثَابِت – رَادْيُو – ذُرَة

حَرْفُ الزين (ز)

(١) النطق: ٤

كرّرْ بعْد الْمدرّس:

Repeat after the teacher:

زَ

زَيت

زَميل

زَهرة

زِ

زِير

زِرّ

زِراعة

زُ

زُمرّد

زُملاء

زُهور

(٢) كتابة الزين:

في أوّل الكلمة (ز)	في المنْتصف (ـز)	في الآخر (ـز)	منفصل (ز)
زَيت	عزِيز	أزيز	أرز

(٣) النّطْق مع السكون: زْ أزْهار

الحرف في الأول منفصل (زيت) وفي الآخر متصل (عزيز) أو منفصل (أرز)

التدريبات

تدريب (١)

تتبّع بالْقلم.

Follow the line.

تدريب (٢)

اكْتبْ الْحرْف النّاقص بالتّشْكيل.

Write the missing letter with tashkil.

١) – مرّد	٢) – ميلٌ	٣) – راعة	٤) – هرة
٥) – ير	٦) – رٌ	٧) – ملاء	٨) – يت
٩) – هور			

تدريب (٣)

اسْمعْ من الْمدرّس واكْتبْ الْحرْف النّاقصَ (زْ / زَ / زِ / زُ) بالتّشْكيل.

Listen to the teacher and write the missing letter with tashkil.

١) – ميل	٢) – ير	٣) – هْرة	٤) – يْت
٥) – رْ	٦) – مرّد	٧) – راعة	٨) – ملاء
٩) – هور	١٠) أ – هار		

صحّح مع زميلك.

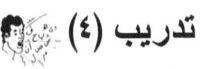

تدريب (٤)

اسْمع وكرّرْ بعْد الْمدرّس واكْتب الْحرْف بالتّشْكيل.

Listen and repeat after the teacher and write with tashkil.

زينب – أزهار – عزيز – زهور – زيد – زياد – عزف – زيادة – زار – يزور – عزم – جزيرة – جزر – أرز – زمُرّد

تدريب (٥، ٦، ٧)

ادْخل إلى الْموْقع واتَّبع التّعليمات.

Go to the website and follow the instructions.

تدريب (٨)

النّطق:

Pronunciation:

	انْطق	انْطق الحرف
اكْتب الْحرْف مع مد بالْواو: ز + و =	زو	زُ
اكْتب الْحرْف مع مد بالْألف: ز + ا =		زَ
اكْتب الْحرْف مع مد بالْياء: ز + ي =		زِ

انْطق الْحرْف بعْد كتابته. لاحظ فرْق النّطق في الصّوت بيْن الْحركات الطّويلة والْقصيرة.

تدريب (٩)

اسْمع واكْتب الْحرْف النّاقص مع التّشْكيل (أ / ب / ت / ث / ج / ح / خ / د / ذ / ر / ز / و / ي).

Listen and write missing letters with tashkil.

١) ---　　٢) ---　　٣) -----　　٤) حـ---　　٥) غـ---

٦) ----　　٧) ----　　٨) عـ - ف　　٩) ----　　١٠) - هـ - -

تدريب (١٠)

١ - اقرأ الكلمات بعد كتابتها وتصحيحها.

Read the correct words.

٢ - أعدْ كتابة الكلمات السابقة.

Rewrite each word.

٣ - اسمع الكلمات في تدريب ٩ مرة أخرى واكتبها بحروف منفصلة:

مثال: تبر: ت - ب - ر

Listen to drill 9 again and rewrite the vocabulary in separate letters.

حلّ تدريب (٩):

تِبْر - خَرَز - إبْرِيز - حَرِير - غَزِير - جَدِير - رَبَاب - عَزَف - وَجْدِي - زُهُور

حَرْفُ السين (س)

(١) النطق: ٦

كرِّرْ بعْد الْمدرِّس: Repeat after the teacher:

سَ

سَاعة

سَيّارة

سَيِّدة

سِ

سِيجارة

سِنّارة

سِتارة

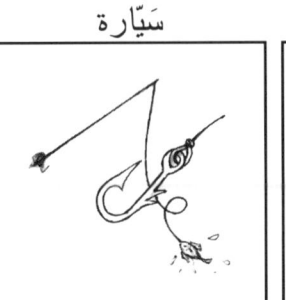

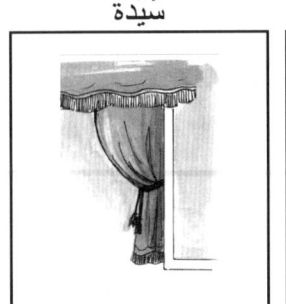

سُ

سُوق

سُلّم

سُور

(٢) كتَابَةُ السين:

في أوّل الكلمة (سـ)	في المنْتصف (ـسـ)	في الآخر (ـس)	منْفصل (س)
ساعة	حسام	لبس	جرس

(٣) النّطْق مع السكون: سْ إسْتر قسْم / مسْجد

التدريبات

تدريب (١)

تتبّع بالْقلم.

Follow the line.

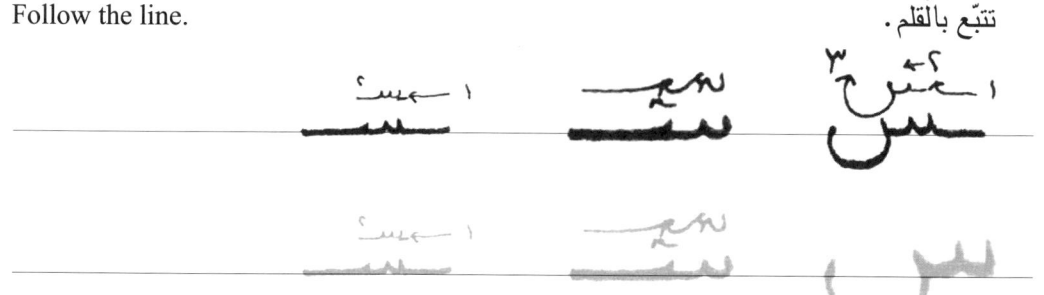

تدريب (٢)

اكْتبْ الْحرْف النّاقص بالتّشْكيل.

Write the missing letter with tashkil.

١) – يجارة ٢) – يّارة ٣) – تارة ٤) – يّدة

٥) – اعة ٦) – لم ٧) – وق ٨) – نارة

٩) – ور

تدريب (٣)

اسْمعْ من الْمدرّس واكْتبْ الْحرْف النّاقصَ (سَ / سِ / سُ / سْ) بالتّشْكيل.

Listen to the teacher and write the missing letter with tashkil.

١) – اعة ٢) – وق ٣) – نّارة ٤) – يّدة

٥) – لم ٦) – ور ٧) – يّارة ٨) – تارة

٩) – يجارة ١٠) إ – تر

صحّح مع زميلك.

تدريب (٤)

اسْمع وكرّرْ بعْد الْمدرّس واكْتب الْحرْف بالتّشْكيل.

Listen and repeat after the teacher and write with tashkil.

سعاد – سور – سهام – سامي – إستر – سيادة – سكر – سينما – سلم – نسرين – سامية – استراحة – سلام

تدريب (٥، ٦، ٧)

ادْخل إلى الْموْقع واتَّبع التّعليمات. Go to the website and follow the instructions.

تدريب (٨)

النّطق: Pronunciation:

	انْطق	انْطق الْحرْف
اكْتب الْحرْف مع مد بالْواو: س + و =	سو	سُ
اكْتب الْحرْف مع مد بالْألف: س + ا =		سَ
اكْتب الْحرْف مع مد بالْياء: س + ي =		سِ

انْطق الْحرْف بعد كتابته. لاحظ فرْق النّطق في الصّوت بيْن الْحركات الطّويلة والْقصيرة.

تدريب (٩) ٧

اسْمع واكْتب الْحرْف النّاقص مع التّشْكيل (الْحروف من أ – س + حروف المد).

Listen and write missing letters with tashkil.

١) ----   ٢) ---   ٣) ----   ٤) ---   ٥) ---

٦) -----   ٧) ----   ٨) -----   ٩) -----   ١٠) ---

تدريب (١٠)

١ – اقْرأ الكَلمات بعْد كتابتها وتصْحيحها. Read the correct words.

٢ – أعد كتابة الكَلمات السّابقة. Rewrite each word.

٣ – اسْمع الكَلمات في تدريب ٩ مرّة أخْرى واكْتبْها بحروف منْفصلة:

مثال: جرس: ج – ر – س.

Listen to drill 9 and rewrite the vocabulary in separate letters.

حلّ تدريب (٩):

سُرُور – سَارَ – حَارِس – سَحَر – جَرَس – سِيجَار – سَاخِر – سِيزَار – بِيتسَا – دَرْس

حَرْفُ الشين (ش)

(١) النّطْق: ٨

كرّرْ بعْد الْمدرّس:

Repeat after the teacher:

شَ

شَجرة

شَارع

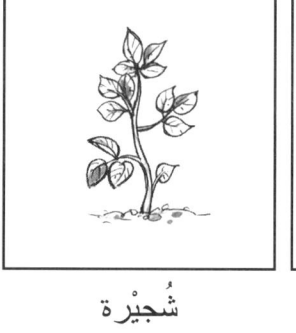

شَمْس

شِ

شِيبْسي

شِتاء

شِراع

شُ

شُرطي

شُجيْرة

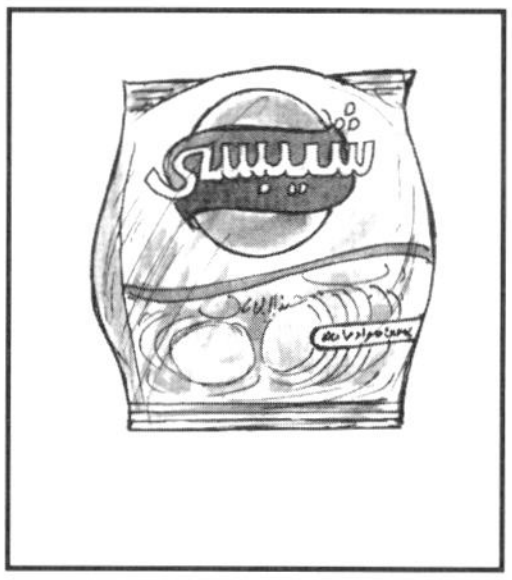

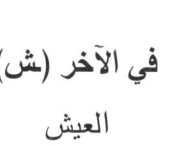

شُبّاك

(٢) كتَابَةُ الشين:

منْفصلاً (ش)	في الآخر (ش)	في المنْتصف (ـشـ)	فيَ أوّل الكلمة (شـ)
عاش	العيش	الشجرة	شجرة

(٣) النّطْق مع السكون: شْ أشْجار

التدريبات

تدريب (١)

تتبّع بالْقلم.

Follow the line.

ش ـشـ ـشـ ـش

ش ـشـ ـشـ ـش

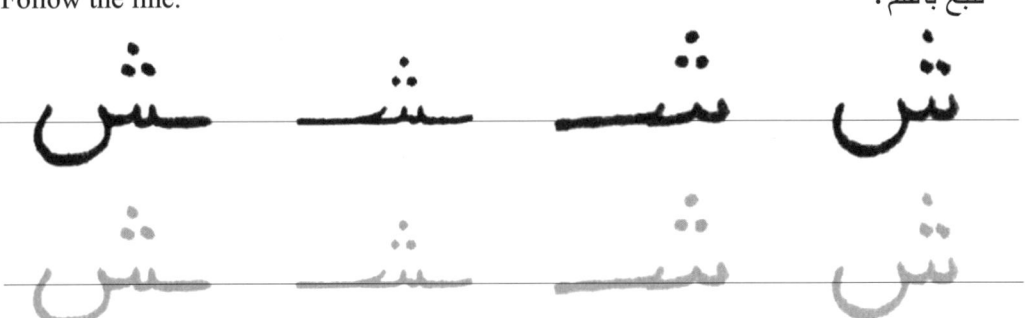

تدريب (٢)

اكْتبْ الْحرْف النّاقص بالتّشْكيل.

Write the missing letter with tashkil.

١) ــارع   ٢) ــجرة   ٣) ــمْس   ٤) ــيْسي

٥) ــتاء   ٦) ــارع   ٧) ــرطي   ٨) ــجيْرة

٩) ــبّاك

تدريب (٣)

اسْمعْ من الْمدرّس واكْتبْ الْحرْف النّاقصَ (شَ / شِ / شُ / شْ) بالتّشْكيل.

Listen to the teacher and write the missing letter with tashkil.

١) ــارع   ٢) ــجيْرة   ٣) ــارع   ٤) ــمْس

٥) ــبّاك   ٦) ــرطي   ٧) ــجرة   ٨) ــيْسي

٩) ــتاء   ١٠) أ ــجار

صحّح مع زميلك.

تدريب (٤)

اسمع وكرّرْ بعْد الْمدرّس واكْتب الْحرْف بالتّشْكيل.

Listen and repeat after the teacher and write with tashkil.

شمْعَة – شورْبَة – شكْراً – عشرَة – شرطِي – شبَاب – أشجار – أَشرَف – شرِيف – هِشام – شرَاع – شوَارِع – شبْرَا

تدريب (٥، ٦، ٧)

ادْخل إلى الْموْقع واتَّبع التّعليمات.

Go to the website and follow the instructions.

تدريب (٨)

النّطق:

Pronunciation:

	انْطق	انْطق الْحرْف
اكْتب الْحرْف مع مد بالْواو: ش + و =	شو	شُ
اكْتب الْحرْف مع مد بالْألف: ش + ا =		شَ
اكْتب الْحرْف مع مد بالْياء: ش + ي =		شِ

انْطق الْحرْف بعْد كتابته. لاحظ فرْق النّطق في الصّوْت بيْن الْحركات الطّويلة والْقصيرة.

تدريب (٩) ٩

اسْمع واكْتب الْحرْف النّاقص مع التّشْكيل (الْحروف من أ – ش + حروف الْمد).

Listen and write missing letters with tashkil.

١) ––––ـة   ٢) –––   ٣) ––––   ٤) –––   ٥) –––

٦) ––––––   ٧) ––––   ٨) –––   ٩) ––––   ١٠) ––––

تدريب (١٠)

١ – اقْرأ الْكَلمات بعْد كتابتها وتصْحيحها.

Read the correct words.

٢ – أعد كتابة الكَلمات السّابقة.

Rewrite each word.

٣ – اسْمع الكَلمات في تدْريب ٩ مرّة أخْرى واكْتبها بحروف منْفصلة.

Listen to drill 9 and rewrite the vocabulary in separate letters.

حلّ تدريب (٩):

شُورْبَة – جَيْش – شَرَاب – شَرِب – خَشَب – أَخْشَاب – جُيُوش – شَذَا – بَيْتِي – بُذُور

حَرْفُ الصاد (ص)

(١) النّطْق: ١٠

كرّرْ بعْد الْمدرّس:

Repeat after the teacher:

صَ

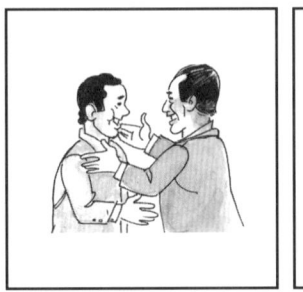

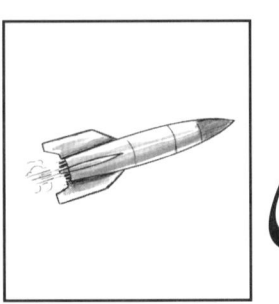

صَاروخ

صَديق

صَفْحة

صِ

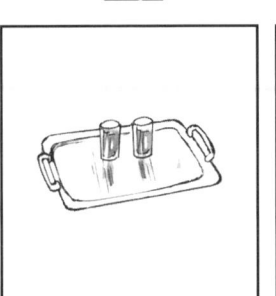

الصِّين

صِيني

صِينيّة

صُ

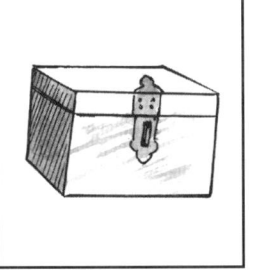

صُنْدوق

صُورة

صُور

(٢) كتَابَةُ الصاد:

فيَ أوّل الكلمة (صـ)	في المنْتصف (ـصـ)	في الآخر (ـص)	منْفصلاً (ص)
صورة	الصين	قميص	رصاص

(٣) النّطْق مع السكون: صْ إصْبع

التدريبات

تدريب (١)

تتبّع بالْقلم.

Follow the line.

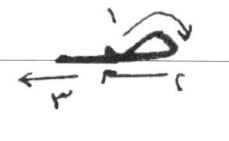

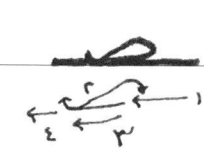

تدريب (٢)

اكْتبْ الْحرْف النّاقص بالتّشْكيل.

Write the missing letter with tashkil.

١) ـ ـديق	٢) الـ ـ ـين	٣) ـ ـورة	٤) ـ ـاروخ
٥) ـ ـور	٦) ـ ـنْدوق	٧) ـ ـيني	٨) ـ ـفْحة
٩) ـ ـينيّة			

تدريب (٣)

اسْمعْ من الْمدرّس واكْتبْ الْحرْف النّاقصَ (صَ / صِ / صُ / صْ) بالتشكيل.

Listen to the teacher and write the missing letter with tashkil.

١) ـ ـينية	٢) ـ ـاروخ	٣) ـ ـور	٤) الـ ـ ـين
٥) ـ ـورة	٦) ـ ـيني	٧) ـ ـفحة	٨) ـ ـندوق
٩) ـ ـديق	١٠) إ ـ ـبع		

صحّح مع زميلك.

تدريب (٤)

اسمع وكرّرْ بعْد الْمدرّس واكْتب الْحرْف بالتّشْكيل.

Listen and repeat after the teacher and write with tashkil.

صبْح - الصوَر - صبَاح - قَميص - رَصاص - صدِيق - مِقَص - صابِر - صخُور - صَخرَة - أَصفَر - إِصبَع

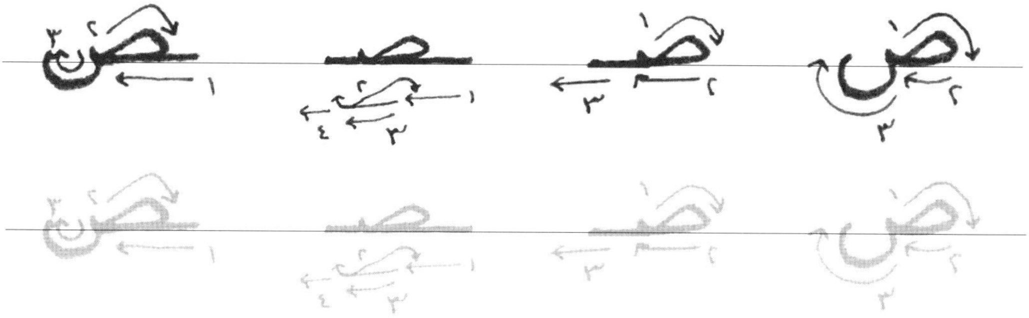

تدريب (٥، ٦، ٧)

ادْخل إلى الْموْقع واتَّبع التّعليمات.

Go to the website and follow the instructions.

تدريب (٨)

النّطق:

Pronunciation:

	انْطق	انْطق الْحرْف
اكْتب الْحرْف مع مد بالْواو: ص + و =	صو	صُ
اكْتب الْحرْف مع مد بالْألف: ص + ا =		صَ
اكْتب الْحرْف مع مد بالْياء: ص + ي =		صِ

انْطق الْحرْف بعْد كتابته. لاحظ فرْق النّطْق في الصّوْت بيْن الْحركات الطّويلة والْقصيرة.

تدريب (٩) ١١

اسْمع واكْتب الْحرْف النّاقص مع التّشْكيل (الْحروف من أ – ص + حروف الْمد).

Listen and write missing letters with tashkil.

١) ------ ٢) --- ٣) ------ ٤) --- ٥) ----

٦) --- ٧) --- ٨) ---- ٩) --- ١٠) ----

١١) ---- ١٢) ----

تدريب (١٠)

١ – اقْرأ الكَلمات بعْد كتابتها وتصْحيحها.

Read the correct words.

٢ – أعد كتابة الكَلمات السّابقة.

Rewrite each word.

٣ – اسْمع الكَلمات في تدْريب ٩ مرّة أخْرى واكْتبها بحروف منْفصلة.

Listen to drill 9 and rewrite the vocabulary in separate letters.

حلّ تدريب (٩):

أَشْجَار – رَأْس – أَصْحَاب – سُور – صَبَاح – رَجُل – بِنْت – ثِيَاب – ثُلُث – حِذَاء – خِيَار – دَوَاء

حَرْفُ الضاد (ض)

(١) النطق: ١٢

كرِّرْ بعْد الْمدرِّس:

Repeat after the teacher:

ضَ

ضَابط

ضَيْف

ضَرْب

ضِ

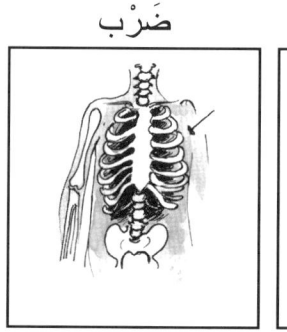

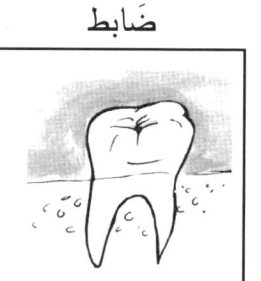

ضِرْس

ضِياء

ضِلْع

ضُ

ضُروس

ضُبّاط

ضُيوف

(٢) كتابة الضاد:

في أوّل الكلمة (ضـ)	في المنْتصف (ـضـ)	في الآخر (ـض)	منْفصلاً (ض)
ضابط	الضابط	بيض	عرض

(٣) النّطْق مع السكون: ضْ مضْرب

التدريبات

تدريب (١)

تتبّع بالْقلم.

Follow the line.

ض ضـ ـضـ ـض

ض ضـ ـضـ ـض

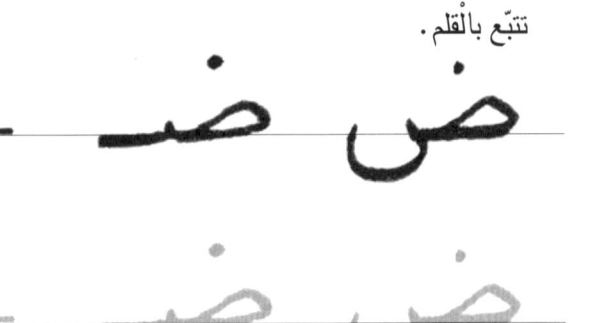

تدريب (٢)

اكْتبْ الْحرْف النّاقص بالتّشْكيل.

Write the missing letter with tashkil.

١) ـ ـرس ٢) ـ ـرب ٣) ـ ـروس ٤) ـ بّاط

٥) ـ ـابط ٦) ـ ـيْف ٧) ـ ـياء ٨) ـ ـيوف

٩) ـ ـلْع

تدريب (٣)

اسْمعْ من الْمدرّس واكْتبْ الْحرْف النّاقصَ (ضَ / ضِ / ضُ / ضْ) بالتّشْكيل.

Listen to the teacher and write the missing letter with tashkil.

١) ـ ـلْع ٢) ـ ـرْب ٣) ـ ـروس ٤) ـ ـياء

٥) ـ ـيْف ٦) ـ ـابط ٧) ـ ـرْس ٨) ـ ـروس

٩) ـ ـيوف ١٠) مـ ـ ـرب

صحّح مع زميلك.

تدريب (٤)

اسْمع وكرّرْ بعْد الْمدرّس واكْتب الْحرْف بالتّشْكيل.

Listen and repeat after the teacher and write with tashkil.

ضبْع – ضبَاع – ضلْع – ضلُوع – مَضرِب – ضوْء – ضيَاء – ضبْط – اضرَب – بَعْض – بَعُوضة – ضفْدَع – ضفَادِع

تدريب (٥، ٦، ٧)

اُدْخل إلى الْموْقع واتَّبع التّعليمات. Go to the website and follow the instructions.

تدريب (٨)

النّطق: Pronunciation:

	انْطق	انْطق الحرف
اكْتب الْحرْف مع مد بالْواو = ض + و =	ضو	ضُ
اكْتب الْحرْف مع مد بالْألف = ض + ا =		ضَ
اكْتب الْحرْف مع مد بالْياء = ض + ي =		ضِ

انْطق الْحرْف بعْد كتابته . . لاحظ فرْق النّطْق في الصّوْت بيْن الْحركات الطّويلة والْقصيرة.

تدريب (٩) ١٣

اسْمع واكْتب الْحرْف النّاقص مع التّشْكيل (الْحروف من أ – ض + حروف الْمد)

Listen and write missing letters with tashkil.

١) --- ٢) --- ٣) --- ٤) --- ٥) ---

٦) --- ٧) ---- ٨) ---- ٩) --- ١٠) ----

تدريب (١٠)

١ – اقْرأ الكَلمات بعْد كتابتها وتصْحيحها. Read the correct words.

٢ – أعد كتابة الكَلمات السّابقة. Rewrite each word.

٣ – اسْمع الكَلمات في تدْريب ٩ مرّة أخْرى واكْتبْها بحروف منْفصلة.

Listen to drill 9 and rewrite the vocabulary in separate letters.

حلّ تدريب (٩):

حَوْض – ضِرْس – بَيْض – ضَاد – ضَرْب – ضَار – أَبْيَض – اضْرَب – ضَرَر – بَاضَتْ

المحادثة:

هل أنت وجدي؟ ١٤

اسْمع الْحوار وأجب: مَنْ في الصّورة؟

Listen and say the name of each person

حوار (١)

شَادِي: هلْ أَنْتَ وَجْدِي؟

وَلِيد : لا. أَنَا وَلِيد.

شَادِي: هلْ أَنْتَ وَجْدِي؟

وَجْدِي: نَعَم. أَنَا وَجْدِي.

حوار (٢) ١٥

تريز : هلْ أَنْتِ سُوزِي؟

إِسْتر : لا. أَنَا إِسْتر.

تريز : هلْ أَنْتِ سُوزِي؟

سُوزِي: نَعَم. أَنَا سُوزِي.

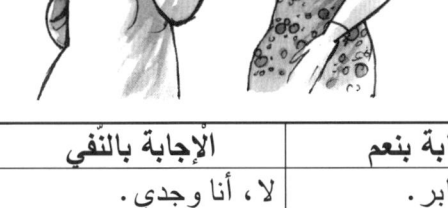

لاحظْ الْقواعد: ١٦

للسّؤال عن الْأَشْخاص:

	السّؤال	الْإجابة بنعم	الْإجابة بالنّفي
للْمذكّر	هلْ أنْتَ + صابر؟	نعم، أنا صابر.	لا، أنا وجدي.
للْمؤنّث	هلْ أنْتِ + سوزي؟	نعم، أنا سوزي.	لا، أنا إستر.

تدريب (١)

اقْرأ كلّ حوار مع زميلك وكرّرْه.

Read each dialog with your partner.

تدريب (٢)

اقْرأ الْحوارات مرّة أخْرى وغيّر زميلك. اسْتعْملوا أسْماءكم الْحقيقيّة.

Change your partner. Repeat the dialogs and use your real names.

تدريب (٣)

اسْمع الْمدرّس وعيّن الْحرْف الْأوّل والْأخير منْ كلّ اسْم من الْأسْماء التّالية:

Listen and identify the first and last letter of the following names:

يَحْيَى - جِرْجِس - حَبِيب - سِيزَا - جُورج - سَيّد - صَابِر - رَابِح - آسِر - صُبْحِي - سَارَة

تدريب (٤)

كوّن أسْماء من الْحروف التّالية:

Arrange the following letters to form names:

ب - ح - ي - ب	س - ج - ر - ج	ا - س - ي - ز	ر - ص - ب - ا
.....	.....	.....	.....
ي - ص - ح - ب	ا - د - و - د	ة - س - ر - ا	ر - آ - س
.....	.....	.....	.....

صحّح الْأسْماء من التّدْريب السّابق

تدريب (٥)

- اقْسموا الْفصْل إلى فريقيْن - (الْمدرّس والْمسّاعد والْحكّم).
- كوّنوا أسْماء عربيّة أخْرى من الْحروف الّتي درسْتموها.
- الْفريق الرّابح هو الّذي يكوّن أكْبر عدد من الْأسْماء الصّحيحة.

تدريب (٦)

اسْتعْملوا الْأسْماء السّابقة لتكرار حوارات الْمحادثة مع باقي الزّملاء.

تقديم (٢)

من أنت؟

حَرْفُ الفاء (ف)

(١) النطق: ١٧

كرِّرْ بعْد الْمدرِّس:

Repeat after the teacher:

فَ

فَرَس	فَاكهة	فَصْل

فِ

فِلْفل	فِرْقة	فِيل

فُ

فُلوس	فُرْشاة	فُرش

(٢) كتابة الفاء:

في أوّل الكلمة (فـ)	في المنْتصف (ـفـ)	في الآخر (ـف)	منْفصلاً (ف)
فصل	سَفر	قِفْ	عفاف

(٣) النّطق مع السكون: فْ حفْلة

التدريبات

تدريب (١)

Follow the line.

تتبّع بالْقلم .

تدريب (٢)

Write the missing letter with tashkil.

اكْتبْ الْحرْف النّاقص بالتّشْكيل .

١) ـاكهة	٢) ـرس	٣) ـصْل	٤) ـلـ
٥) ـيل	٦) ـلوس	٧) ـرْشاة	٨) ـرْقة
٩) ـرش			

تدريب (٣)

اسْمعْ من الْمدرّس واكْتبْ الْحرْف النّاقصَ (فَ / فِ / فُ / فْ) بالتّشْكيل .

Listen to the teacher and write the missing letter with tashkil.

١) ـرش	٢) ـرس	٣) ـصْل	٤) ـرْشاة
٥) ـرْقة	٦) ـلـ – ـلـ	٧) ـيل	٨) ـاكهة
٩) ـلوس	١٠) حـ – ـلة		

صحّح مع زميلك .

تدريب (٤)

اسْمع وكرّرْ بعْد الْمدرّس واكْتب الْحرْف بالتّشْكيل .

Listen and repeat after the teacher and write with tashkil.

فادي – جَفاف – سَفر – أَفاد – أَفضَل – سَلَف – اسْتَلَف – لَف – سَوْف – فرَش – أَلَّف – أَلْف – أفعال
– شَريف – عَفيفي – ضَيْف

تدريب (٥، ٦، ٧)

ادْخل إلى الْموْقع واتَّبع التّعليمات. | Go to the website and follow the instructions.

تدريب (٨)

النّطق: | Pronunciation:

	انْطق	انْطق الْحرْف
اكْتب الْحرْف مع مد بالْواو: ف + و =	فو	فُ
اكْتب الْحرْف مع مد بالْألف: ف + ا =		فَ
اكْتب الْحرْف مع مد بالْياء: ف + ي =		فِ

انْطق الْحرْف بعْد كتابته . . لاحظ فرْق النّطْق في الصّوْت بين الْحركات الطّويلة والْقصيرة.

تدريب (٩) ١٨

اسْمع واكْتب الكلمة مع التّشْكيل (الْحروف من أ – ف + حروف الْمد).

Listen and write missing letters with tashkil.

١) - - -　٢) - - -　٣) - - -　٤) - - - -　٥) - - -

٦) - - -　٧) - - - - -　٨) - - - - ـة　٩) - - - -

تدريب (١٠)

١ – اقْرأ الكَلمات الصّحيحة في تدْريب (٩). | Read the correct words.

٢ – أعد كتابة الكَلمات مرّة أخْرى. | Rewrite each word.

٣ – اسْمع الكَلمات مرّة أخْرى ثم اكْتبها بحروف منْفصلة.

Listen to drill 9 and rewrite the vocabulary in separate letters.

حلّ تدريب (٩):

فَرَس – حَرْف – صَيْف – خَرِيف – حَارّ – بَرْد – يُوسُفِي – جَوَافَة – خِيَار

حَرْفُ القاف (ق)

(١) النطق: ١٩

كرّرْ بعْد الْمدرّس: Repeat after the teacher:

قَ

قَلم

قَصْر

قَرْية

قِ

قِرْد

قِصّة

قِصص

قُ

قُرود

قُنْفذ

قُماش

(٢) كتابة القاف:

في أوّل الكلمة (قـ)	في المنْتصف (ـقـ)	في الآخر (ـق)	منْفصلاً (ق)
قلم	صقر	حلق	فِرق

(٣) النّطْق مع السكون: قْ صَقْر

التدريبات

تدريب (١)

تتبّع بالْقلم.

Follow the line.

ق قـ ـقـ ـق

ق قـ ـقـ ـق

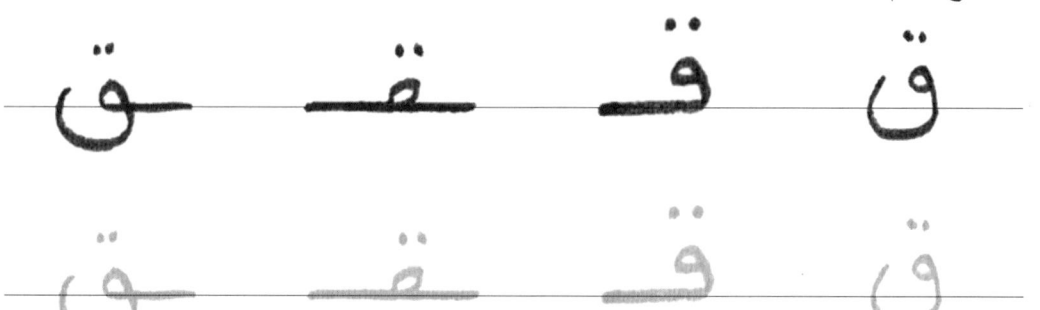

تدريب (٢)

اكْتبْ الْحرْف النّاقص بالتّشْكيل.

Write the missing letter with tashkil.

١) –رود	٢) –صّة	٣) –صْر	٤) –ماش
٥) –لم	٦) –رْد	٧) –صص	٨) –نْفذ
٩) –رْية			

تدريب (٣)

اسْمعْ من الْمدرّس واكْتبْ الْحرْف النّاقصَ (قَ / قِ / قُ / قْ) بالتّشْكيل.

Listen to the teacher and write the missing letter with tashkil.

١) –صْر	٢) –صور	٣) –رْية	٤) –رْد
٥) –نْفذ	٦) –ماش	٧) –رود	٨) –لم
٩) –صص	١٠) صد–ر		

صحّح مع زميلك.

تدريب (٤)

اسمع وكرّرْ بعْد الْمدرّس واكْتب الْحرْف بالتّشْكيل.

Listen and repeat after the teacher and write with tashkil.

قصُور – صَقر – عَقرَب – قرِيب – قرَى – قصِير – قصَص – فِرْقة – فَرِيق – دَقيق – نَقل – قادِر – قدْرَة

تدريب (٥، ٦، ٧)

ادْخل إلى الْموْقع واتَّبع التّعليمات.

Go to the website and follow the instructions.

تدريب (٨)

النّطق:

Pronunciation:

		انْطق	انْطق الْحرْف
اكْتب الْحرْف مع مد بالْواو = ق + و =		قو	قُ
اكْتب الْحرْف مع مد بالألف = ق + ا =			قَ
اكْتب الْحرْف مع مد بالْياء = ق + ي =			قِ

انْطق الْحرْف بعْد كتابته. لاحظ فرْق النّطْق في الصّوْت بين الْحركات الطّويلة والْقصيرة.

تدريب (٩) ٢٠

اسْمع واكْتب الْحرْف النّاقص مع التّشْكيل (الحرف من أ – ق + حروف المد)

Listen and write missing letters with tashkil.

١) ---- ٢) --- ٣) ---- ٤) ---- ٥) ---

٦) ---- ٧) --- ٨) --- ٩) --- ١٠) ---

تدريب (١٠)

١ – اقْرأ الكَلمات الصّحيحة في تدريب (٩). Read the correct words.

٢ – أعد كتابة الكَلمات مرّة أخْرى. Rewrite each word.

٣ – اسْمع الكَلمات مرّة أخْرى ثمّ اكْتبْها بحروف منْفصلة.

Listen to drill 9 and rewrite the vocabulary in separate letters.

حلّ تدريب (٩):

دَقيق – قُرَى – حُقُوق – خَبير – صَقْر – قَادِر – قِشْر – خَريف – فَقْر – قَرْض

حَرْفُ الكاف (ك)

(١) النطق: ٢١

كرِّرْ بعْد الْمدرِّس:

Repeat after the teacher:

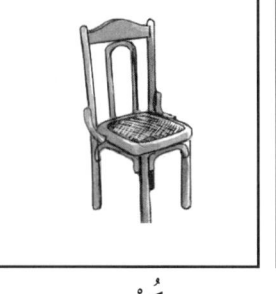

كَ

كَلْب

كَأس

كَاهن

كِ

كِتاب

كِيس

كِيلو

كُ

كُتب

كُوب

كُرْسي

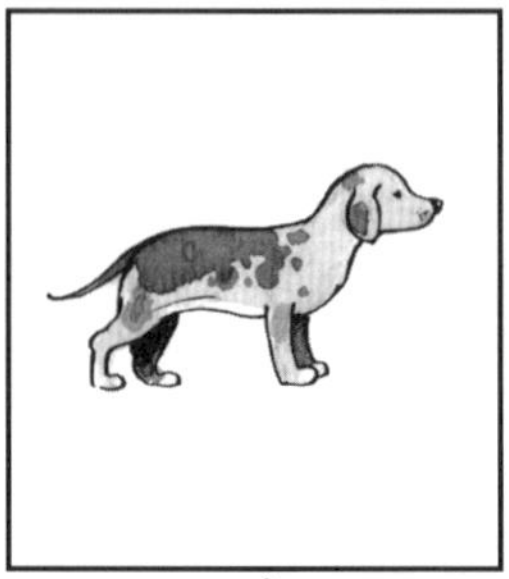

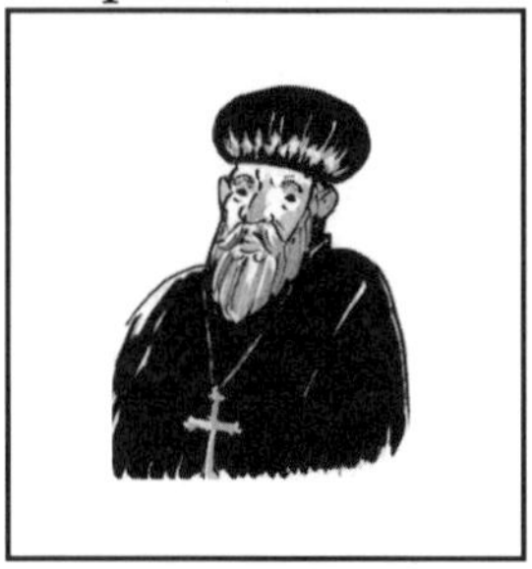

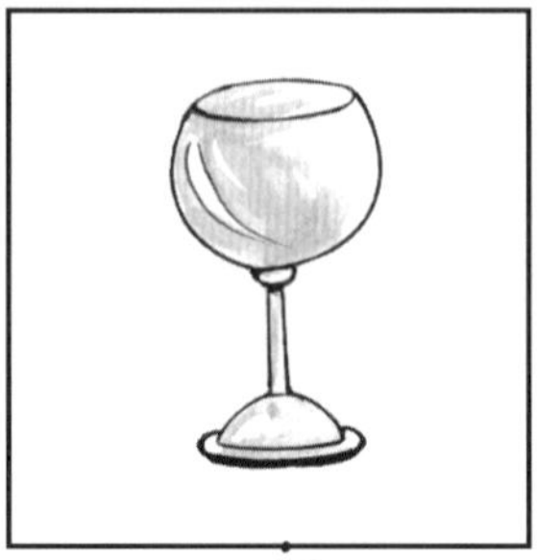

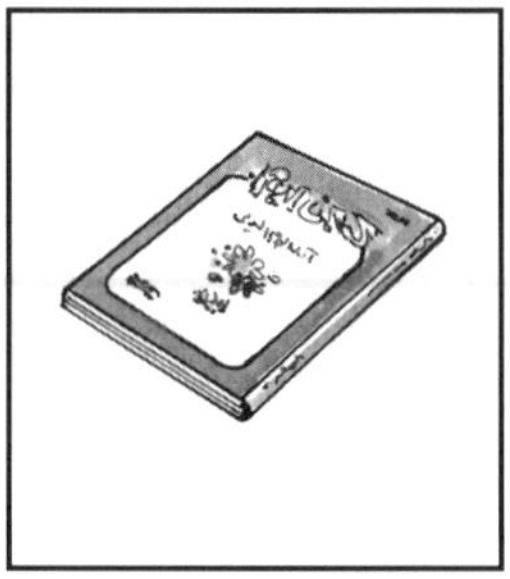

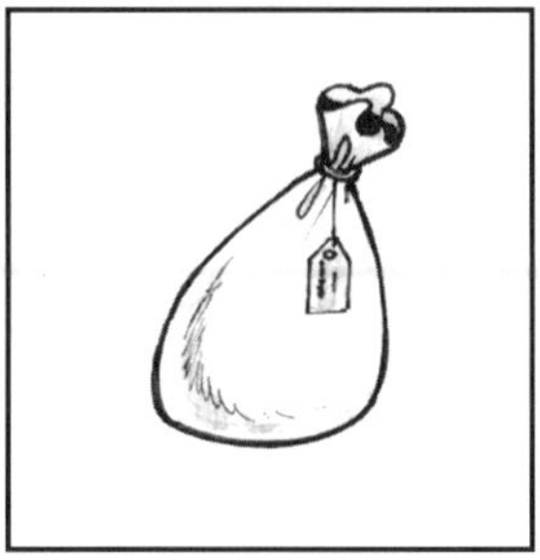

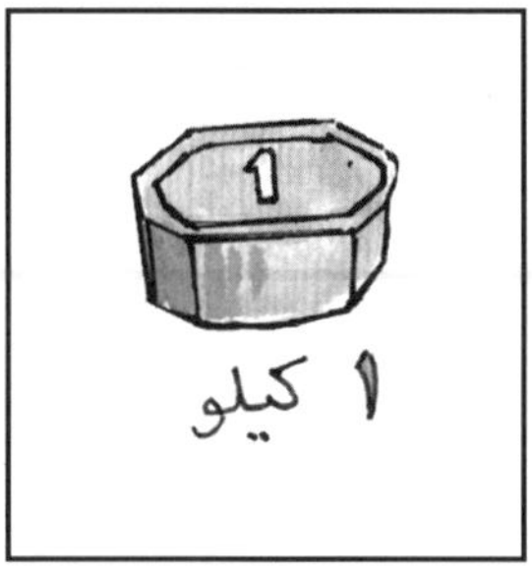

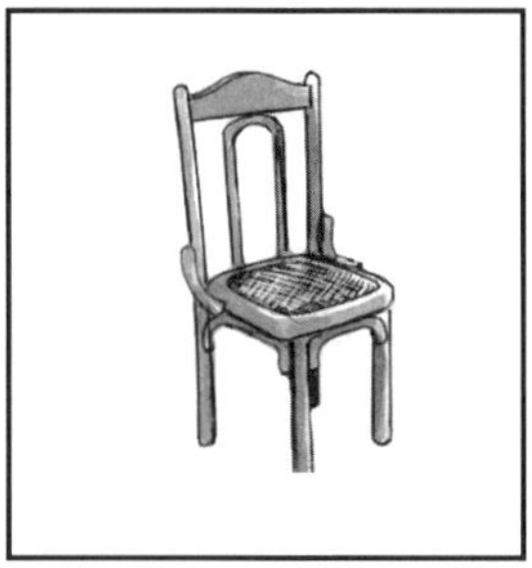

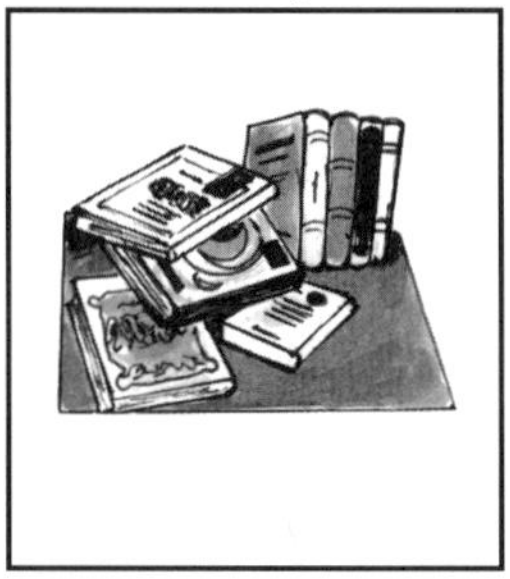

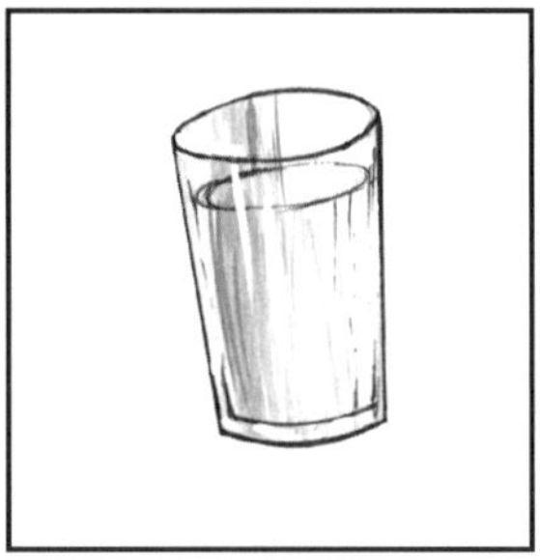

(٢) كتابة الكاف:

في أوّل الكلمة (كـ)	في المنْتصف (ـكـ)	في الآخر (ـك)	منْفصلاً (ك)
كِتاب	سمكة	سمك	شبّاك

(٣) النّطْق مع السكون: كْ أكْواب

التدريبات

تدريب (١)

تتبّع بالْقلم.

Follow the line.

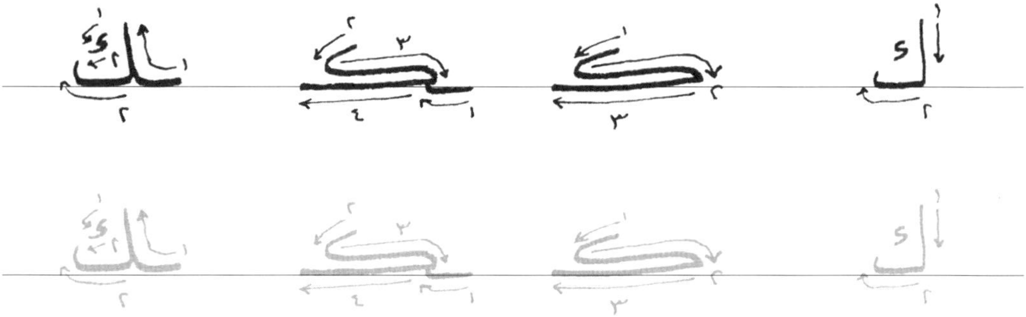

تدريب (٢)

اكْتبْ الْحرْف النّاقص بالتّشْكيل.

Write the missing letter with tashkil.

١) – ـتاب	٢) – ـأس	٣) – ـوب	٤) – ـتب
٥) – ـيس	٦) – ـيلو	٧) – ـلْب	٨) – ـاهن
٩) – ـرْسي			

تدريب (٣)

اسْمعْ من الْمدرّس واكْتبْ الْحرْف النّاقصَ (كَ / كِ / كُ / كْ) بالتّشْكيل.

Listen to the teacher and write the missing letter with tashkil.

١) – ـأْس	٢) – ـاهن	٣) – ـتاب	٤) – ـيس
٥) – ـيلو	٦) – ـتب	٧) – ـوب	٨) – ـرْسي
٩) – ـلْب	١٠) أ – ـواب		

صحّح مع زميلك.

تدريب (٤)

اسْمع وكرّرْ بعْد الْمدرّس واكْتب الْحرْف بالتّشْكيل.

Listen and repeat after the teacher and write with tashkil.

كرَة – كسَر – كأْس – كيْفَ – كهُوف – كلّ – كهْف – كفّ – لَك – مَكين – مَكيدَة – سِكينَة – كلام – كلِمَة – كلُّنا – مَعَك

تدريب (٥، ٦، ٧)

Go to the website and follow the instructions. — ادْخل إلى الْموْقع واتَّبع التّعليمات.

تدريب (٨)

Pronunciation: — النّطْق:

	انطق	انْطق الْحرْف
اكْتب الْحرْف مع مد بالْواو: ك + و =	كو	كُ
اكْتب الْحرْف مع مد بالْألف: ك + ا =		كَ
اكْتب الْحرْف مع مد بالْياء: ك + ي =		كِ

انْطق الْحرْف بعْد كتابته .. لاحظ فرْق النّطْق في الصّوْت بين الْحركات الطّويلة والْقصيرة.

تدريب (٩) ٢٢

اسْمع واكْتب الْحرْف النّاقص مع التّشْكيل (الْحروف من أ – ك + حروف الْمد).

Listen and write missing letters with tashkil.

١) - - -　　٢) - - -　　٣) - - -　　٤) - - - -　　٥) - - - -

٦) - - -　　٧) - - -　　٨) - - -　　٩) - - ل　　١٠) - - -

١١) - - - -

تدريب (١٠)

١ – اقْرأ الكَلمات الصّحيحة في تدريب (٩). — Read the correct words.

٢ – أعد كتابة الكَلمات مرّة أخْرى. — Rewrite each word.

٣ – اسْمع الكَلمات مرّة أخْرى ثمّ اكْتبها بحروف منْفصلة.

Listen to drill 9 and rewrite the vocabulary in separate letters.

حلّ تدريب (٩):

شَكَر – فَكَّر – كَتَب – دَحْرَج – بَخِيل – جَرَى – خَرَج – قَفَز – كَحَّل – سَكَب – زَوَاج

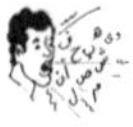

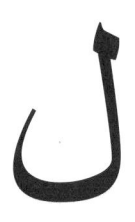

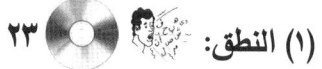

حَرْفُ اللام (ل)

(١) النطق: ٢٣

Repeat after the teacher:

كرّرْ بعْد الْمدرّس:

لَ

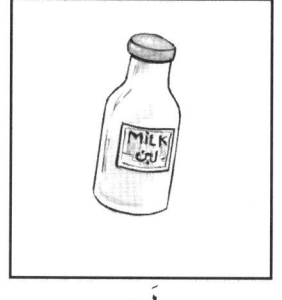

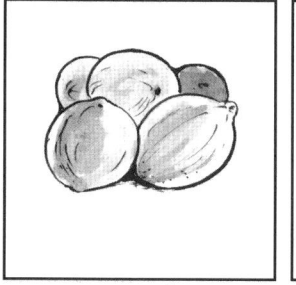

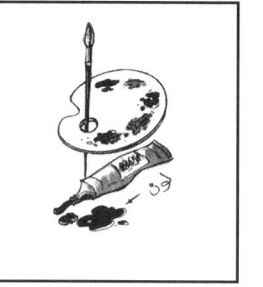

لَوْن

لَيْمون

لَبن

لِ

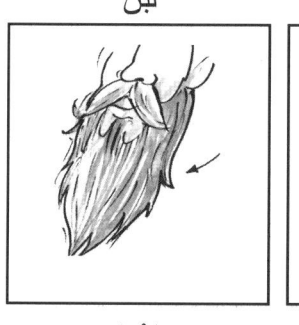

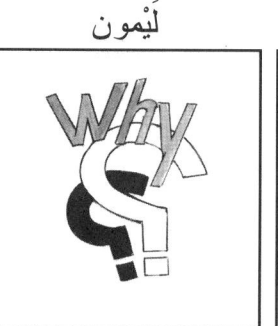

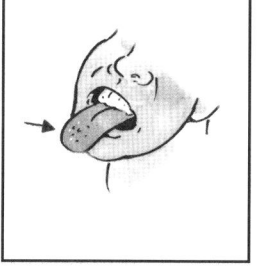

لِسان

لِماذا؟

لِحْية

لُ

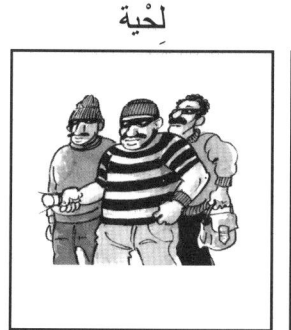

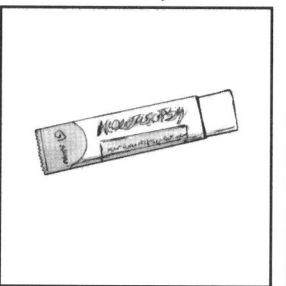

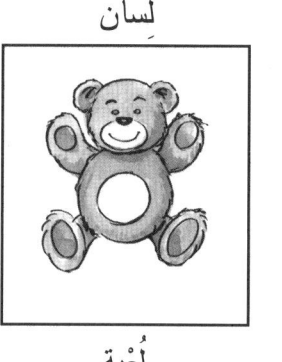

لُعْبة

لُبان

لُصوص

(٢) كتابة اللام:

في أوّل الكلمة (لـ) **في المنْتصف (ـلـ)** **في الآخر (ـل)** **منْفصلاً (ل)**

لعبة قلم رَجُل برتقال

(٣) كتابة لـ + أ = لأ **أو** **لـ + ا = لا** **وفي أوّل الكلام: الـ**

(٤) النّطق مع السكون: لْ الْبرازيل

التدريبات

تدريب (١)

تتبّع بالْقلم

Follow the line

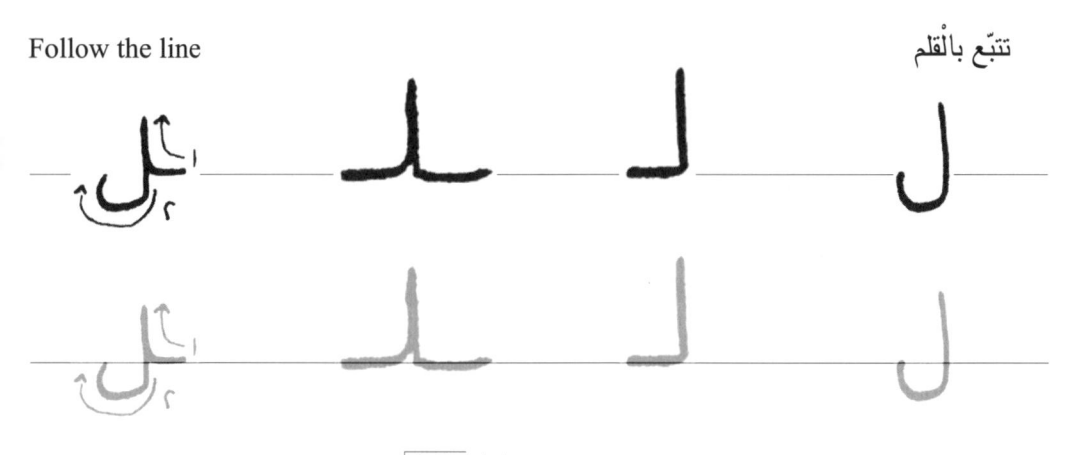

تدريب (٢)

اكْتبْ الْحرْف النّاقص بالتّشْكيل.

Write the missing letter with tashkil.

١) – ـسان　　٢) – ـيْمون　　٣) – ـعْبة　　٤) – ـصوص

٥) – ـبن　　٦) – ـماذا؟　　٧) – ـوْن　　٨) – ـحْية

٩) – ـبان

تدريب (٣)

اسْمعْ من الْمدرّس واكْتبْ الْحرْف النّاقصَ (لَ / لِ / لُ / لْ) بالتّشْكيل.

Listen to the teacher and write the missing letter with tashkil.

١) – ـماذا؟　　٢) – ـيْمون　　٣) – ـحْية　　٤) – ـبان

٥) – ـعْبة　　٦) – ـصوص　　٧) – ـبن　　٨) – ـوْن

٩) – ـسان　　١٠) ا – ـبرازيـ –

صحّح مع زميلك.

تدريب (٤)

اسمع وكرّرْ بعْد الْمدرّس واكْتب الْحرْف بالتّشْكيل.

Listen and repeat after the teacher and write with tashkil.

مُسْلم – قَال – أَلْبَان – الْبُرْتُقَال – لِصّ – لنَا – لبَاس – مَلابِس – لبَنِي – لِطِيف – أَلْمَانْيَا – الْبُرْتُغَال – لَكَ – كَلمَة – كُلنَا

تدريب (٥، ٦، ٧)

Go to the website and follow the instructions.

ادْخل إلى الْمَوْقع واتَّبع التَّعليمات.

تدريب (٨)

Pronunciation:

النّطق:

انْطق الحرف	انْطق	
لُ	لو	اكْتب الْحرْف مع مد بالْواو = ل + و =
لَ		اكْتب الْحرْف مع مد بالألف = ل + ا =
لِ		اكْتب الْحرْف مع مد بالْياء = ل + ي =

انْطق الْحرْف بعْد كتابته . . لاحظ فرْق النّطق في الصّوْت بين الْحركات الطّويلة والْقصيرة .

تدريب (٩) ٢٤

اسْمع واكْتب الكلمة مع التّشْكيل (الحرْف من أ – ل + حروف الْمد)

Listen and write missing letters with tashkil.

١) – – –	٢) – – –	٣) – – –	٤) – – –	٥) – – –
٦) – – –	٧) – – –	٨) – – –	٩) – – – –	١٠) – – –

تدريب (١٠)

Rcad the correct words.

١ – اقْرأ الكَلمات الصّحيحة في تدْريب (٩) .

Rewrite each word.

٢ – أعد كتابة الكَلمات مرّة أخرى .

٣ – اسْمع الكَلمات مرّة أخرى ثمّ اكْتبْها بحروف منْفصلة .

Listen to drill 9 and rewrite the vocabulary in separate letters.

حلّ تدريب (٩):

خَلَق – جَلَس – نَضَج – خَجَل – رِجْل – فَرِح – لَصَق – بَخِل – جَادَل – نَزَل

حَرْفُ الميم (م)

(١) النطق: ٢٥

كرّرْ بعْد الْمدرّس:

Repeat after the teacher:

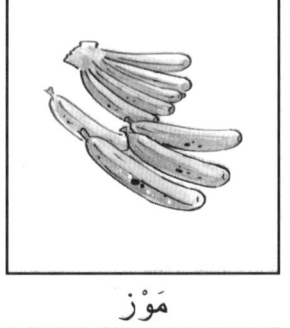

مَ

مَكْتب

مَوْز

مَقْلمة

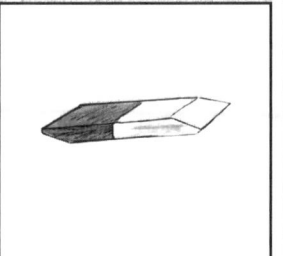

مِ

مِيكانيكي

مِمْحاة

مِفْتاح

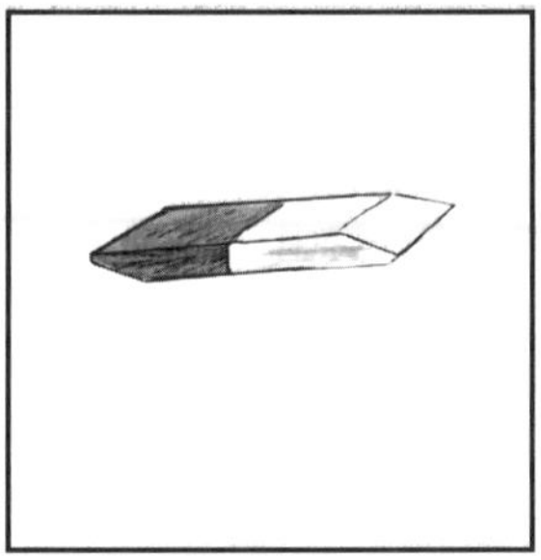

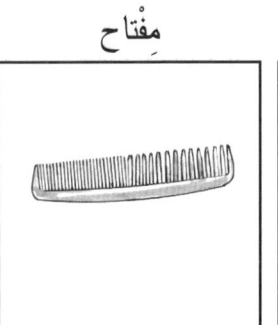

مُ

مُدير

مُسْتشْفى

مُشْط

(٢) كتابة الميم:

في أوّل الكلمة (مـ)	في المنْتصف (ـمـ)	في الآخر (ـم)	منْفصلاً (م)
مكتب	ممحاة	قلم	أم

(٣) النّطْق مع السكون: مْ أمْشاط

التدريبات

تدريب (١)

تتبّع بالْقلم.

Follow the line.

تدريب (٢)

اكْتبْ الْحرْف النّاقص بالتّشْكيل.

Write the missing letter with tashkil.

١) – يكانيكي ٢) – وْز ٣) – قلْ – ـة ٤) – فْتاح

٥) – – حاة ٦) – شْط ٧) – كْتب ٨) – دير

٩) – سْتشْفى

تدريب (٣)

اسْمعْ من الْمدرّس واكْتبْ الْحرْف النّاقصَ (مَ / مِ / مُ / مْ) بالتّشْكيل.

Listen to the teacher and write the missing letter with tashkil.

١) – وْز ٢) – سْتشْفى ٣) – كْتب ٤) – شْط

٥) – دير ٦) – فْتاح ٧) – قلْ – ـة ٨) – – حاة

٩) – يكانيكي ١٠) أ – شاط

صحّح مع زميلك.

تدريب (٤)

اسمع وكرّرْ بعْد الْمدرّس واكْتب الْحرْف بالتّشْكيل.

Listen and repeat after the teacher and write with tashkil.

محْسِن – ماجِد – ميرْنَا – مفِيدَة – مصْطَفَى – مشْهُور – مِيري – حَميد – أَمينَة – حَاتِم – أُميْمة – أَمجَاد – محَمد – أَمير – سَامِيَة – منَى

تدريب (٥، ٦، ٧)

Go to the website and follow the instructions. ادْخل إلى الْمَوْقع واتَّبع التَّعليمات .

تدريب (٨)

Pronunciation: النُّطق:

انْطق الحرف   انْطق

مُ   مو   اكْتب الْحرْف مع مد بالْواو: م + و =
مَ   اكْتب الْحرْف مع مد بالألف: م + ا =
مِ   اكْتب الْحرْف مع مد بالْياء: م + ي =

انْطق الْحرْف بعْد كتابته . لاحظ فرْق النُّطق في الصَّوْت بين الْحركات الطَّويلة والْقصيرة .

تدريب (٩) ٢٦

اسْمع واكْتب الكلمة مع التَّشْكيل (الحروف من أ – م + حروف الْمد).

Listen and write missing letters with tashkil.

(١) – – – –   (٢) – – – – – –   (٣) – – – – –   (٤) – – – –   (٥) – – –
(٦) – – –   (٧) – – –   (٨) – – –   (٩) – – – –   (١٠) – – – –
(١١) – – –   (١٢) – – – –

تدريب (١٠)

Read the correct words. ١ – اقْرأ الكَلمات الصَّحيحة في تدْريب (٩) .

Rewrite each word. ٢ – أعد كتابة الكَلمات مرّة أخْرى .

٣ – اسْمع الكَلمات مرّة أخْرى ثمّ اكْتبها بحروف منْفصلة .

Listen to drill 9 and rewrite the vocabulary in separate letters.

─────────────

حلّ تدريب (٩):

مَشْبَك – مُستَشْفَى – أَمْثَال – مَوْكِب – يَوْم – فُول – وَلَد – رَقْم – مَريض – آمَال – صَوْم – ذُبَاب

حَرْفُ النون (ن)

(١) النطق: ٢٧

Repeat after the teacher:

كرِّرْ بعْد الْمدرِّس:

نَ

نَاس

نَخْلة

نَجْم

نِ

نِمْرة

نِمر

نِسْناس

نُ

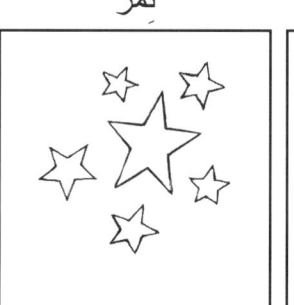

نُور

نُجوم

نُوتة

(٢) كتابة النون:

في أوّل الكلمة (نـ)	في المنْتصف (ـنـ)	في الآخر (ـن)	منْفصلاً (ن)
ناس	الناس	من	لبان

(٣) النّطْق مع السكون: نْ أنْتَ

التدريبات

تدريب (١)

تتبّع بالْقلم.

Follow the line.

تدريب (٢)

اكْتبْ الْحرْف النّاقص بالتّشْكيل.

Write the missing letter with tashkil.

١) ـ خْلة　　٢) ـ ور　　٣) ـ جوم　　٤) ـ اس

٥) ـ سْ ـ اس　　٦) ـ وتة　　٧) ـ مْرة　　٨) ـ جْم

٩) ـ مر

تدريب (٣)

اسْمعْ من الْمدرّس واكْتبْ الْحرْف النّاقصَ (نَ / نِ / نُ / نْ) بالتّشْكيل.

Listen to the teacher and write the missing letter with tashkil.

١) ـ خْلة　　٢) ـ ور　　٣) ـ جْم　　٤) ـ مْرة

٥) ـ ور　　٦) ـ جوم　　٧) ـ سْ ـ اس　　٨) ـ وتة

٩) ـ اس　　١٠) أ ـ ت

صحّح مع زميلك.

تدريب (٤)

اسْمع وكرّرْ بعْد الْمدرّس واكْتب الْحرْف بالتّشْكيل.

Listen and repeat after the teacher and write with tashkil.

نصْر – مَنصُور – فُرْن – نوَال – ناجِي – حَنان – أنتَ – أنتِ – أنتُمَا – أنتُن – أَنتُم – نصْحِي – نفر – نفرْتيتِي – نحْن – لَازَانيَا – أمُون

تدريب (٥، ٦، ٧)

Go to the website and follow the instructions.

ادْخل إلى الْموْقع واتّبع التّعليمات.

تدريب (٨)

Pronunciation:

النّطق:

انْطق الحرف	انْطق	
نُ	نو	اكْتب الْحرْف مع مد بالْواو: ن + و =
نَ		اكْتب الْحرْف مع مد بالألف: ن + ا =
نِ		اكْتب الْحرْف مع مد بالْياء: ن + ي =

انْطق الْحرْف بعْد كتابته. لاحظ فرْق النّطق في الصّوْت بين الْحركات الطّويلة والْقصيرة.

تدريب (٩) ٢٨

اسْمع واكْتب الكلمة مع التّشْكيل (الْحروف من أ – ن + حروف الْمد).

Listen and write the missing letters with tashkil.

(٥ ––––	(٤ ––––	(٣ –––	(٢ ––––	(١ ––––
(١٠ –––––	(٩ –––––	(٨ –––––	(٧ ––––	(٦ –––

تدريب (١٠)

Read the correct words.

١ – اقْرأ الكَلمات الصّحيحة في تدْريب (٩).

Rewrite each word.

٢ – أعد كتابة الكَلمات مرّة أخْرى.

٣ – اسْمع الكَلمات مرّة أخْرى ثمّ اكْتبْها بحروف منْفصلة.

Listen to drill 9 and rewrite the vocabulary in separate letters.

حلّ تدريب (٩):

نَجْوَى – نَوَال– مُنَى – نَاجِي – نَسِيم – مَنَال – نَازِك – نَجْوَان – إِيمَان – إِحْسَان

مراجعة عامة على الحروف التي سبق دراستها

تدريب (١)

صِلْ الْحروفَ لتكوّن كلمة Connect the word	الكَلمة The word	صِلْ بالكَلمةِ الصّحيحةِ Match with right word
١ – م –ك – ت – ب	مَكْتَب	رِسَالَة
٢ – ن – ج – و – م		تاج
٣ – ر – س – ا – ل – ة		نُجُوم
٤ – ت – ا – ج		أَنْتُمَا
٥ – ك – أ – س		لَيْمُون
٦ – ل – ي – م – و – ن		كَأْس
٧ – أ – ن – ت – م – ا		مَكْتَب

تدريب (٢) ٢٩

اسْمع من الْمدرّس واكْتب (´س ´أو ´ص´)

١) – ـمك ٢) – ـباح ٣) قميـ – ٤) – ـينيّة

٥) عـ – ـفور ٦) ا – ـمك ٧) – ـبّورة ٨) – ـور

٩) – ـنْدوق ١٠) – ـتارة

تدريب (٣) ٣٠

اسْمع من الْمدرّس واكْتب (´د ´أو ´ض´)

١) – ـولاب ٢) – ـيْف ٣) – ـواء ٤) – ـبّاط

٥) – ـيك ٦) – ـيوف ٧) – ـلْع ٨) حـ – يـ –

٩) مـ – رسة ١٠) – ـرْس

حلّ تدريب (٢):

سَمَك – صَبَاح – قَمَيص – صِينيّة – عُصْفُور – اسْمَك – سُبُّورَة – صُوَر – صُنْدُوق – سِتَارَة

حلّ تدريب (٣):

دُولاب – ضَيْف – دَواء – ضُبَّاط – دِيك – ضُيُوف – ضِلْع – حَدِيد – مُدَرّسَة – ضِرْس

المحادثة:

تقديم (أ): ٣١

اسْمع وكرّر بعْد الْمدرّس:

منْ أنْتَ؟

أنا ناجي.

منْ أنْتِ؟

أنا نرْمين.

منْ أنْتما؟

نحْن نسيم ونصْحي.

منْ أنْتما؟

نحْن نيفين وشيرين.

مَنْ أنْتُم؟

نَحْنُ نَادِي وَحُسْنِي وَنَاصِر.

مَنْ أنْتُن؟

نَحْنُ نِسْمَة وَنُورَا وَنِسْرِين.

اسْمع وكرّر بعْد الْمدرّس:

منْ أنْتَ؟ ما اسْمُكِ؟
أنا نرْمين.

منْ أنْتَ؟ ما اسْمُكَ؟
أنا ناجي.

من أنْتما؟ ما اسْماكُما؟
نحْن نيفين وشيرين.

منْ أنْتما؟ ما اسْماكُما؟
نحْن نسيم ونصْحي.

مَنْ أنْتُنَّ؟ مَا أسْماؤكُنَّ؟
نَحْنُ نسْمَة ونُورَا ونسْرين.

مَنْ أنْتُم؟ مَا أسْماؤكُم؟
نَحْنُ نَادي وَحُسْني وَنَاصر.

لاحِظ القَواعِد:

١) للسّؤال عن الأشْخاص (للعاقِل) بأداة الاسْتِفْهام "مَنْ"؟

أداة الاسْتِفْهام مَنْ		مفْرد مذكّر	مفْرد مؤنّث	مثنّى مذكر	مثنّى مؤنّث	جمْع مذكّر	جمْع مؤنّث
ضمير المُخاطَب	أنْتَ؟	أنتِ؟	أنْتُمَا؟	أنْتُمَا؟	أنْتُم؟	أنْتُنَّ؟
الإجابة	ضمير المُتَكَلّم	أنَا محمد	أنا سعاد	نَحْنُ	نَحْنُ	نَحْنُ	نَحْنُ	نَحْنُ	نَحْنُ .....

٢) للسّؤال عن غيْر العاقِل (الأشْياء – الموْضوعات – الأسْماء – .. إلخ) نسْتخْدم أداة الاسْتِفْهام "ما"؟  ٣٣

أداة الاستفهام		مفْرد مذكّر	مفْرد مؤنّث	مثنّى مذكّر	مثنّى مؤنّث	جمْع مذكّر	جمْع مؤنّث
ما	ضمير المُخاطب	أنْتَ	أنتِ	أنْتُمَا	أنْتُمَا	أنْتُم	أنْتُنَ
		اسْمُكَ؟	اسْمُكِ؟	اسْمَكُمَا؟	اسْمَاكُمَا؟	أسْمَاؤكُم؟	أسْمَاؤكُنَّ؟

٣) للإجابة: ٣٤

ضمير المُتكلم	مفْرد مذكّر	مفْرد مؤنّث	مثنّى مذكّر	مثنّى مؤنّث	جمْع مذكّر	جمْع مؤنّث
	أنَا	أنَا	نَحْنُ	نَحْنُ	نَحْنُ	نَحْنُ
	اسْمِي	اسْمِي	اسْمَانَا	اسْمَانَا	أسْمَاؤنَا	أسْمَاؤنَا

تدريب (١)

١) اقْرأ وكرّر الْحوار في تقديم (أ) مع زميلك.

Read and repeat the dialog in presentation (A) with your partner.

تدريب (٢)

صلْ الضّمير بالسّؤال الْمناسب.

Connect the pronoun with the right question.

أَنْتَ	ما اسْمَاكُما؟
أنْت	ما أسْمَاؤكُنّ؟
أنْتَما	ما اسْمَاكُمَا؟
أنْتما	ما اسْمُكَ؟
أنْتم	ما اسْمُك؟
أنْتن	ما أسْمَاؤكُم؟

تدريب (٣)

صلْ الضّمير بالْإجابة الْمناسبة.

Connect the pronoun with the right answer.

أنا	أسْماؤنا
نحْن	اسْمي

تدريب (٤)

اكْتب السّؤال النّاقص بضمير الْمخاطب:

Write the missing questions and answer:

١) أ – ....؟	ب – اسْمي نادية.
٢) أ – ....؟	ب – اسْمانا رابحة وناهد.
٣) أ – ....؟	ب – ... عبد الله.
٤) أ – ....؟	ب – ... ناجي ورمْزي وحسيْن.
٥) أ – ....؟	ب – ... مصْطفى وطلّال.
٦) أ – ....؟	ب – ... نادين وفاطمة وزيْنب.

تدريب (٥)

١) اكْتب سؤالاً وإجابة تحْت كلّ صورة.

Write a question and its answer before the picture.

٢) اقْرأ السّؤال والْإجابة مع زميلك بالتّبادل.

Read the question with your partner and answer in turns.

Use some of the names you have studied.

٣) اسْتخْدم بعْض الْأسْماء الّتي درسْتها.

– – – – – – –

– – – – – – –

– – – – – – –

– – – – – – –

– – – – – – –

– – – – – – –

– – – – – – –

– – – – – – –

– – – – – – –

– – – – – – –

– – – – – – –

– – – – – – –

تدريب (٦)

اكْتب الْحوار النّاقص:

١) أ – . . . . علي؟ ب – لا ، أنا اسمي محمود.
٢) أ – . . . . خالد؟ ب – نعم، . . . .
٣) أ – هلْ اسْماكما علْياء ودينا؟ ب – . . اسْمانا نوال و . . .
٤) أ – . . . .؟ ب – نعم، اسْمي مدْحت.
٥) أ – . . أسْماؤكم . . .؟ ب – لا، . . . .
٦) أ – . . . .؟ ب – نعم، . . . . . هدى وإيمان ونبيلة.

تدريب (٧)

١) كرّر الْحوار في تقديم (ب) مع زملائك في الْفصْل باسْتخْدام أسْمائكم الْحقيقيّة.
٢) كرّروا الْحوار واسْتخْدموا أسْماء غيْر حقيقيّة ممّا درسْتم.

تَذكّر

١) أداة الاسْتفْهام للسّؤال بـ "هلْ" عن الْأشْخاص:

السّؤال	الْإجابة
هلْ + أنْت . . .؟	نعم، أنا . . .
هلْ + ضمير	لا ، أنا . . .

٢) أداة الاسْتفْهام "مَنْ" للسّؤال عن الْعاقل:

مَنْ + الضّمير أو الاسْم

السّؤال	الْإجابة
مَنْ أنْت؟	أنا . . . .

٣) أداة الاسْتفْهام للسّؤال عن غيْر الْعاقل:

الْموْضوع + الضّمير
ما اسمُكَ؟

٤) ضمائر الْمخاطب Second-person pronouns:

جمْع مؤنّث	جمْع مذكّر	مثنّى مؤنّث	مثنّى مذكّر	مفْرد مؤنّث	مفْرد مذكّر
أَنْتُنَّ	أَنْتُمْ	أَنْتُمَا	أَنْتُمَا	أَنْتِ	أَنْتَ

٥) ضمائر الْمتكلّم First-person pronouns:

جمْع مؤنّث	جمْع مذكّر	مثنّى مؤنّث	مثنّى مذكّر	مفْرد مؤنّث	مفْرد مذكّر
نَحْنُ	نَحْنُ	نَحْنُ	نَحْنُ	أَنَا	أَنَا

٦) تصْريف الضّمائر للْملكيّة:

الْإجابة	السّؤال	الضّمير
أنا اسْمي	ما اسْمُكَ؟	أَنْتَ
أنا اسْمي	ما اسْمُكِ؟	أَنْتِ
نحْن اسْمانا	ما اسْماكما؟	أَنْتُمَا
نحْن اسْما نا	ما اسْماكما؟	أَنْتُمَا
نحْن أسْماؤنا	ما أسْماؤكم؟	أَنْتُم
نحْن أسْماؤنا	ما أسْماؤكنّ؟	أَنْتُن

الوحدة الثالثة

من هُو؟ مِن أين أنْتَ؟ ١

<u>**هَدَفُ الْوِحْدَةِ:**</u>

تقْديم ١: "مَنْ هو؟"

١ – تدْريس الْحروف هـ – ط – ظ – ع – غ

٢ – السّؤال عن الأشْخاص باسْتخْدام ضمير الْغائب: "منْ هو"؟

تقْديم ٢: "مِنْ أَيْنَ هو؟"

١ – الشدّة والتّاء الْمرْبوطة

٢ – السؤال عنْ بلد الشخْص باسْتخْدام: "مِنْ أيْن؟"

تقديم (١)

من هو؟

حرف الهاء (هـ)

(١) النّطْق: ٢ 🔵💿 👤

Repeat after the teacher: كرّر بعْد الْمدرّس:

هَرم	هَمْزة	هَديّة
		هَ
هِلال	هِنْدي	هِلْب
		هِـ
هُنود	هُدْهُد	هُدى
		هُـ

ملاحظة: يوضّح المدرّس أن الْهاء في نهاية الكّلمة بدون نقطتين، كالآتي:

(٢) كتابة الهاء: 🖋

منْفصل (ه)	في آخر الكلمة (ـه)	في الْمنْتصف (ـهـ)	في أوّل الكّلمة (ه)
عِنْده	وَجْه	سِهَام	هَرم

(٣) النّطْق مع السّكون: هـ   أهْلاً

التّدْريبات

تدْريب (١)

تتبّع بالْقلم. Follow the line.

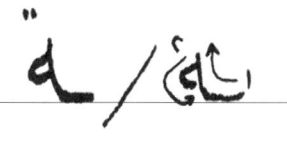

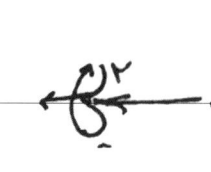

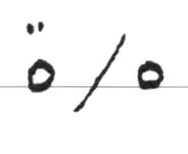

تدْريب (٢)

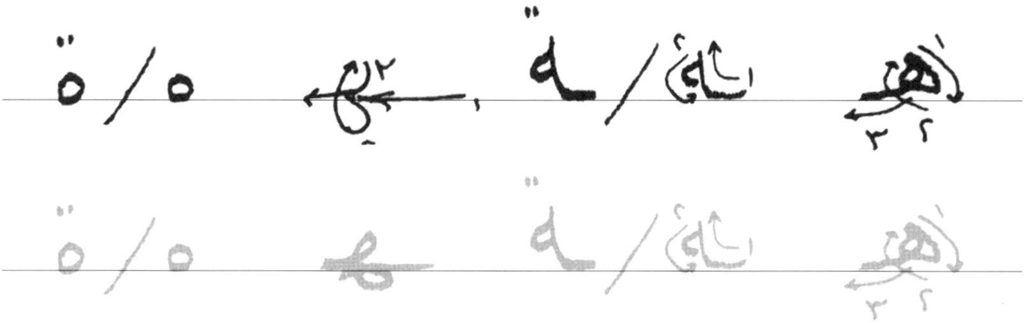

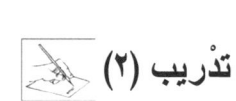

اكْتب الْحرْف النّاقص بالتّشْكيل. Write the missing letter with tashkil.

١) – مْزَة	٢) – ـلَال	٣) – ـرَم	٤) – ـديَّة
٥) – ـدْ – ـدْ	٦) – ـدَى	٧) – ـنْدِي	٨) – ـنُود
٩) – ـلب			

تدْريب (٣)

اسْمع من الْمدرّس واكْتب الكّلمة مرّة أخْرى بالتّشْكيل.

Listen to the teacher and write the vocalized word with tashkil.

١)	٢)	٣)	٤)
٥)	٦)	٧)	٨)
٩)	١٠) – ـلاً		

- يقوم الْمدرّس بإمْلاء الكلمات مرّة أخْرى وينْطق الكلمات بتشْكيل واضح.

تدْريب (٤)

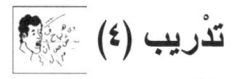

اسمع وكرّرْ بعْد الْمدرّس واكْتب الْحرْف بالتّشْكيل.

Listen and repeat after the teacher and write with tashkil.

هشام – هانم – مهاب – هبة – إلهام – سهام – هاني – أهلاً وسهلاً – مهم – هموم – هو – هي – هم – هما – هناء

تدْريب (٥، ٦، ٧)

ادْخل إلى الْموْقع واتّبع التّعليمات.

Go to the website and follow the instructions.

تدْريب (٨) ٣

أ) اسْمع واكْتب الكّلمة مع التّشْكيل:

Listen and write the word with tashkil:

١) -- ٢) ---- ٣) ------ ٤) --- ٥) ----

٦) ---- ٧) ----- ٨) -- ٩) ---- ١٠) ----

ب) أعدْ قراءة الكّلمة وانْطقْها نطْقاً صحيحاً

تدْريب (٩) ٤

الْفرْق في الصّوْت بيْن (هـ / ح):

اسْمع من الْمدرّس واكْتب (هـ) أوْ (ح):

Listen and write the missing letters with tashkil:

١) -ـشَام / -ـسَام ٢) -ـرَم / -ـرَم ٣) -ـلَال / -ـمَار ٤) -ـوت / -ـلْب

٥) مُـ-ـمّ / مُـ-ـتَرَم ٦) -ـيَاة / -ـيَام

حلّ تدْريب (٨):

١) هُوَ ٢) هشَام ٣) إلْهَام ٤) مُهِّم ٥) هُنَاك

٦) وُجُوه ٧) عِنْدَهُم ٨) لَهُ ٩) قَمِيصُهُ ١٠) قَصْرُهُ

حلّ تدْريب (٩):

١) هِشَام / حُسَام ٢) هَرَم / حَرَم ٣) هِلَال / حِمَار ٤) حُوت / هِلْب

٥) مُهِمّ / مُحْتَرَم ٦) حَيَاة / هَيَام

حَرْفُ الطاء (ط)

(١) النطق: ٥

كرّر بعْد الْمدرّس:

Repeat after the teacher:

طَ

طَماطم

طَائرة

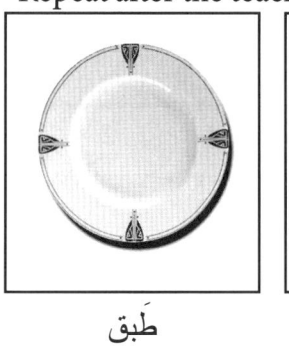

طَبق

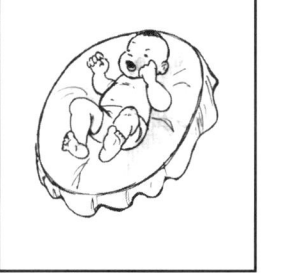

طِ

طِفل

طِين

طِشت

طُ

طُيور

طُبول

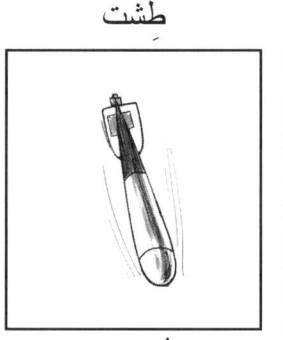

طُوربيد

(٢) كتابة الطاء:

في أوّل الكلمة (طـ)	في الْمنْتصف (ـطـ)	في آخر الكلمة (ـط)	منْفصل (ط)
طَبْل	نَطَق	بَطّ	شَبَاط

(٣) النّطْق مع السكون: طْ عطلة

التدْريبات

تدْريب (١)

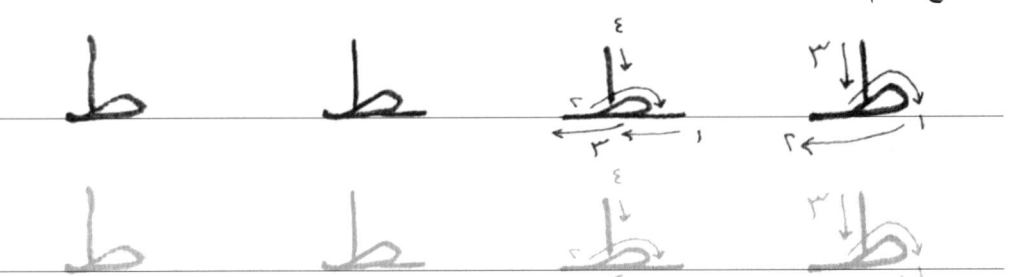

تتبّع بالْقلم.

Follow the line.

تدْريب (٢)

اكْتب الْحرْف النّاقص بالتّشْكيل.

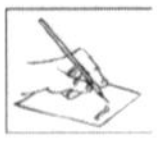

Write the missing letter with tashkil.

١) –يُور   ٢) –مَا–م   ٣) –ورْبِيد   ٤) –ين

٥) –فْل   ٦) –ائِرَة   ٧) –بَق   ٨) –بُول

٩) –شط

تدْريب (٣)

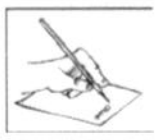

اسْمع من الْمدرّس واكْتب الكَلمات مرّة أخْرى بالتشْكيل.

Listen to the teacher and write the words with tashkil.

١)   ٢) ––ئـ–ة   ٣)   ٤)

٥)   ٦)   ٧)   ٨)

٩)   ١٠) عُـ–لَة

تدْريب (٤)

اسمع وكرّرْ بعْد الْمدرّس واكْتب الْحرْف بالتشْكيل.

Listen and repeat after the teacher and write with tashkil.

طبْلَة – عُطلَة – تَعْطيل – عِطر – عُطور – مَطر – طرِيق – طارِق – بَط – طرُق – مُصْطفَى – طابُور – أمْطار – بَطيخ – بَطاطِس – شَاطئ – أَطبَاق

تدْريب (٥، ٦، ٧)

ادْخل إلى الْموْقع واتّبع التّعليمات. Go to the website and follow the instructions.

تدْريب (٨) ٦

أ) اسْمع واكْتب الكلمة مع التشْكيل: Listen and write the word with tashkil:

١) ---- ٢) ----- ٣) ---- ٤) --- ٥) -----

٦) ----- ٧) --- ٨) ----- ٩) ------ ١٠) -----

تدْريب (٩) ٧

الْفرْق في الصوْت بيْن (ت / ط):

اسْمع من الْمدرّس واكْتب (ت) أو (ط):

Listen and write the missing letters with tashkil.

١) - مْثَال / - ـرِيق ٢) - ـونَة / - ـيُور ٣) - ـين / - ـين ٤) - ـمْر / - ـبَق

٥) - ـفْل / - ـلّ ٦) - ـورْبيد / - ـوت ٧) - ـاج / - ـمَا - ـم ٨) - ـلِيفُون / - ـبُول

حلّ تدْريب (٨):

١) طَارق ٢) إفْطَار ٣) طَريق ٤) مَطَر ٥) بَطَاطس

٦) طَمَاطِم ٧) طَبَق ٨) أَطْبَاق ٩) طُورْبِيد ١٠) بَطَاطَا

حلّ تدْريب (٩):

١) تمْثَال / طَرِيق ٢) تُونَة / طُيُور ٣) تين / طين ٤) تَمْر / طَبَق

٥) طِفْل / تَلّ ٦) طُورْبِيد / تُوت ٧) تَاج / طَمَا طِم ٨) تِلِيفُون / طُبُول

حرْف الظّاء (ظ)

(١) النطق: ٨

كرّر بعْد الْمدرّس:

Repeat after the teacher:

ظَ

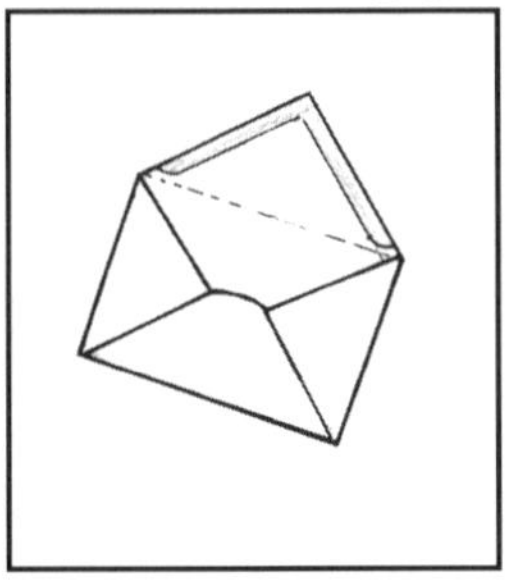

ظَرْف

ظَبْي

ظَهْر

ظِ

ظِلّ

ظِلال

ظِلْف

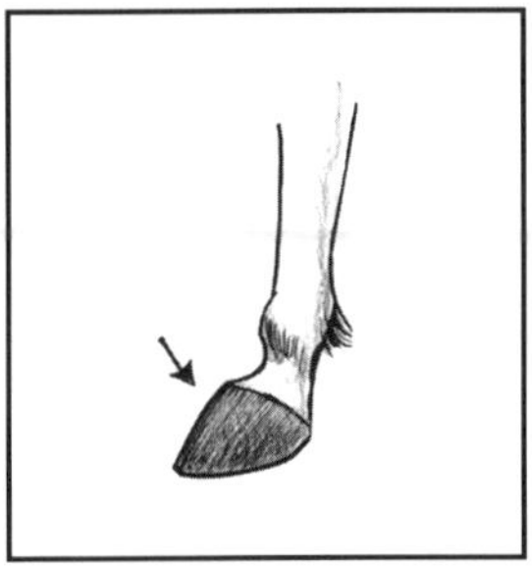

ظُ

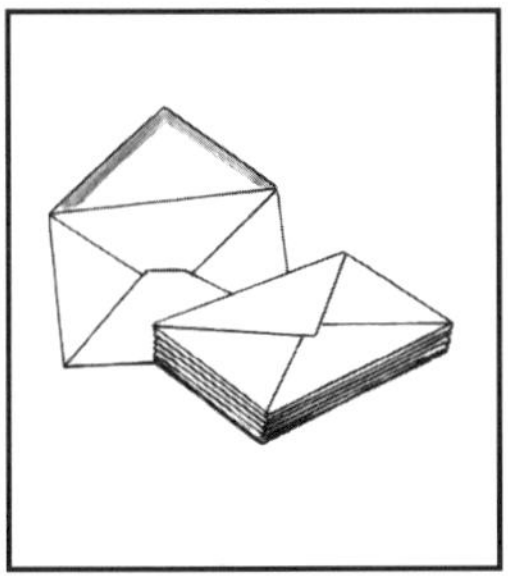

ظُروف

ظُفْر

ظُهر

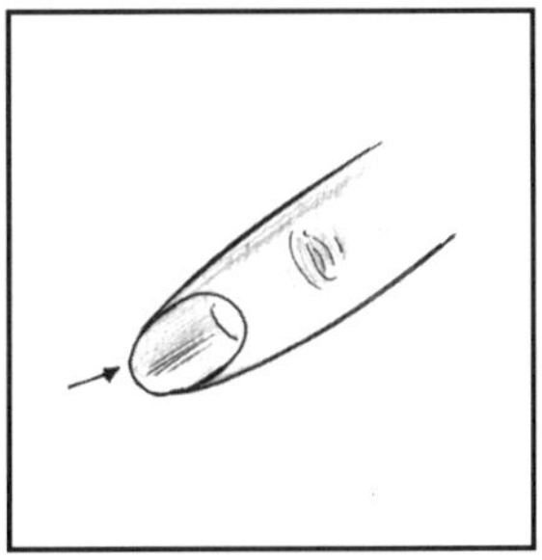

(٢) كتابة الظاء:

في أوّل الكلمة (ظـ)	في الْمنْتصف (ـظـ)	في آخر الكلمة (ـظ)	منْفصلاً (ظ)
ظَرْف	الظّهْر	لاحظ	وعّاظ

(٣) النّطْق مع السكون: ظْ أظْهر

التدْريبات

تدْريب (١)

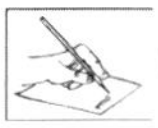

تتبّع بالْقلم.

Follow the line.

تدْريب (٢)

اكْتب الْحرْف النّاقص بالتّشْكيل.

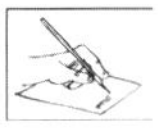

Write the missing letter with tashkil.

١) – ـلّ ٢) – ـرْف ٣) – ـبْي ٤) – ـهْر

٥) – ـرُوف ٦) – ـفْر ٧) – ـلْف ٨) –ـلال

٩) – ـهْر

تدْريب (٣)

اسْمع من الْمدرّس واكْتب الكلمات مرّة أخْرى بالتّشْكيل.

Listen to the teacher and write the vocalized words with tashkil.

١) – ـرُوف ٢) – ـلّ ٣) – ـهْر ٤) – ـلَال

٥) – ـهْر ٦) – ـلْف ٧) – ـبْي ٨) – ـفْر

٩) – ـرْف ١٠) أ – ـهَر

تدْريب (٤)

اسْمع وكرّر بعْد الْمدرّس مع التشْكيل.

Listen and repeat after the teacher with tashkil.

ظهُور – ظرِيف – عَظم – وَعْظ – ظاهِر – ظرُوف – ظبَاء – عَظيم – عَظمَة – ظفْر

تدْريب (٥، ٦، ٧)

ادْخل إلى الْموْقع واتّبع التّعليمات.

Go to the website and follow the instructions.

تدْريب (٨) ٩

أ) اسْمع واكْتب الكلمة مع التشْكيل:

Listen and write the word with tashkil:

١) ---- ٢) ---- ٣) --- ٤) --- ٥) ------

٦) ------ ٧) ---- ٨) ----

تدْريب (٩) ١٠

الْفرْق في الصّوْت بيْن (ذ / و / ظ):

اسْمع من الْمدرّس واكْتب (ذ) أو (ظ):

Listen and write the missing letters with tashkil.

١) - بَاب / - بَاء ٢) - يُول / - رُوف ٣) - رْف / - يْل ٤) - رَاع / - لَال

٥) - هْر / - قْن ٦) - هْر / - رَة ٧) - لّ / - ئْب

حلّ تدْريب (٨):

١) ظَرِيف ٢) أَظْهَر ٣) ظلَال ٤) قَيْظ ٥) الظُّهُور

٦) الظَّهْر ٧) ظُرُوف ٨) ظَاهِر

حلّ تدْريب (٩):

١) ذُبَاب / ظِبَاء ٢) ذُيُول / ظُرُوف ٣) ظَرْف / ذَيْل ٤) ذِرَاع / ظِلَال

٥) ظُهْر / ذَقْن ٦) ظَهْر / ذُرَة ٧) ظِلّ / ذِئْب

حرْف الْعيْن (ع)

(١) النطق: ١١

كرّر بعْد الْمدرّس:

Repeat after the teacher:

عَ

عَلم

عَيْن

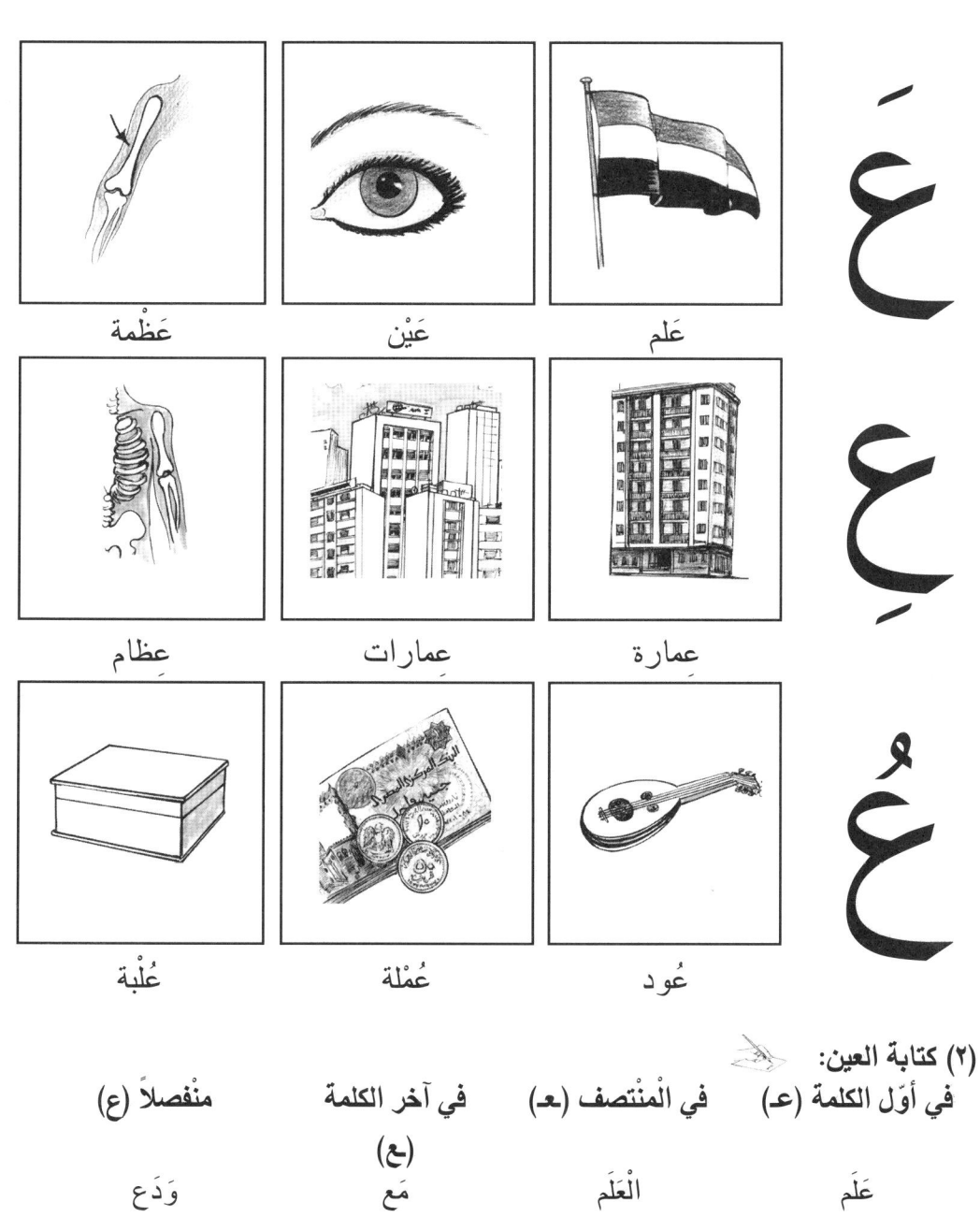

عَظْمة

عِ

عِمارة

عِمارات

عِظام

عُ

عُود

عُمْلة

عُلْبة

(٢) كتابة العين:

في أوّل الكلمة (عـ)	في الْمنْتصف (ـعـ)	في آخر الكلمة (ـع)	منْفصلاً (ع)
عَلَم	الْعَلَم	مَع	وَدَع

(٣) النّطْق مع السكون: عْ أعْلم

التدريبات
تدريب (١) 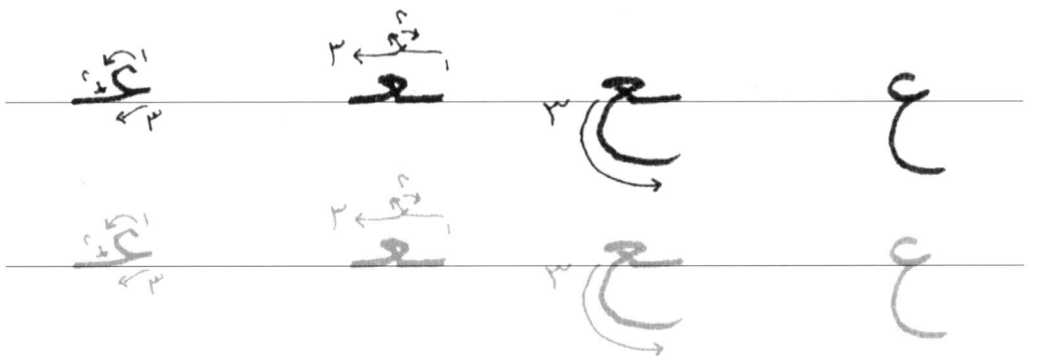

Follow the line. ⟵ تتبّع بِالْقلم .

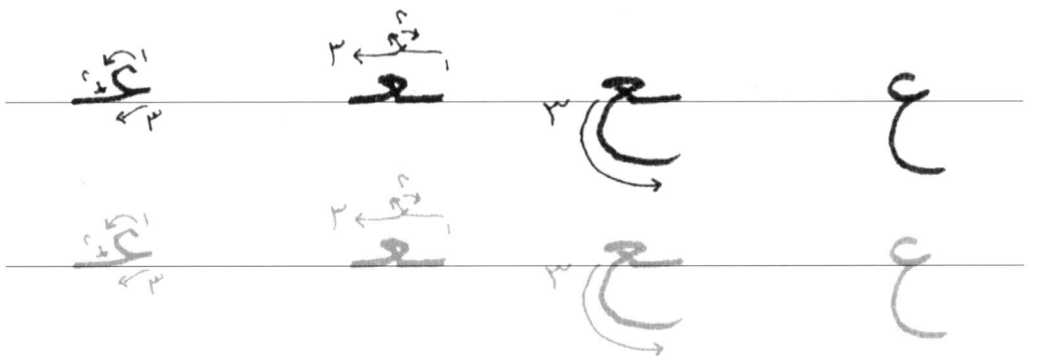

تدريب (٢)

Write the missing letter with tashkil. ⟵ اكْتب الْحرْف النّاقص بِالتشْكيل .

٤) – ـظْمَة	٣) – ـيْن	٢) – لَم	١) – ـمَارَة
٨) – ـمْلَة	٧) – ـظام	٦) – ـمَارَات	٥) – لْبَة
			٩) – ـود

تدريب (٣)

اسْمع من الْمدرّس واكْتب الكلمات مرّة أخْرى بِالتشْكيل .

Listen to the teacher and write the vocalized words with tashkil.

٤) – ـود	٣) – ـمَارَة	٢) – لَم	١) – ـظَام
٨) – ـمْلَة	٧) – ـمَارَات	٦) – لْبَة	٥) – ـين
	١٠) أ – لَم		٩) – ـظْمَة

تدريب (٤) 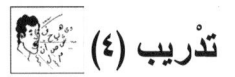

اسمع وكرّر بعْد الْمدرّس واكْتب الْحرْف بِالتّشْكيل:

Listen and repeat after the teacher and write with tashkil:

وَعظ – عصَابَة – عمْلَة – عمَّال – وَاعظ – عظيم – عيَادَة

تدْريب (٥، ٦، ٧)

ادْخل إلى الْموْقع واتّبع التّعليمات.

Go to the website and follow the instructions.

تدْريب (٨) ١٢

أ) اسْمع واكْتب الكلمة مع التشْكيل:

Listen and write the word with tashkil:

١) ---- ٢) ---- ٣) ------ ٤) ---- ٥) -----

٦) --- ٧) ----

تدْريب (٩) ١٣

الْفرْق في الصوْت بيْن (أ / و / ع):

اسْمع من الْمدرّس واكْتب (أ) أو (ع):

Listen and write the missing letters with tashkil:

١) - ـادل / - حْمَد ٢) - ـيُون / - سَامَة ٣) - مّ / - ـمْلَة ٤) - ـمَل / - مَل

٥) - نَارَة / - ـمَارَة

حلّ تدْريب (٨):

١) عَامل ٢) وَاعظ ٣) عِمَارَات ٤) عِظَام ٥) الْعِلْم

٦) ضِلْع ٧) ذِرَاع

حلّ تدْريب (٩):

١) عَادل / أَحْمَد ٢) عُيُون / أُسَامَة ٣) أُمّ / عُمْلَة ٤) عَمَل / أَمَل

٥) إِنَارَة / عِمَارَة

حرْف الْغيْن (غ)

(١) النطق: ١٤

كرّر بعْد الْمدرّس:

Repeat after the teacher:

غَ

غَيْمَة

غَسَّالَة

غَزَال

غِ

غِزْلَان

غِرْبَان

غِرَاء

غُ

غُصْن

غُيُوم

غُرْفَة

(٢) كتابة الغين:

في أوّل الكلمة (غـ)	في الْمنْتصف (ـغـ)	في آخر الكلمة (ـغ)	منْفصلاً (غ)
غَيْمَة	الْغَزَال	صَمْغ	فَرَاغ

(٣) النّطْق مع السكون: غْ أغْصان

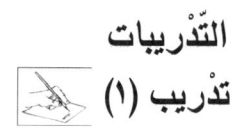

التّدْريبات

تدْريب (١)

Follow the line.   تتبّع بالْقلم.

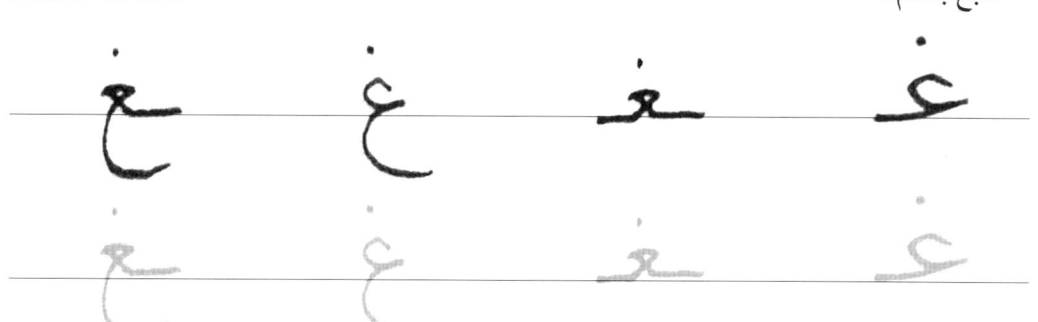

تدْريب (٢)

Write the missing letter with tashkil: اكْتب الْحرْف النّاقص بالتّشْكيل:

١) – ـسَّالَة	٢) – ـصْن	٣) – ـيْمَة	٤) – ـيُوم
٥) – ـرْبَان	٦) – ـرَاء	٧) رُفَة	٨) – ـزْلَان
٩) – ـزَال			

تدْريب (٣)

اسْمع من الْمدرّس واكْتب الْحرْف النّاقص بالتّشْكيل:

Listen to the teacher and write the missing letter with tashkil:

١) – ـصْن	٢) – ـيْمَة	٣) – ـزَال	٤) – ـرْفَة
٥) – ـسَّالَة	٦) – ـرْبَان	٧) – ـرَاء	٨) – ـزْلَان
٩) – ـيُوم	١٠) أ – ـصَان		

تدْريب (٤)

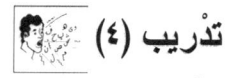

اسمع وكرّر بعْد الْمدرّس واكْتب الْحرْف بالتّشْكيل:

Listen and repeat after the teacher and write with tashkil:

غالِي – يُصْغِي – صَمْغ – أَغْصَان – غِرَاء – غرَاب – فَرَاغ – غنيّ

تَدْريب (٥، ٦، ٧)

Go to the website and follow the instructions.

ادْخل إلى الْمَوْقِع واتَّبِع التَّعليمات.

تَدْريب (٨) ١٥

Listen and write the word with tashkil:

أ) اسْمع واكْتب الكلمة مع التشْكيل:

١) ----- ٢) ---- ٣) ----- ٤) ---- ٥) ----

٦) --- ٧) ---- ٨) ----

تَدْريب (٩) ١٦

General drill on the alphabet:

تدْريب عام على الْحروف الّتي سبق دراستها:

١) --- ٢) ---- ٣) ---- ٤) -----

٥) ---- ٦) ----- ٧) ---- ٨) ----

٩) ----- ١٠) --- ١١) ---- ١٢) -----

١٣) --- ١٤) ----- ١٥) ---- ١٦) ---

حلّ تَدْريب (٨):

١) أغْصان   ٢) غِزْلَان   ٣) حُجُرَات   ٤) فَرَاغ   ٥) غَالي

٦) صمغ   ٧) يُصْغي   ٨) أسْمَاك

حلّ تَدْريب (٩):

١) بَاب   ٢) مَكْتَب   ٣) غَزَال   ٤) ثَلاثِين

٥) جُنُود   ٦) حُجُرَات   ٧) خِطَاب   ٨) ذِرَاع

٩) يُوسُفِيّ   ١٠) هَرَم   ١١) قَميص   ١٢) طَمَاطِم

١٣) ظَهْر   ١٤) شِيْسِي   ١٥) ضَابِط   ١٦) ضَبْع

الْمحادثة: ١٧

مَنْ هُوَ؟

تقْديم (أ): مَنْ هُوَ؟ مَا اسْمُهُ؟

اقْرأ وكرّر بعْد الْمدرّس: Repeat after the teacher

مَنْ هُوَ؟ مَا اسْمُهُ؟
هُوَ أَحْمَد. اسْمُهُ أَحْمَد.

مَنْ هُمَا؟ مَا اسْمَاهُمَا؟
هُمَا سَمِير وَمَجْدِي.
اسْمَاهُما سَمِير وَمَجْدِي.

مَنْ هُمْ؟ مَا أَسْمَاؤهُم؟
هُمْ نَبِيل وَرِفْعَت وَمُصْطَفَى.
أَسْمَاؤهُم نَبِيل وَرِفْعَت وَمُصْطَفَى.

تقديم (ب): مَنْ هِيَ؟ مَا اسْمُهَا؟ ١٨

اقْرأ وكرّر بعْد الْمدرّس: Repeat after the teacher

مَنْ هِيَ؟ مَا اسْمُهَا؟
هِيَ سَلْوَى. اسْمُهَا سَلْوَى.

مَنْ هُمَا؟ مَا اسْمَاهُمَا؟
هُمَا نِرْمِين وَإِيمَان.
اسْمَاهُمَا نِرْمِين وَإِيمَان.

مَنْ هُنّ؟ مَا أَسْمَاؤهُنّ؟
هُنّ حَنَان وَنَجْوَى وَفَاطِمَة.
أَسْمَاؤهُنّ حَنَان وَنَجْوَى وَفَاطِمَة.

١) كرّر الْحوار مع زميلك ثمّ أجب: (١) مَنْ في الصّورة؟ مَنْ هُوَ؟ مَا اسْمُهُ؟
٢) مَنْ في الصورة؟ مَنْ هُمَا؟ مَا اسْمَاهُمَا؟
٣) كرّر النّشاط مع باقي الصّور.

لاحظْ الْقواعد: ١٩

١) ضمير الْغائب (للشّخْص الثّالث – Third Person):

	ضمير الْمفرد	للْملْكيّة	ضمير الْمثنّى	للْملْكيّة	ضمير الْجمْع	للْملْكيّة
الْمذكّر	هُوَ	اسْمُهُ	هُمَا	اسْمَاهُمَا	هُمْ	أَسْمَاؤهُم
الْمؤنّث	هِيَ	اسْمُهَا	هُمَا	اسْمَاهُمَا	هُنّ	أَسْمَاؤهُنّ

٢) للسّؤال عن الْأشْخاص:

"مَنْ هُوَ؟" أداة الاسْتفْهام "مَنْ؟" للسّؤال عن الْأشْخاص.

تدْريب (١)

ادْخل إلى الْموْقع واتّبع التّعليمات.

Go to the website and follow the instructions.

تدْريب (٢)

اقْرأ ورتّب الْحوار وأجب:

Read and arrange the dialog, then answer:

أ – مَا اسْمُهُ؟ مَا اسْمَاهُمَا؟

ب – كرّر الْحوار مع زميل / زميلة عن طلبة آخرين في الْفصْل.

الْحوار:

١) هُوَ اسْمُهُ خَالد.

٢) يَا عَلِيّ! مَنْ هُوَ؟ مَا اسْمُه؟

٣) هِيَ اسْمُهَا زَيْنَب.

٤) يَا فَاطِمَة – مَنْ هِيَ؟ مَا اسْمُهَا؟

تدريب (٣)

١) اكْتب تحْت كلّ صورة السّؤال والْإجابة، اسْتخْدم أسْماء من الّتي درسْتها:

Write the question and its answer under each picture, use the Arabic names you studied:

أ) ما اسمَاهُمَا؟

ب) اسمَاهُمَا أحمد وسامي.

أ) -------------- ؟

ب) --------------

أ) -------------- ؟

ب) --------------

أ) -------------- ؟

ب) --------------

أ) -------------- ؟

ب) --------------

أ) -------------- ؟

ب) --------------

٢) كرّر ما كتبْته منْ حوار مع زميلك.

تَدْريب (٤)

اكْتُب السّؤال الْمُناسب:

Write the corresponding questions:

(ب)	(أ)
١) نَاجي وَعَادل وَمُصْطَفَى .	١) – – – – – – ؟
٢) زَيْنَب وَفَريدَة وَإِيمَان .	٢) – – – – – – ؟
٣) أَحْمَد وَعَلِيّ .	٣) – – – – – – ؟
٤) سَمير .	٤) – – – – – – ؟
٥) هِنْد .	٥) – – – – – – ؟
٦) دَلَال وَعُلَا .	٦) – – – – – – ؟

تَدْريب (٥)

كلّ طالب يكْتب ٤ أَسْماء لشخْصيّات مشهورة باللّغة الْعربيّة ويسْأل زميله "ما اسْمُهُ؟"، "ما اسْمُهَا؟".

Write the names of four celebrities in Arabic, and ask your partner to say their names.

طالب (ب)		طالب (أ)	
٢ –	١ –	٢ –	١ –
٤ –	٣ –	٤ –	٣ –

تقديم (٢)

من أين أنت؟

الشّدّة والتّاء الْمرْبوطة

(١) النطق: ٢٠

كرّر بعْد الْمدرّس:

Repeat after the teacher:

سُبُّورَة

نَظَّارَة

سَيَّارَة

سَيِّدَة

غَسَّالَة

ثَلَّاجَة

هَدِيَّة

شُبَّاك

سُكَّر

لاحظْ الْقواعد:

١) الشّدّة: هي علامة تكتب فوْق حرْف ننْطقه كما لو كان متكرّراً على التّوالي في نفْس الْكلمة.

مثال: سُبُّورَة = س ب ب و ر ة

نَظَّارَة = ن ظ ظ ا ر ة

٢) التّاء الْمرْبوطة: هي علامة للتأْنيث في الْأسْماء

أ – تُكتب منْفصلة مع الْحروف الّتي لا تقْبل الاتصال في آخرها هكذا "ة".

الْحروف الّتي لا تقْبل الاتّصال هي: أ / د / ذ / ر / ز / و .

ب – تُكْتب متّصلة في نهاية الْأسْماء = ـة مع باقي الْحروف .

مثال: حقيبة = حقيبات

٣ – كلمة سُكَّر بها شدّة = س ك ك ر .

هلْ هي كلمة تدلّ على مؤنّث أمْ مذكّر؟

لاحظ باقي الْكلمات وتعرّف علَيْها، هلْ تدلّ على مذكر أمْ مؤنّث؟

التدريبات

تدريب (١)

اكْتب الكلمة الصّحيحة تحْت الصّورة ثمّ اقْرأها أمَام الْفصْل .

Write the correct word and read it loud .

الكّلمات: سَيَّارَة – نَظَّارَة – شُبَّاك – هَديَّة – ثَلّاجَة – سَيِّدَة

— — — — — — —   — — — — — — —   — — — — — — —

— — — — — — —   — — — — — — —   — — — — — — —

تدْريب (٢)

Write the word and read it loud:

اكْتب هذه الكّلمات بطريقة صحيحة ثمّ اقْرأها:

١ – س ب ب و ر ة

٢ – غ س س ا ل ة

٣ – س ك ك ر

٤ – ت ف ف ا ح ة

٥ – ث ل ل ا ج ة

تدريب (٣)

Go to the website and follow the instructions.

ادْخل إلى الْموْقع واتّبع التّعليمات .

مراجعة عامّة على الْحروف وأصْواتها
General Review

تدْريب (١)

Go to the website and follow the instructions.

ادْخل إلى الْموْقع واتّبع التّعليمات .

تدريب (٢)

Listen and write the missing letter

اسْمع من الْمدرّس واكْتب الْحرْف النّاقص (خ – غ)

١) غِـزَال   ٢) غِـرْبَان   ٣) بَطِّـيـخ   ٤) غُـيُوم

٥) خَـاتَم   ٦) غِـرَاء   ٧) خَـرُوف   ٨) خِـيَار

تدريب (٣)

Go to the website and follow the instructions.

ادْخل إلى الْموْقع واتّبع التّعليمات .

_____

حلّ تدْريب (٢):

١) غَزَال – ٢) غِرْبَان – ٣) بَطِّيخ – ٤) غُيُوم – ٥) خَاتَم – ٦) غِرَاء – ٧) خَرُوف – ٨) خِيَار

الْمحادثة: ٢١

مِنْ أَيْنَ أَنْتَ؟

حوار صورة (١):

أ) اقْرأ الْمحادثة ثمّ أجب: مِنْ أَيْن أَحْمَد؟ مِنْ أَيْن عَبْدُ الّله؟

أَحْمَد : صَبَاحُ الْخَيْر. أَنَا اسْمِي أَحْمَد وأَنْت مَا اسْمكَ / ما اسْم سيادَتِكَ؟

عبْد الّله : صَبَاح النُّور. أَنَا اسْمِي عَبْدُ الّله.

أَحْمَد : مِنْ أَيْن أَنْت يَا عَبْدَ الّله؟

عبْد الّله : أَنَا مِن السُّعُودِيَّة.

أَحْمَد : وأَنَا مِن مِصْر. أَهْلاً وَسَهْلاً بِك في مِصْر.

عبْد الّله : أَهْلاً بِك.

ب) كرّر الْمحادثة مع زميلك.

حوار صورة (٢): **٢٢**

أ) اقْرأ الْمحادثة ثمّ أجب: مِنْ أَيْن فَرِيدَة؟ مِنْ أَيْن هَنَا؟

فَرِيدَة : مَسَاء الْخَيْر أَنَا اسْمِي فَرِيدَة. وأَنْتِ مَا اسْمكِ / ما اسْم سيادَتِكِ؟

هَنَا : مَسَاء النُّور. أَنَا اسْمِي هَنَا.

فَرِيدَة : مِنْ أَيْن أَنْت يَا هَنَا؟

هَنَا : أَنَا مِن الْمَغْرِب.

فَرِيدَة : وَأَنَا مِن الْجَزَائِر. أَهْلاً وَسَهْلاً.

هَنَا : أَهلاً بِك.

ب) كرّر الْمحادثة مع زميلك.

لاحظْ القْواعد: ٢٣

١) للتّحيّة والتّرْحيب:

التّحية: أهْلاً وسَهْلاً	للْمفرد		للْمثنّى		للْجمع	
	مذكّر	مؤنّث	مذكّر	مؤنّث	مذكّر	مؤنّث
	بِكَ	بِكِ	بِكُمَا	بِكُمَا	بِكُم	بِكُنّ
الرّد: أهْلاً	بِكَ	بِكِ	بِكُمَا	بِكُمَا	بِكُم	بِكُنّ

٢٤ ٢٥

٢) لاحظ نطْق اللام:

اللّام الْقمريّة		اللّام الشّمْسيّة	
١ – الْأُرْدُنّ	٨ – الْفَيُّوم	١ – التَّحْرِير	٨ – الشَّارِقَة
٢ – الْبَرَازِيل	٩ – الْقَاهِرَة	٢ – الثَّانِيَة	٩ – الصُّومَال
٣ – الْجَزَائِر	١٠ – الكُوَيْت	٣ – الدُّوحِة	١٠ – الضَّبْعَة
٤ – الْحُسَيْن	١١ –الْمَجَر	٤ – الذَّهَب	١١ – الطُّور
٥ – الْخُرْطُوم	١٢ – الْهِنْد	٥ – الرِّيَاض	١٢ – الظَّهْرَان
٦ – الْعَيْن	١٣ – الْوَاحَات	٦ – الزَّمَالِك	١٣ – النِّمْسَا
٧ – الْغَرْدَقَة	١٤ – الْيَمَن	٧ – السُّودَان	

تدريب (١) ٢٦

اسْمع أسْماء الْبلاد والْمناطق وتعرّف على اللّام الشّمْسيّة والْقمريّة بكتابة حرْف (ش) أو (ق) على كلّ كلمة:

Listen to names of countries or destricts and identify (اللام الشّمْسيّة / الْقمريّة):

الْيَمَن – التَّحْرِير – الْمُهَنْدِسين – الدُّقِّي –الزَّمَالِك – الشِّيشَان – الْمَجَر – السُّودَان – الْمَغْرِب – الْهَرَم – الرِّيَاض – الظَّهْرَان – الدوحَة – الشَّارِقَة – الْبَرَازِيل – الْخُرْطُوم – الْوَاحَات – الضَّبْعَة

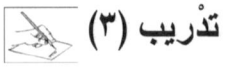

تدريب (٢)

ادْخل إلى الْموْقع واتَّبع التّعْليمات .
Go to the website and follow the instructions.

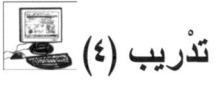

تدْريب (٣)

اكْتُب "الـ" مع الكّلمة ثمّ انْطق الكّلمة:

Write (الـ) and place it in the right table, then pronounce the word:

تُفَّاح – سَيَّارَة – نَظَّارَة – سُبُّورَة – غَسَّالَة – ثَلَّاجَة – هَدِيَّة – شُبَّاك – سُكَّر – جِلْبَاب – رَجُل – عُلْبَة – ظَرْف – نَاس – مَكْتَب – لَيْمُون – كُرْسِيّ – قَلَم – فَاكِهَة – ضُبَّاط – صُورَة – زَمِيل – يَوْم – أَبّ – وَرْدَة – بِنْت – ذُبَابَة – دَرَّاجَة – خطَاب – حَقِيبَة – بَيْت

اللام الْقمريّة				اللام الشَّمْسيَّة			
(١	(٧	(١٣	(١٩	(١	(٧	(١٣	(١٩
(٢	(٨	(١٤	(٢٠	(٢	(٨	(١٤	(٢٠
(٣	(٩	(١٥	(٢١	(٣	(٩	(١٥	(٢١
(٤	(١٠	(١٦	(٢٢	(٤	(١٠	(١٦	(٢٢
(٥	(١١	(١٧	(٢٣	(٥	(١١	(١٧	(٢٣
(٦	(١٢	(١٨	(٢٤	(٦	(١٢	(١٨	(٢٤

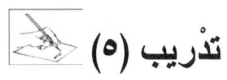

٢) صحّح مع زميلك .
Correct with your partner.

تدْريب (٤)

ادْخل إلى الْموْقع واتّبع التّعليمات .
Go to the website and follow the instructions.

تدْريب (٥)

أ) أكْمل الْحوار ثمّ كرّره مع زميلك:
Complete the dialog and repeat it with your partner:

١ – صَبَاح . . . . أَنَا . . . . خَالد، وَأَنْت . . . .؟

٢ – صَبَاح . . . . أَنَا . . . . مُصْطَفَى .

٣ – منْ . . . . أنْت يَا مُصْطَفَى؟

٤ – أَنَا مِن . . . .

٥ – وَأَنَا مِنْ . . . . أَهْلاً و . . . . بـ . . . . في مِصْر .

٧ – أَهْلاً . . . .

ب) أكْمل وكرّر الْحوار مع زميلة: Complete and repeat with a female partner:

١ – مَسَاء . . . . أنَا . . . . وَأنْتِ . . . .؟

٢ – مَسَاء . . . . أنَا . . . .

٣ – من . . . . أنْتِ يَا . . . .؟

٤ – أنَا من . . . .

٥ – وَأنَا من . . . . أهْلاً و . . . . بـ . . . . في مِصْر .

٦ – أهْلاً . . . .

تدْريب (٦)

أ – أكْمل الْحوار و كرّره مع زميلك: Fill in the gaps and repeat:

١ – صَبَاح الْخيْر ، أنَا . . . . وَأنْت مَا اسْمُك؟

٢ – أنَا . . . . وَمنْ أيْن أنْت؟

٣ – أنَا من . . . .

ب – اخْتر بلداً آخر وكرّر الْحوار مع زملاء آخرين .

Choose another country and repeat the dialog with different partners.

تذكّر

١ – للسّؤال عن الشخْص الثالث أو الْغائب: Using third-person pronouns in questions:

أداة الاسْتفْهام	مفْرد مذكّر	مفْرد مؤنّث	مثنّى مذكّر	مثنّى مؤنّث	جمْع مذكّر	جمْع مؤنّث
مَنْ	هُوَ؟	هِيَ؟	هُمَا؟	هُما؟	هُمْ؟	هُنّ؟

٢ – للسّؤال عن الاسم + ضمير الْملْكيّة:

أداة الاسْتفْهام	مفْرد مذكّر	مفْرد مؤنّث	مثنّى مذكّر	مثنّى مؤنّث	جمْع مذكّر	جمْع مؤنّث
مَا	اسْمُهُ؟	اسْمُهَا؟	اسْمَاهُما؟	اسْمَاهُما؟	أَسْمَاؤهُم؟	أَسْمَاؤهُنّ؟

٣ –

للتّحيّة:	الرّد					
	مفْرد مذكّر	مفْرد مؤنّث	مثنّى مذكّر	مثنّى مؤنّث	جمْع مذكّر	جمْع مؤنّث
أَهْلاً وَسَهْلاً	أَهْلاً بِكَ	أَهْلاً بِكِ	أَهْلاً بِكُمَا	أَهْلاً بِكُمَا	أَهْلاً بِكُم	أَهْلاً بِكُنّ

٤ – لمخاطبة شخْص لا نعْرفه:

مَا اسْمُ سَيِّدَتِكَ؟

مَا اسْمُكِ سَيِّدَتِكِ؟

٥ – للسّؤال عن بلد الشّخْص:

السّؤال: مِنْ أَيْن أَنْتَ / أَنْتِ / أَنْتُمَا / أَنْتُمْ / أَنْتُنّ؟

الرَّد: أَنَا مِن .... / نَحْنُ مِن ....

‐ ا ‐	‐ ـا ‐	‐ ـا ‐	‐ ا ‐
‐ ب ‐	‐ ـب ‐	‐ ـبـ ‐	‐ بـ ‐
‐ ت ‐	‐ ـت ‐	‐ ـتـ ‐	‐ تـ ‐
‐ ث ‐	‐ ـث ‐	‐ ـثـ ‐	‐ ثـ ‐
‐ ج ‐	‐ ـج ‐	‐ ـجـ ‐	‐ جـ ‐
‐ ح ‐	‐ ـح ‐	‐ ـحـ ‐	‐ حـ ‐
‐ خ ‐	‐ ـخ ‐	‐ ـخـ ‐	‐ خـ ‐
‐ د ‐	‐ ـد ‐	‐ ـد ‐	‐ د ‐
‐ ذ ‐	‐ ـذ ‐	‐ ـذ ‐	‐ ذ ‐
‐ ر ‐	‐ ـر ‐	‐ ـر ‐	‐ ر ‐

ز	ـز	ـز	ز
سـ	ـسـ	ـس	س
شـ	ـشـ	ـش	ش
صـ	ـصـ	ـص	ص
ضـ	ـضـ	ـض	ض
طـ	ـطـ	ـط	ط
ظـ	ـظـ	ـظ	ظ
عـ	ـعـ	ـع	ع
غـ	ـغـ	ـغ	غ

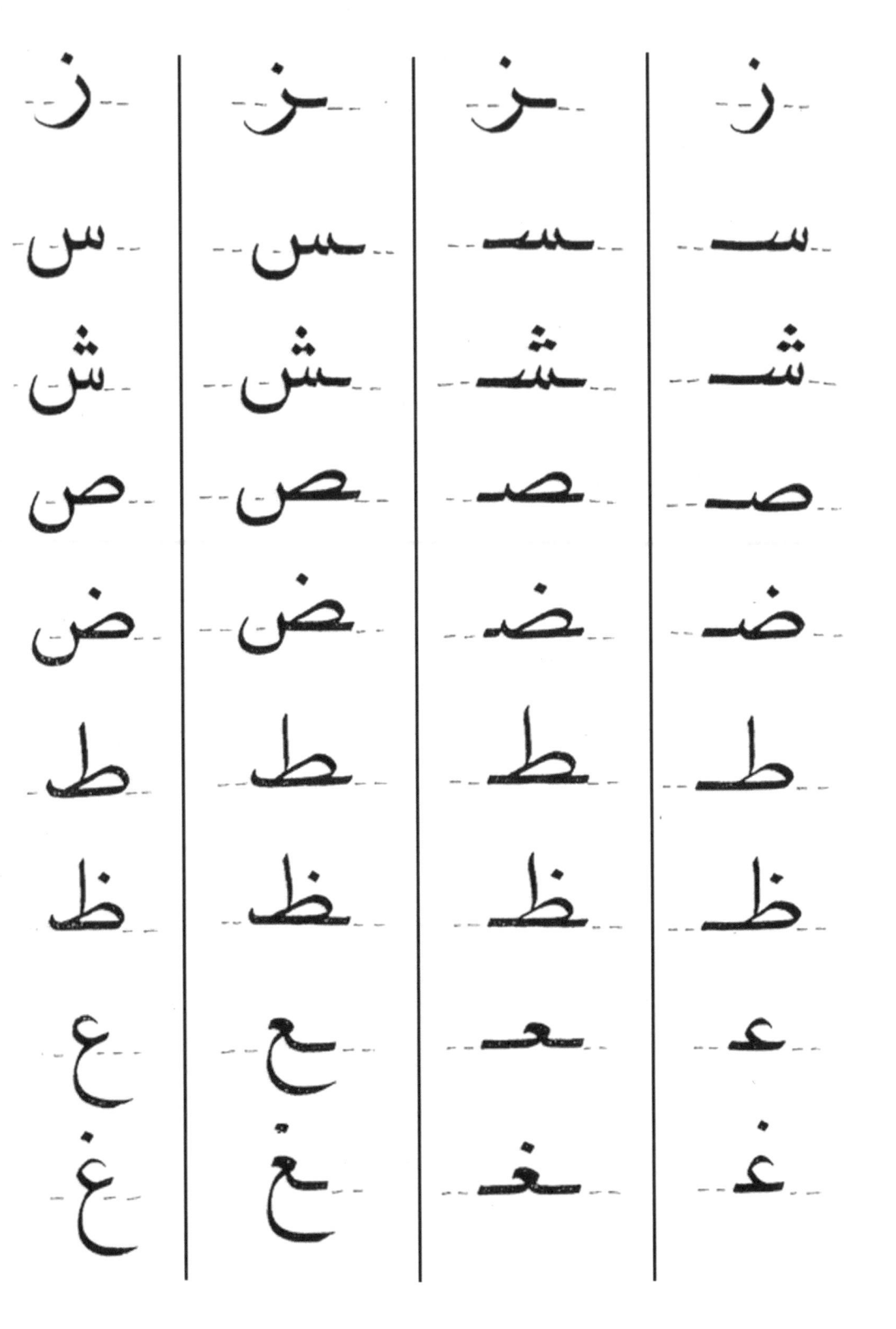

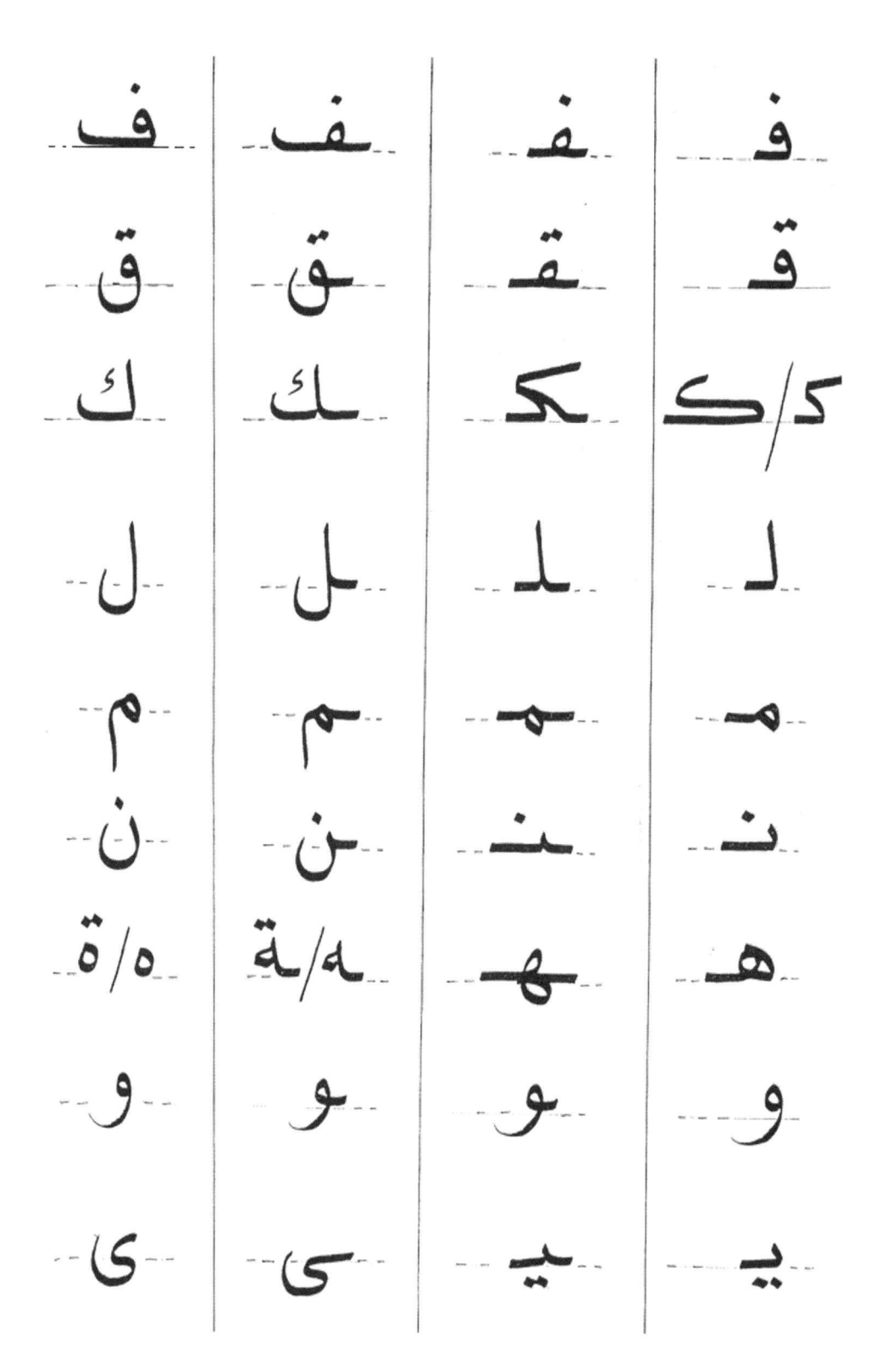

ف	ـف	ـفـ	فـ
ق	ـق	ـقـ	قـ
ك	ـك	ـكـ	كـ/ک
ل	ـل	ـلـ	لـ
م	ـم	ـمـ	مـ
ن	ـن	ـنـ	نـ
ه/ة	ـه/ـة	ـهـ	هـ
و	ـو	ـو	و
ى	ـى	ـيـ	يـ

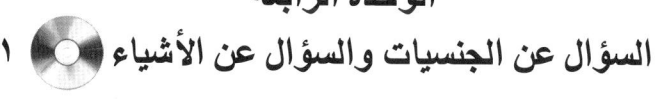

الوحدة الرابعة

السؤال عن الجنسيات والسؤال عن الأشياء ١

هَدَفُ الْوِحْدَةِ:

تقْديم ١: أنا مصْريّ

١ – تدْريس الْهمْزة

٢ – التّعرّف على أسْماء عربيّة بالْهمْزة

٣ – السّؤال عن الجنْسيّة والصفة

تقديم ٢: هذه حجْرتي

١ – السّؤال عن الْأشْياء ما هذا / ما هذه؟ (الجّمْلة الإسْميّة)

٢ – السّؤال عن الْأشْياء والْإجابة بالنّفْي أو الْإيجاب

٣ – السّؤال عن بلد الصّنْع

تقْديم (١)

أنا مصري

أشْكال كتابة الْهمْزة ٢

Repeat after the teacher: اقْرأ الجدْول وكرّر بعْد الْمدرّس:

في أوّل الكلمة	في منْتصف الكلمة	في آخر الكلمة
بالْفتْحة: أحْمد	سأل	بَدَأ أ
بالكسْرة: إحْسان	أسْئلة	بَطِيء ئ
بالضّمّة: أميْمة	سؤال	تَبَاطُؤ ؤ
ألف مدّ: آسر = أ + أسر	قرْآن	بدْء ء
		ضَوْء وء
		هَنَاء اء

لاحظْ القْواعد:

١ – في أوّل الكلمة: ء + الْحرْف =

ء + ـــَـ = أَ = أَحْمد

ء + ـــِـ = إِ = إِحْسان

ء + ـــُـ = أُ = أُميْمة

٢ – في منْتصف الكلمة: حرْف + ء + حرْف =

ـــ + أ + = سَأَل

ـــ + ئـ + = أَسْئلة

ـــ + ؤ + = سُؤَال

٣ – في آخر الكلمة: حرْف + ء =

ا + ء = أ = بَدَأ

ى +ء = ئ = بَطِيء

و +ء = ؤ = تَبَاطُؤ

و +ء = وء = ضَوْء

ا +ء = اء = هَنَاء

٤ – لا تُكتَب الْهمْزة مع كلمة: اسْم / ابن / الـ (الصومال) أي الكلمات الْمعرّفة بالـ

التَّدْريبات

تَدْريب (١)   ٣

اسْمَعْ ورتّب الْحروف لتكوّن أسْماء ثم اقرأ الأسْماء:

Listen and arrange letters to form a name, then read the names:

الاسْم Connect with right name	الْكلمة The Word	رتّب الْحروف Arrange the letters
شَيْمَاء	أمجد	١ – م – ج – أ – د
مَأْمُون		٢ – ي – س – ا – ر – ئـ – ل – إ
دُعَاء		٣ – ن – إ – م – ي – ا
أَيْمَن		٤ – ؤ – م – ن – س
مُؤْنِس		٥ – ء – ا – هـ – ي – ف
إيمَان		٦ – أ – م – و – ن – م
إسْرَائيل		٧ – ن – أ – م – ي
هَيْفَاء		٨ – ء – ع – ا – د
جبْرَائيل		٩ – ئـ – ي – ج – ر – ا – ل – ب
أمْجَد		١٠ – ء – ش – ي – ا – م

تَدْريب (٢)   ٤

Listen and write (ء). Read people's names: اسْمَعْ واكْتب الْهمْزة ثمّ اقْرأ أسْماء الأشْخاص:

١) طَا ئِـ ل   ٢) رَا حِـف   ٣) أَ سْمَاء   ٤) وِ حَـام   ٥) وَلَا ءٌ

٦) فُـؤَاد   ٧) نَجْلَا ءُ   ٨) ميخَا ئيل   ٩) إلْهَام   ١٠) رَ ؤُوف

تَدْريب (٣)   ٥

Listen and write (ء):   اسْمَعْ الكلمة واكْتب الْهمْزة:

١) أَ حْمَر   ٢) أُ خَر   ٣) إِ بْرَة   ٤) ذِ ئْـب   ٥) سُـؤَ ال

٦) الْجَزَا ئِـر   ٧) نَشَـ أْت   ٨) أُ سْتَاذ   ٩) مُـؤْ مِن   ١٠) بَدْ ءٌ

أَسْرار

حل تدْريب (٢):

١) طَائِل ٢) رَائِف ٣) أسْمَاء ٤) وِئَام ٥) وَلَاء

٦) فُؤَاد ٧) نَجْلَاء ٨) مِيخَائِيل ٩) إلْهَام ١٠) رَؤُوف

حل تدْريب (٣):

١) أحْمَر ٢) آخَر ٣) إبْرَة ٤) ذِئْب ٥) سُؤَال

٦) الجَزَائِر ٧) نَشْأت ٨) أُسْتَاذ ٩) مُؤمِن ١٠) بَدْء

تدْريب (٤)

اكْتب الْهمْزة في الجمل الْآتية:

Write (ء) in these sentences:

١ – انَا اسْمي احْمَد. انَا مِن الْيَمَن.

٢ – هَلْ انْتُم مِن اسْتُرَالْيا؟

٣ – هَلْ اسْمُك اشْرَف؟ وهَل انْت من الجَزَا – ـر؟

٤ – منْ اين انْتَ؟

٥ – هُوَ اسْمُهُ اسْلَام، هُوَ مِن زَا – ـير.

٦ – هَلْ انْتُنّ مِن امسْترْدَام؟

٧ – نَحْنُ اسْمَاونَا مُونِس وَرَووف وَايْمَن.

٨ – هُوَ اسْمُهُ وَا – ـل. هُوَ مِن اسْيُوط.

تدْريب (٥) ٦

١ – اكْتب الْهمْزة في الجمل الْآتية.

Write (ء) in these sentences.

٢ – صل (أ) مع (ب) لتكوّن حواراً.

Connect (أ) with (ب).

(أ)	(ب)
١ – مَسَا – الخَيْر يَا رَا – ـف.	لَا. انَا الاسْتَاذ فُواد.
٢ – اهْلاً وَسَهْلاً بك يَا امَيْمَة.	لَا. نَحْنُ مِن الجَزَا – ـر.
٣ – هَلْ انْت الاسْتَاذ وَا – ـل؟	وَامِّي مِن اسْوَان.
٤ – هَلْ انْتُمَا مِن زَا – ـير؟	اهْلاً بِك يَا مُومنَة.
٥ – ابِي مِن اسْيُوط.	مَسَا – النُّور يَا رَووف.

اسْمع وصحّح.

تدْريبات عامّة على قراءة الْحروف وكتابتها

تدْريب (١) 🔘 ٧

Listen and write the missing letters: اسمع واكْتب الْحرْف النّاقص (ذ، ز، ظ):

١) حــاء   ٢) أُرـ   ٣) غَـزال   ٤) واعـظ   ٥) مُوـز   ٦) ـقْن

٧) ظَـبْي   ٨) زُهْرَة   ٩) ـيْل   ١٠) زـهْر   ١١) زر

تدْريب (٢) 🔘 ٨

Listen and write the missing letters: اسمع واكْتب الْحرْف الناقص (ق، ك):

١) ـتاب   ٢) ـطَّة   ٣) ـلْب   ٤) ـلَم   ٥) ديـك   ٦) ـرَة

٧) ـرْد   ٨) صُنْدُوـق   ٩) ـلْب   ١٠) ـناة   ١١) ـرّاسَة   ١٢) ـصْر

تدْريب (٣) 🔘 ٩

Listen and underline the correct words: اسمع وضع خطّاً تحْت الْكلمة الصّحيحة:

	أ)	ب)	ج)
١)	سهْلاً	<u>أهْلاً</u>	فعْلاً
٢)	<u>كيْف حالك؟</u>	كيْف ذلك؟	كيْف حالُكَ؟
٣)	<u>صباح النور</u>	مساء النور	صادق نور

حل تدْريب (١)

١) حِذَاء   ٢) أُرز   ٣) غَزَال   ٤) واعظ   ٥) مُوز   ٦) ذَقْن

٧) ظَبْي   ٨) زَهْرَة   ٩) ذَيْل   ١٠) ظُهْر   ١١) زر

حل تدْريب (٢)

١) كتَاب   ٢) قطَّة   ٣) كَلْب   ٤) قَلَم   ٥) ديك   ٦) كُرَة

٧) قِرْد   ٨) صُنْدُوق   ٩) قَلْب   ١٠) قَنَاة   ١١) كُرَّاسَة   ١٢) قَصر

تدْريب (٤)

Ask your partner about the missing names.   اسْأَل زميلك عن الْأَسْماء النّاقصة في الصّور.

طَالب (١):

مِثَال: مَا اسْمُ طَالب أ، مَا اسْمُهُ؟

اسْأَل:

١ – مَا اسْم طَالب أ: . . . .

طَالب ج: . . . .

طَالبَة هـ: . . . .

طَالبَة ح: . . . .

طَالِب (٢):

مِثَال: مَا اسْمُ طَالِبَة ب ، مَا اسْمُهَا؟

اسأل:

١ – ما اسْم طَالِبَة ب: . . . .

طَالِب د: . . . .

طَالِب و: . . . .

طَالِبَة ز: . . . .

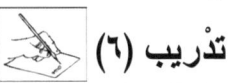

تدْريب (٥)

١ – اكْتب أسماء خمسة ممثّلين مشْهورين تحبّهم:

Write the names of five famous actors:

الاسْم	من أيْن؟	لام شمسية	لام قمرية	همْزة
١ – تُوم هَانْكس	أمْرِيكَا	–	–	
٢ –				
٣ –				
٤ –				
٥ –				

اسْأل زميلك عنهم: ما اسْمه؟ من أيْن هو / هي؟

تدْريب (٦)

١ – اكْتُبْ أسْماء زملاء الْفصْل وبلادهم بالْعربيّة:

Write the names of your classmates and their countries:

أسْماء زملائك			
الاسْم	من أيْن؟	الاسْم	من أيْن؟
١ –		٥ –	
٢ –		٦ –	
٣ –		٧ –	
٤ –		٨ –	

٢ – حاول تذكّر الْأسْماء والْهجاء لكلّ اسْم بدون أن تنْظر.

Try to remember the spelling of each name without looking.

٣ – تبادل الْأسْئلة مع زميلك عن الْقائمة: "مَا اسْمُهُ / ما اسْمُها؟" واذْكر أكْبر عدد مُمْكن.
الْفائز هو الطّالِب الّذي يتذكّر أكْبر عدد من الأسْماء بالْهجاء الصّحيح.

The winner is the one who remembers the greatest number of names and spells them correctly.

٤ – أيّ من أسْماء الْبلاد به اللّام الشّمْسيّة أو الْقمريّة؟
أيّ من أسْماء الْبلاد به حرف مدّ؟

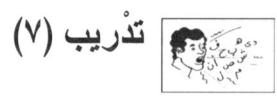

تدْريب (٧)

كلمات مفيدة: شركة – عام – خاص

اقْرأ أسْماء هَذِه الشّركات من كِتَاب دليل الشّركات وعيّن في الجدْول:

Read the names of these companies and fill in the table:

١ – أسْماء بها حروف مشددة. 1 - Names that have shaddah letters (ّ).

٢ – أسْماء بها همْزة أوْ حروف مدّ. 2 - Names that have hamza or long vowels.

٣ – أسْماء بها لام شمْسيّة وقمريّة. 3 - Names that have moon or sun letters.

٤ – صحّح مع زميلك واقْرأ هَذِه الأسْماء. 4 - Read out the names and compare with a partner.

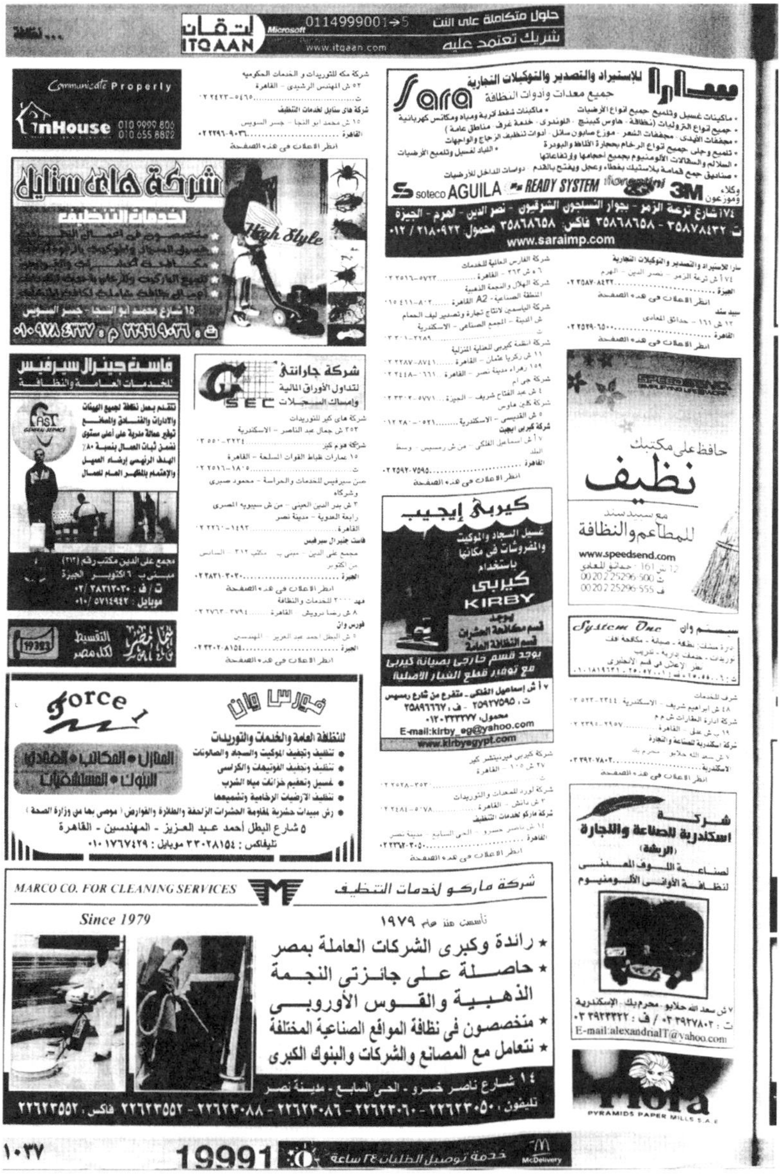

اسْم الشّركة	شدّة (ّ)	همْزة (ء)	لام شمْسيّة	لام قمريّة	حروف مدّ (أ، و، ي)

تدْريب (٨، ٩)

ادخل إلى الموقع واتّبع التّعْليمات.

Go to the website and follow the instructions.

الْمحادثة: ١٠

أَنا مِصْريّ؟

كلمات مفيدة: مطار – آسف – لا مشكلة – مع السلامة – عاصمة / عواصم – جنسية

١) انْظر إلى الصّورة. أيْن هم؟ — Look at the picture. Where are they?

السُّودَان	الْيَابَان	بِيرُو	أَلْمَانْيَا	كَنَدَا	أُسْتُرَالْيَا	مِصْر

الْحِوَار:

مُصْطَفَى : آه، عَفْواً . . . أنَا آسِف جِداً.

يَامَاهُو : لا مُشْكِلَة. هَلْ أَنْتَ مِنْ مِصْر؟

مُصْطَفَى : نَعَم أنَا مِن مِصْر. أنَا مِصْرِيّ. وَأَنْتَ؟ مِنْ أيْن أنْتَ؟

يَامَاهُو : أنَا من اليَابَان. أنَا يَابَانِيّ.

مُصْطَفَى : أَهْلاً، تَشَرَّفْنَا وَأَهْلاً بِكَ في مِصْر.

يَامَاهُو : شُكْراً مَعَ السَّلامَة.

مُصْطَفَى : مَعَ السَّلامَة.

– اسْمع الْحوار وأجب. كيْف اعْتذر مُصْطَفَى؟ ما هو الرّدّ على الاعْتذار؟

- Listen to the dialog. How did Mostafa apologize? What was the reply?

– اسْمع مرّة أخْرى. مَا هو سلام يَامَاهُو وما هو الرّدّ؟ اكْتب التّحيّة والرّدّ.

- Listen again. How did they greet each other in the end? Write the greeting and its response.

لاحظْ القْواعد: ١١

١ – لاسْتخْدام النّسْبة كصفة والتعْبير عن الجّنْسيّة:

من أيْنَ أنْت	الصّفة الجنْسيّة			
	مفْرد مذكّر	جمع مذكر	مفرد مؤنث	جمع مؤنث
من: مصْر	مصْريّ	مصْريّون	مصْريّة	مصْريّات
فَرَنْسَا	فَرَنْسيّ	فَرَنْسيّون	فَرَنْسيّة	فَرَنْسيّات
إيطَاليا	إيطَاليّ	إيطَاليّون	إيطَاليّة	إيطَاليّات
كَنَدَا	كَنَديّ	كَنَديّون	كَنَديّة	كَنَديّات
أَلْمَانْيَا	أَلْمَانيّ	أَلْمان	أَلْمَانيّة	أَلْمَانيّات
الصُّومَال	صُومَاليّ	صُومَاليّون	صُومَاليّة	صُومَاليّات
الْمَغْرب	مَغْربيّ	مغاربة	مَغْربيّة	مَغْربيّات
إنْجلْترا	إنْجليزيّ	إنجليز	إنْجليزيّة	إنْجليزيّات

لاحظ نهايات الْمفْرد والجَمْع للْمؤنّث والْمذكّر.

٢) التّحيّة والرّدّ: ١٢

الضّمير	التّحيّة للرّحيل	الرّدّ	التحية للاستقبال	الرد	للتعارف	الرد
مذكّر	مع السّلامة	مع السّلامة	أهْلاً وَسَهْلاً	أهْلاً بِك	أنَا اسْمي أحْمَد / مَا اسْمُك؟	تَشَرَّفْنَا وأنَا اسْمي ....
مؤنّث	مع السّلامة	مع السّلامة	أهْلاً وَسَهْلاً	أهْلاً بكِ		
جمْع	مع السّلامة	مع السّلامة	أهْلاً وَسَهْلاً	أهْلاً بكَ		

تذكّر

الاعْتذار	الرّدّ
آسف	لا مُشْكلَة
آسفة	لا مُشْكلَة
آسفون	لا مُشْكلَة

تدْريب (١)

١) كرّر حوار الْمحادثة في التّقديم السّابق مع تغْيير أسْماء الْبلاد والشّخْصيّات مع زميلك.

Change the countries and people's names, and repeat the previous dialog with a partner.

تدْريب (٢) ١٣

اقْرأ هَذَا الْحوار:

١ – هَلْ أَنت أَمْريكِيَّة؟

٢ – لا أَنَا كَنَديَّة. وأنتَ؟

٣ – أَنَا لُبْنَانيَّة. هَلْ أَنت في إجَازَة؟

٤ – نَعَم، أَنَا في إجَازَة.

كلمات مفيدة: في إجازة

Repeat the dialog with your partner.

كرّر الْحوار مع زميلك.

كرّر الْحوار مرّة أخْرى مسْتخْدماً بلاداً و أسْماء مخْتلفة.

Repeat the dialog using different countries and names.

تدْريب (٣)

1 - Write short dialogs for each picture.

١ – اكْتب حواراً قصيراً تحْت كلّ صورة.

2 - Read the dialog and act it out with a partner.

٢ – اقرأ الْحوار وكرّرْه مع زميلك.

٣ – اخْتر صورة أخْرى وغيّر الزميل ثمّ كرّر الْحوار.

3 - Change partners and move to another picture. Repeat the drill.

١ – أهْلاً و . . . .

٢ – . . . .

١ – آسِف . . . .

٢ – . . . .

١ – مع . . . .

٢ – . . . .

١ – . . . .

٢ – . . . .

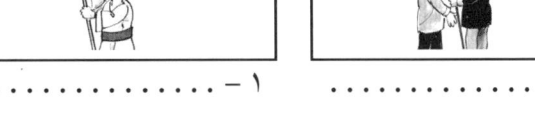

تَدْرِيب (٤) ١٤

١ – اسْمع وضعْ دائرة حوْل الاسْم الَّذي تَسْمعه ثمّ امْلأ الجَّدْول

1 - Listen and circle the names you hear, then fill in the table.

تُومُوكُو – نَانْسي – أنِيتَا – جُونْسُون – سْتِيفِن – كِلير – عَبْد اللّه – نُور – مَاوْتْسن – بَاتْرِيشْيَا – حُسَيْن
– نَديم – بُولين

في إجَازَة؟	مِنْ أيْن؟ هُوَ / هِي؟	الاسْم	م
✓	الْأُرْدنّ ، هو أُرْدنيّ	حُسَيْن	١ –
			٢ –
			٣ –
			٤ –
			٥ –
			٦ –
			٧ –

تَدْرِيب (٥)

١ – اكْتب تَحْت علم كلّ دوْلة جملاً مثْل الْمثال .

Write short sentences under the flag of each country following the example:

١ – أنَا من مِصْر .

٢ – أنَا مِصْريّ .

. . . . – ١
. . . . – ٢

. . . . – ١
. . . . – ٢

. . . . – ١
. . . . – ٢

. . . . – ١
. . . . – ٢

. . . . – ١
. . . . – ٢

. . . . – ١
. . . . – ٢

١ – ....   ١ – ....   ١ – ....

٢ – ....   ٢ – ....   ٢ – ....

٢) اسْأل زميلك منْ أيْن هو / هي / هما / هم / هنَّ؟

تدْريب (٦)

أ – اخْتر بلداً من بين القوسين وأجب عن الأسْئلة.

Choose a country then answer the questions.

١ – منْ أيْن ميخَاليدس؟ (الْيونَان – الأرْجَنْتين) هُوَ منْ الْيونان، هو يونانيّ.

٢ – منْ أيْن جُون / مَارْك / لُوسي؟ (أمْريكَا – الصِّين) .... منْ .... هـ ....

٣ – منْ أيْن هَايُوسُون؟ (كُوريَا – إسْبَانْيَا) .... منْ .... هـ ....

٤ – منْ أيْن جَاكي ونَاتَالي وَلنْدَا؟ (إنْجلتَرا – اليَابَان) .... منْ .... هـ ....

٥ – منْ أيْن سُعَاد؟ (الْبرْتُغَال – سُوريَا) .... منْ .... هـ ....

ب – صحّح وكرّر مع زميلك السّؤال والإجابة.

Repeat and compare with a partner.

حلّ تدْريب (٤):

الْبلاد:

كَنَدَا – الْيَابَان – الصِّين – أمْرِيكَا – السُّعُودِيَّة – كُورِيَا – إنْجلْتِرَا – رُوسْيَا – سِويسْرَا

تدْريب (٧)

أكْمل الْحوار ثمّ كرّره مع زميلك.

Complete the dialog and repeat with a partner.

طَلَال : أنَا طَلَال. أنَا كُوَيْتِيّ. وَأنْتِ مَا اسْمُكِ؟

عَالِيَة : . . . .

طَلَال : مِنْ أيْن أنْتِ يَا عَالِيَة؟

عَالِيَة : . . . .

طَلَال : هَلْ أنْتِ فِي إجَازَة أوْ دِرَاسَة؟

عَالِيَة : . . . .

طَلَال : أهْلاً وَسَهْلاً. تَشَرَّفْنَا.

عَالِيَة : . . . .

تدْريب (٨)

اكْتب جملاً عن زملائك في الْفصْل.

Write about your classmates.

مثال:

١ – جُون مِنْ . . . . هُوَ . . . .

٢ –

٣ –

٤ –

الْمحادثة:

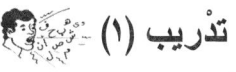

تدْريب (١)

اسْأل بعْض النَّاس في معْهدك وامْلأ الجَّدْول.

Ask some students in your school about this information and fill in the table.

الاسْم	منْ أيْن؟	هو / هي؟	هَلْ هو / هي في إجازة؟
١ – جَانِيت رَسِل	فَرَنْسَا	فَرَنْسِيَّة	هِيَ فِي إجَازَة.

هَذه حجْرَتي

أ – اسْمع الكلمات وكرّر . اكْتبْها تحْت الّصورَة الْمناسبة .

كلمات مفيدة: حجْرة – غرْفة

Listen and repeat. Look at the items in the picture and write the corresponding words.

سَرير – طَالب – مَكْتَب – نَافِذَة – بَاب – كُرْسِيّ – كِتَاب – قَلَم – كُرّاسَة – طَاولَة – ستَارَة – حَقيبَة
– سَلّة – مَكْتَبَة – سَجّادَة – مصْبَاح

bed curtain notebook
bag carpet bookcase basket
lamp

Write the name of each item under each picture.

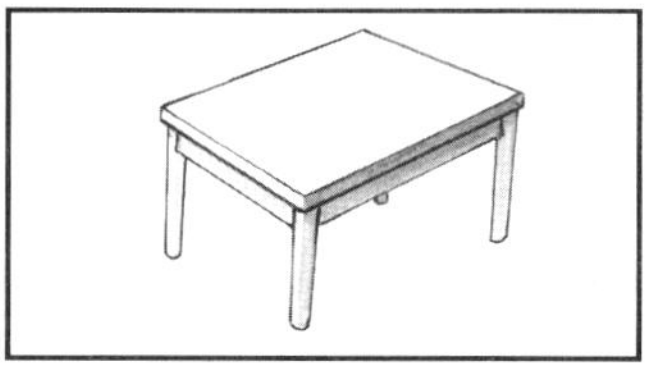

ب – اكْتب الاسْم تحْت كلّ صورة .

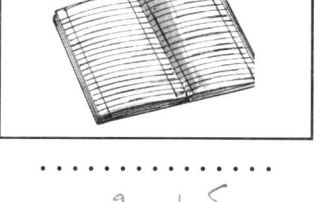		
....سَجّادَة....	...طَاوِلَة...	...سَرير...

سرير

...نَافِذَة...	سَلّة	....

كراسة

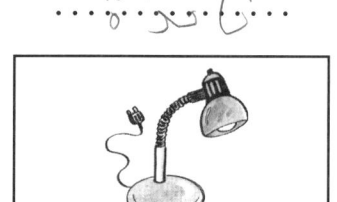	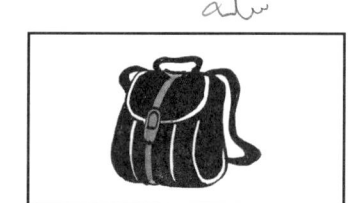
....	....

مصباح
حقيبة

٢) اسْمع مرّة أخْرى وكرّر بعْد الْمدرّس ثم اكْتب الكَلمة.

Repeat after the teacher. Write the word.

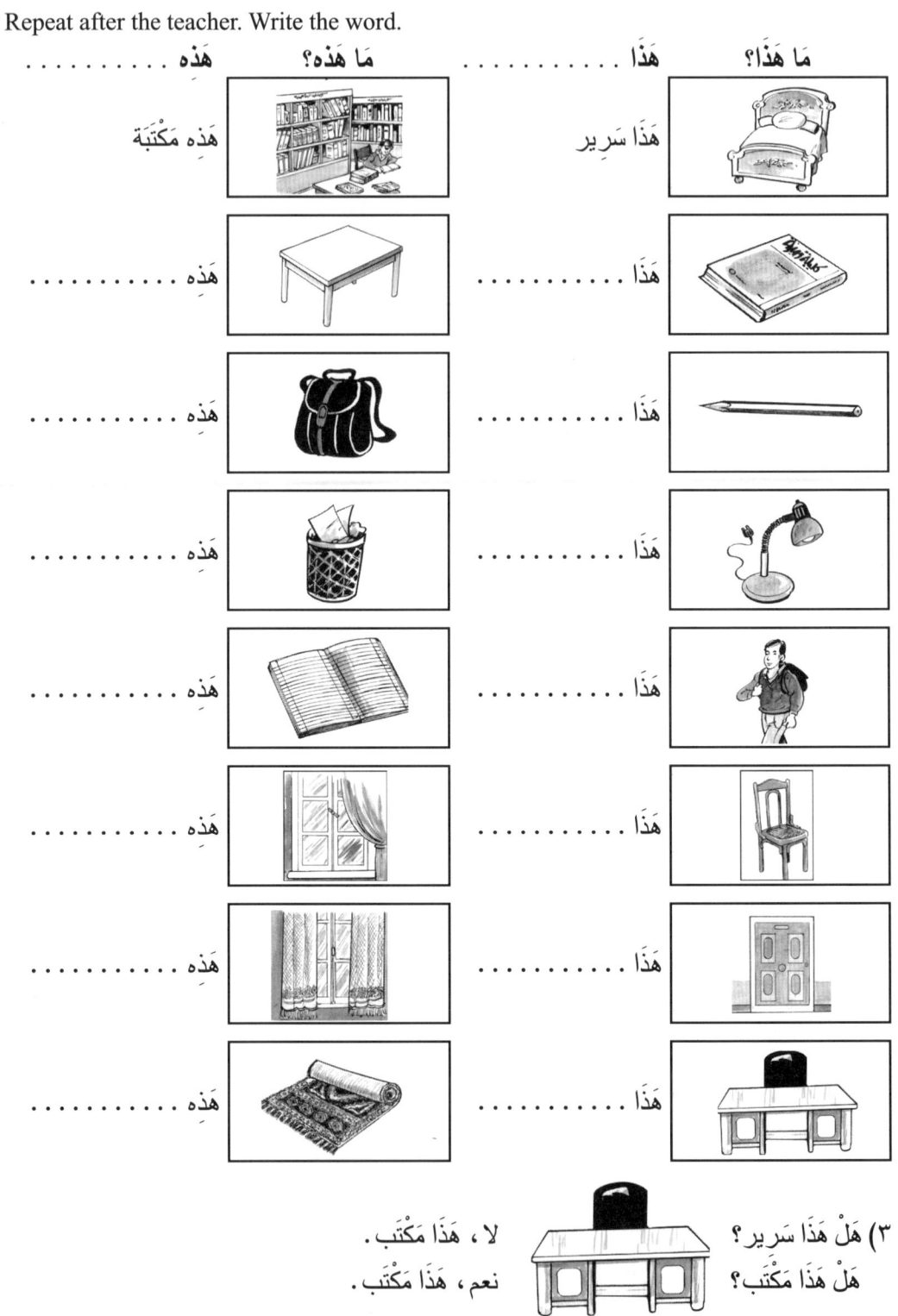

مَا هَذَا؟ هَذَا .... **مَا هَذِه؟** هَذِه ....

هَذَا سَرِير

هَذِه مَكْتَبَة

هَذَا ....

هَذِه ....

هَذَا ....

هَذِه ....

هَذَا ....

هَذِه ....

هَذَا ....

هَذِه ....

هَذَا ....

هَذِه ....

هَذَا ....

هَذِه ....

هَذَا ....

هَذِه ....

٣) هَلْ هَذَا سَرِير؟

لا ، هَذَا مَكْتَب.

هَلْ هَذَا مَكْتَب؟ نعم ، هَذَا مَكْتَب.

لاحظْ الْقواعد: ١٦

١ – للسّؤال عن الْأشْياء نسْتَخْدم أداة الاسْتفْهام "ما".

٢ –

"ما هَذا؟" للْمُذكّر	"مَا هَذِه؟" للْمؤنّث
هَذَا قَلَم.	هَذه طَاولَة.
هَذَا كِتَاب.	هَذه حَقيبَة.
هَذَا مِصْبَاح.	هَذه مَكْتَبة.

٣ – لاحظ التّاء الْمرْبوطة (علامة التّأنيث في الْأسْماء الْمؤنّثة).

٤ – السّؤال: "هَلْ هَذَا سَرير؟" لا، هَذَا مَكْتَب.

"هَلْ هَذَا مَكْتَب؟" نعم، هَذَا مَكْتَب.

التدريبات

تدْريب (١)

اكتُب تحْت كلّ صورة هَذَا / هَذِه + الاسْم الصّحيح.

Write the demonstrative and the name of each item in the pictures.

هَذَا

هَذِه حَقيبَة

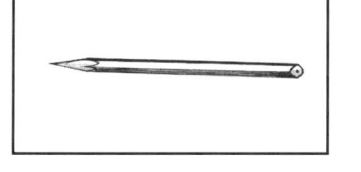

. . . .

هَذِه

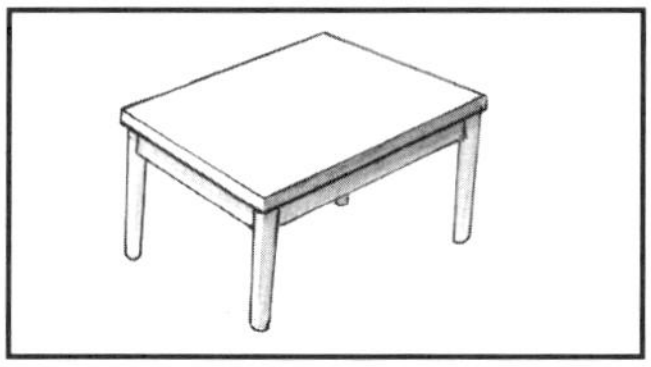

. . . .

. . . .

. . . .

. . . .

تدْريب (٢)

رتّب الحروف واكْتب الاسْم تحْت كلّ صورة.

Arrange the letters and write the name of each object in the pictures.

ح – م – ص – ب – ا

هَذَا مِصْبَاح

ة – س – ج – د – ا

____

ب – ك – ا – ت

____

ة – ل – س

____

ب – ا – ط – ل

____

ة – ر – ا – ك – س

____

ي – س – ة – ا – ر

____

ك – ت – م – ب

____

تدْريب (٣)

١ – اسْأل وأجب بـ "نعْم" أو "لا" كالْمثال:

Ask and answer with "yes" or "no," following the example. Write your question and answer.

١ – هَلْ هَذَا طَالِب؟

لا ، هَذِه مَكْتَبة.

١ – هَلْ هَذِه سَيّارَة؟

نعم ، هَذِه سَيّارَة.

٢ – اكْتب الْإجابة تحْت كلّ صورة. صحّح مع زميلك.

١ – هَلْ هَذَا كِتَاب؟

٢ – _________

١ – هَلْ هَذَا بَاب؟

٢ – _________

١ – هَلْ هَذِه حَقِيبَة؟

٢ – _________

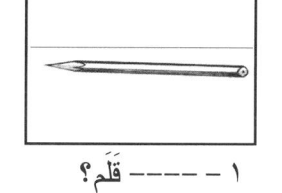

١ – ---- طَاوِلَة؟

٢ – ----------

١ – ---- قلم؟

٢ – ----------

١ – ---- سَجَّادّة؟

٢ – ----------

١ – ---- بَاب؟

٢ – ----------

١ – ---- مِصْبَاح؟

٢ – ----------

١ – ---- كُرْسَيّ؟

٢ – ----------

١ – ---- كِتَاب؟

٢ – ----------

١ – ---- حَقِيبَة؟

٢ – ----------

١ – ---- كُرَّاسَة؟

٢ – ----------

١ – ---- مُدَرِّس؟

٢ – ----------

١ – ---- مَكْتَبة؟

٢ – ----------

١ – ---- سَلَة؟

٢ – ----------

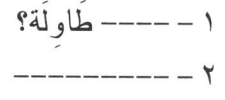

الْمحادثة:

مِنْ أيْن هَذِه السَّاعة؟

كلمات مفيدة: سَاعَة – حِزَام – خَاتَم – كُمْبْيُوتَر – مَحْفَظَة

اقْرأ الجمل عنْ حجْرة حسيْن:

أ – اكْتب الاسْم فوْق الصّورة.
Read and write the name of the article in the picture.

ب – اكْمل الجمل النّاقصة كالْمثال:
Complete the sentences:

مثال: ١ – منْ أيْن هَذِه السَّاعَة؟

هَذِه السَّاعَة مِن الْيَابَان – هَذِه سَاعَة يَابَانِيَّة.

٢ – مِنْ أيْن هَذِه السَجَّادّة؟

هَذِه السّجَّادّة مِنْ إيرَان. هَذِه سَجَّادّة إيرَانِيَّة.

مِنْ أيْن . . . ؟

١ – هَذِه المَحْفَظَة مِنْ إيطَالْيَا. هَذِه مَحْفَظَة إيطَالِيَّة.

٢ – هَذِه الحَقِيبَة مِنْ فَرَنْسَا. هَذِه حَقِيبَة فَرَنْسِيَّة.

٣ – هَذَا الْخَاتَم مِنْ الْمَكْسِيك. هَذَا خَاتَم ....
٤ – هَذَا الْمِصْبَاح مِنْ الصِّين. هَذَا مِصْبَاح ....
٥ – هَذَا الْكَمْبُيوتَر مِنْ كُوريَا. هَذَا كَمْبْيُوتَر ....

Ask about the other items.

اسْأل عنْ باقِي الْأَشْياء في الصّورة.

لاحظ:

١ – صفة الْبلد تتْبع الْموْصوف (كِتَاب أمْريكيّ / درّاجة ألْمانيّة).

٢ – للسؤال عنْ أماكن الْأَشْياء: "منْ أيْن هَذَا / هَذِه؟"

تدْريب (١)

اسْتَخْدم الصّورة السّابقة مرّة أخْرى وأكْمل هَذَا الْحوار عن أيّ بلد تخْتاره:

Use items from the previous picture to complete this conversation. Choose other countries:

مثال:

١) أ – هَلْ هَذِه سَلَّة؟

ب – لا ، هَذِه سَاعَة.

أ – مِنْ أيْن هَذِه السَّاعَة؟

ب – مِنْ سويسْرَا، هَذِه سَاعَة سِويسْرِيَّة.

٢) أ – هَلْ هَذِه طَاوِلَة؟

ب – لا ، هَذِه سَجَّادَة.

أ – مِنْ أيْن ---------؟

ب – مِنْ ---------، هَذِه ---------.

٣) أ – هَلْ هَذِه كُرَّاسَة؟

ب – لا ، هَذِه ---------.

أ – من أيْن ---------؟

ب – هَذِه الْمَحْفَظَة مِنْ ---------، هَذِه ---------.

٤) أ – هَلْ هَذِه حَقِيبَة؟

ب – نَعَم، ---------.

أ – مِنْ ---------؟

ب – مِنْ ---------.

٥) أ – هَلْ هَذَا بَابَ؟

ب – لا ، ---------.

أ – مِنْ ---------؟

ب – ---------.

٦) أ – هَلْ ---------؟

ب – لا ، ---------.

أ – ---------؟

ب – ---------.

٧) أ- هَلْ ----------؟

ب - نَعَم ----------.

أ - ----------

ب - ----------.

كرّر الْحوار مع زميلك بعْد كِتَابته. Repeat the conversation with your partner.

تدْريب (٢)

كلمات مفيدة: دَرَّاجَة - لُعْبَة - مَحَلّ - زُبُون - مِشْط - قِصَّة - دُولَاب - بَائِع - كَبْرِيت - مِفْتَاح - صُورَة - تِلفِزْيُون - تِلِيفُون

كُلّ شَيْء للْبَيْت

هَذَا مَحَل كُلّ شَيْء للْبَيْت. هَذَا بَائِع.

١) هَذَا زُبُون. عمَّ يَسْأل الزُّبُون؟ اقْرَأ الْمثال للْسؤال ثمّ اكْتب جملاً للْحوار كالْمثال:

the customer asks about what

Read the example and write a short dialog:

أ) زُبُون : من أيْن هَذِه الدّرّاجة؟

بَائِع : هَذِه الدّرّاجة من ألمانيا، هَذِه درّاجة ألْمانيّة.

ب) زُبُون : من أيْن ------------؟

بَائِع : ----------------

٢) أكْمل الْحوار بكلّ الْأشْياء الْموْجودة في الصّورة كِتَابة، ثم كرّر الْحوار مع زميلك. تبادلوا الزّملاء.

Ask about other items in the picture and with the dialog. Change partners.

اذا سمح
is it's allowed

تدْريب (٣) ١٧

ما الْهجاء؟

> كلمات مفيدة: دَبَّاسَة – سَمَّاعَة – فَتَّاحَة – ظَرْف – كَيْف تَقول بِالْعَرَبِيَّة – مَا هُوَ الْهِجَاء؟ – ممحاة

١) اسْمع الْحوار ثمّ قل عمَّ يسْأل الْموظّف؟

Listen to the conversation. What is he asking about?

هو يسْأل عن:

١ –	
٢ –	
٣ –	
٤ –	
٥ –	
٦ –	
٧ –	
٨ –	
٩ –	

٢) اقرأ وكرر الحوار مع زميلك.

عميل : لَوْ سَمَحْت مَا هَذِه؟ مَا الاسْم بِالْعَرَبِيَّة؟

موظفة : هَذِه دَبَّاسَة.

عميل : مَا الْهِجَاء؟

موظفة : د ب ا س ة

عميل : شُكْراً

موظفة : عَفْواً.

٣) أ – اكْتب قائمة بالْأشْياء الْموْجودة على الْمَكْتَب في الصّورة.

Write a list of the objects on the disk.

ب – اسْأل زميلك عن باقي الْأشْياء الّتي في الصورة كالْحوار.

ج – اكْتب قائمة بالْأشْياء على مَكْتَبك في الْبيْت.

٤) اكْتب خمس جمل كالْمثال:

١ – هَذَا كِتَاب من مِصْر. هَذَا كِتَاب مِصْري.

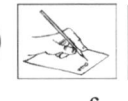

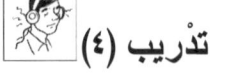

تدْريب (٤) ١٨

١ – اسْمع واكْتب الاسْم.

Listen and write the name of each item.

أ – صُورَة
ب –
ج –
د –
هـ –
و –
ز –
ح –
ط –
ي –

٢ – اخْتر بلداً لكلّ صورة، اسْأل زميلك كالْمثال:

– "ما هَذَا؟" "هَذَا تِلِيفُون مِن الْيَابَان. هَذَا تِلِيفُون يَابَانِيّ."

– "ما هو الْهجاء؟" "ت ل ي ف و ن".

تدريب (٥)

اسْأل زميلك عن أشْياء موْجودة في فصْلك وعن بلد صناعتها واملأ الجَدْول.

Ask your partner about things in your class and the country of manufacture. Fill in the chart.

ما هَذا؟	من أين؟	مَا هَذِه؟	من أين؟
١ – كرسي	مصري	حقيبة	مصرية
٢ –			
٣ –			
٤ –			

تذكّر

١) كِتابة الْهمْزة:

أ – تكْتب الْهمْزة في أوّل الكلمة : أمْجد إيمَان أُسَامَة

ب – في منْتصف الكلمة : سَأل بِئْر فُؤاد

ج – في آخر الكلمة : قبْلها ألف وفتْحة: قَرَأ

قبْلها باء وكسْرة: مَجيئ

قبْلها "و" وضمّة: تكَافؤ

قبْلها حرْف ساكن: بدْء

قبْلها "و" ساكنة: ضوْء

قبْلها ألف مدّ: هناء

٢) للسّؤال عن الْأشْياء:

أ– السّؤال للْمذكّر: السّؤال للْمؤنّث.

ما هَذَا؟ ما هَذِه؟

ب – الرّدّ بالْإيجاب والنفْي:

هَلْ هَذَا كِتَاب؟ لا ، هَذَا قَلَم (نفْي).

نعم ، هَذَا كِتَاب (إيجاب).

٣) للسّؤال عن مكان الصّنْع أو بلد الصّنْع للْأشْياء:

للْمذكّر: من أيْن هَذَا الكِتَاب؟ هَذَا الكتَاب منْ فرَنْسَا.

هَذَا الكتَاب فَرَنْسيّ.

للْمؤنّث: من أيْن هَذِه الدَّرَّاجَة؟ هَذه الدَّرَّاجَة منْ ألْمَانْيَا.

هَذِه دَرَّاجَة ألْمَانيَّة.

الْوحْدة الخامسة

السّؤال عَنْ ملْكيّة الأشْياء ١

هَدَفُ الْوِحْدَةِ:

تقْديم ١: كِتَاب مَنْ هَذَا؟
١ – السّؤال عَنْ ملْكية الأشْياء – الإضافة للْملْكية.
٢ – التّعْبير عَنْ ملْكيّة الأشْياء.
٣ – ضمير الْغائب والْمتكلّم والْمخاطب.

تقْديم ٢: أ – هَلْ هَذِه حَقِيبَة؟ ب – هَلْ هَذِه حَقِيبَتُكَ؟
١ – هَلْ هَذه حَقِيبَتُك؟
٢ – السّؤال عَنْ الأشْياء ونفْيها.
٣ – السّؤال عَنْ الْملْكيّة ونفْيها.

تقْديم (١)

كِتَاب مَنْ هَذَا؟ ٢

كلمات مفيدة: مسطرة – مقلَمة – أوراق – كراسة – صور

هَذَا فَصْل خَالِد – خَالِد سَأَل عَنْ ماذا؟

اقْرأ السّؤال والْإِجَابَة واكْتب . . . مثال:

خَالِد: كِتَاب مَنْ هَذَا؟	هَذَا كِتَاب حُسَيْن . هَذَا كِتَابُه.	
كُرَّاسَة مَنْ هَذِهِ؟	هَذِهِ كُرَّاسَة إيمَان . هَذِهِ كُرَّاسَتُهَا.	

١ – مِفْتَاح مَنْ هَذَا؟	هَذَا مِفْتَاح مَاجِدَة.	هَذَا مِفْتَاحُهَا.
٢ – . . . .؟	. . . . وَائِل.	. . . .
٣ – . . . .؟	. . . . أَنْت.	. . . .
٤ – . . . .؟	. . . . أَنَا.	. . . .
٥ – طَاوِلَة مَنْ هَذِهِ؟	هَذِهِ . . . . وَلَاء وَسُعَاد.	. . . .
٦ – أَوْرَاق مَنْ هَذِهِ؟	هَذِهِ . . . . عَادِل وَطَلَال.	هَذِهِ . . . .
٧ – صُوَر مَنْ هَذِهِ؟	هَذِهِ . . . . مُحَمَّد وَنَاجِي وَإبْرَاهِيم.	هَذِهِ . . . .
٨ – كَرَاسِي مَنْ هَذِهِ؟	هَذِهِ . . . . عَلْيَاء وَأَمِينَة وَنَدَى.	هَذِهِ . . . .
٩ – فَصْل مَنْ هَذَا؟	هَذَا . . . . نَحْنُ.	هَذَا . . . .

لاحظْ الْقواعد:

للتّعبير عَنْ ملْكيّة الأشْياء:

١) هَذَا كتَاب أَحْمَد = هَذَا كِتَابُه

هَذِهِ حَقيبَة زَيْنَب = هَذِه حَقيبَتُهَا

٣

٢) للسّؤال عَنْ ملْكية الأشْياء:

ضمير	كِتَاب مَنْ هَذَا؟ (للْمذكّر)	حَقيبَة مَنْ هَذِهِ؟ (للْمؤنّث)
هُوَ	هَذَا كِتَاب أَحْمَد. هَذَا كِتَابُه.	هَذِهِ حَقِيبَتُهُ.
هِيَ	هَذَا كِتَاب زَيْنَب. هَذَا كِتَابُها.	هَذِهِ حَقِيبَتُها.
هُمَا	هَذَا كِتَاب عَلَاء وَنَادِر. هَذَا كِتَابُهُمَا.	هَذِهِ حَقِيبَتُهُمَا.
هُمَا	هَذَا كِتَاب لَيْلَى وَفَاطِمَة. هَذَا كِتَابُهُمَا.	هَذِهِ حَقِيبَتُهُمَا.
هُمْ	هَذَا كِتَاب سَمِير وَهَانِي وَعَلِي. هَذَا كِتَابُهُمْ.	هَذِهِ حَقِيبَتُهُمْ.
هُن	هَذَا كِتَاب عَائِشَة وَنَادِيَة وَسُوزِي. هَذَا كِتَابُهُنّ.	هَذِهِ حَقِيبَتُهُن.
أَنَا	(كِتَاب + أَنَا) هَذَا كِتَابي.	هَذِهِ حَقِيبَتِي.
نَحْنُ	(كِتَاب + نَحْنُ) هَذَا كِتَابُنا.	هَذِهِ حَقِيبَتُنا.

٣) صُوَر مَنْ هَذِه؟ هَذِهِ صُوَر ناجي وإبْراهِيم ونبيل. هَذِهِ صُوَرُهُمْ.

لاحظ: كلمات الْجمْع:

"هَذِهِ" اسم إشارة للْمفْرد الْمؤنّث ولجمْع الْأشياء.

٤) لاحظ نطْق التّاء الْمرْبوطة: ٤

"هَذِه سَاعَةُ" ممْكن أن ننطقها: هَذه سَاعَة

"هَذِهِ سَاعَةُ أَحْمَد." عنْد الْإضافة يجب أن ننْطق التّاء.

٥) لاحظ التنْوين: ٥

"هَذه ساعةٌ" "هَذه ساعةُ أَحْمَد."

نكرَة + تنْوين إضَافة

التدْريبات

تدْريب (١)

١ – صلْ أ، ب، ج لتكوّن جمْلة صحيحة:

Connect the three columns to make a proper sentence:

(أ)	(ب)	(ج)
١) قلَم مَنْ هَذَا؟	هَذه كرَّاسَات نبيلة وإلْهام.	هَذَا فَصْلنا.
٢) حَقيبَة مَنْ هَذه؟	هَذَا فَصْل + نَحْنُ.	هَذه طاولتهُمَا.
٣) كُرَّاسَات مَنْ هَذه؟	هَذا قلَم هَاني.	هَذه صُورُهُنّ.
٤) مفْتَاح مَنْ هَذَا؟	هَذه حَقيبَة سهَام.	هَذَا مفْتَاحي.
٥) طَاولَة مَنْ هَذه؟	هَذه صُوَر مُنَى وَشَاديَة وَأمَل.	هَذه كُرَّاسَاتُهُما.
٦) فَصْل مَنْ هَذَا؟	هَذَه كُتُب أيْمَنْ وأحْمَد وعلي.	هَذَا قلَمُه.
٧) صُوَر مَنْ هَذه؟	هَذَا مفْتَاح + أنَا.	هَذه حَقيبَتُها.
٨) كُتُب مَنْ هَذِه؟	هَذِه طَاولَة مَاجِد ورَؤُوف.	هَذِه كُتُبُهُمْ.

٢) اقْرأ الجمل بالتبادل مع زَميلِك وصحّح.

تدْريب (٢)

١ – أجب عَنْ السّؤال ثم اكْتب جمْلة أمام كلّ ضمير:

Answer the questions and write a sentence for each pronoun:

ما هذه؟ هذِه . . . .

هَذِه . . . . مَنْ؟

ما هَذا؟ هذا . . . .

هَذَا . . . . مَنْ؟

هُوَ	هَذه مَدْرَستُهُ.	هَذَا فَصْلُهُ.
هِيَ		

أَنَا		
نَحْنُ		
هُمَا		
هُن		
هُمَا		
هُمْ		

تدْريب (٣)

اكْتب سُؤالاً وإِجَابَة لكلّ صورة كالْمثال: Write a question and an answer for each picture:

مثال: هَذَا حِذَاء مَنْ؟ (أَنَا)

هَذَا حِذَائِي

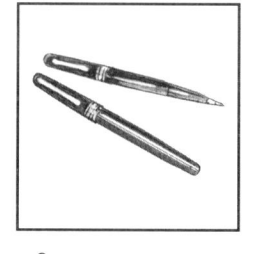

سُؤال: هَذه كُتُب مَنْ؟

إِجَابَة: هَذِه كُتُبُهُمْ.

(هُمْ)

............؟

....

(أَنَا)

............؟

....

(هُن)

............؟

....

(هِيَ)

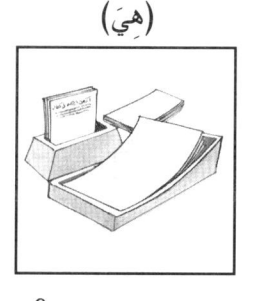

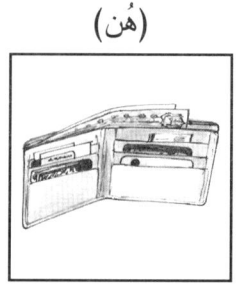

سُؤال: ....؟

إِجَابَة: ....

(نَحْنُ)

............؟

....

(هُمَا)

............؟

....

(هُوَ)

............؟

....

(هُمَا)

تدْريب (٤)

صَدِيقِي زَيْد ٦

كلمات مفيدة: زَمِيل – صديق – جامعة – أَيْضاً

انْظر إلى الصّورة واقْرأ النّص ثم أجب: مَنْ الكاتب؟

Read the text and answer: Who is the writer?

أَنَا اسْمِي خَالِد. صَدِيقِي اسْمُه زَيْد، زَيْد مِنْ الكُوَيْت. هُوَ كُوَيْتِيّ. نَحْنُ فِي بَيْت صَدِيقِي زَيْد. هَذَا مَكْتَب صَدِيقِي زَيْد. هَذَا مكْتَبُه. هُوَ زَمِيلِي فِي جَامِعَة الْقَاهِرَة. هُوَ صَدِيق عَلاء وَطَلَّال وَشَيْمَاء وَسَمَر. هُوَ زَمِيلُهُمْ أَيْضاً.

١ – اقْرأ مرّة أخْرى وأجب: بَيْت مَنْ هَذَا؟

٢ – أكْمل: هَذَا مكْتُب زَيْد. هَذَا . . . . . ـه

٣ – زَيْد زَمِيل . . . . هُوَ زَمِيله.

زَيْد زَمِيل . . . . . و . . . . هُوَ . . . .

٤ – زَيْد . . . . و . . . . هُوَ . . . .

زَيْد صَديق . . . . هُوَ . . . .

٥ – مِنْ أَيْن زَيْد؟ زَيْد مَنْ . . . . هُوَ . . . .

٦ – صل (أ) مع (ب) لتكوّن جمْلة كاملة:

Connect the columns to form a complete sentence:

(أ)	(ب)
١ – هَذَا مَكْتَب	علاء وطلال
٢ – هُوَ زَمِيلِي	شَيْماء وَسَمَر
٣ – هُوَ صديق	مَكْتَبُهُ
٤ – هُوَ	في جَامِعَة الْقَاهِرَة
٥ – هُوَ صَدِيق	زَيْد
٦ – هَذَا	زَمِيلُهُمْ أَيْضاً

صحّح مَنْ النّص.

تدْريب (٥) ٧

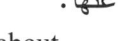

انْظر إلى الصّورة مرّة أخْرى. اكْتب قائمة بالأشْياء الّتي تراها.

Write a list of the things you recognize in drill 4.

١ – ادْرس الكلمات الجديدة: طبق – كوب – زجاجة – مطْواة

القائمة:

١ – حِذَاء	٢ –	٣ –	٤ –	٥ –
٦ –	٧ –	٨ –	٩ –	١٠ –
١١ –	١٢ –	١٣ –	١٤ –	

خَالِد يسْأل عَنْ أصْحاب هَذه الأشْياء. اسْمع وأجب:

١ – ضع علامة (✓) أمام الأشياء الّتي سَأل عَنْها.

1 - Check the things that Khaled asked about.

٢ – اسْمع مرّة أخْرى واكْتب مثْل الْمثال:

2 - Listen again and write:

أ – هَذه مَحْفَظَة زَيْد. هَذه محْفَظَته.

ب – هَذِهِ أَوْرَاق .... هَذِهِ ....

ج –

د –

تدْريب (٦)

اكْتب سُؤالاً وإِجَابَة كالتّدْريب السّابق لباقي الْأشياء في صورة تدْريب (٤) واخْتر صاحبها:

Write a question and an answer for the rest of the things in the picture, and choose the name of their owner:

السُؤَال (س)	الإجَابَة (ج)
١ – س: طَبَق مَنْ هَذَا؟	ج: هَذا طَبَق زَيْد. هَذَا طبقه.
٢ – س: ....؟	ج: ....
٣ – س: ....؟	ج: ....
٤ – س: ....؟	ج: ....
٥ – س: ....؟	ج: ....
٦ – س: ....؟	ج: ....

تدْريب (٧)

اكْتب جملاً عَنْ صديقك مثْل تدْريب (٤):

Write a few sentences about your friend using drill 4 as an example:

١ – أَنَا .... صَدِيقي اسْمُهُ .... هُوَ مِنْ ....

٢ – هُوَ .... في الْمَعْهَد .... هُوَ .... و .... أَيْضاً.

٣ – هَذَا بيْت صَدِيقي .... هَذِهِ فاطمة .... هِيَ .... أَيْضاً.

٤ – هَذِهِ حَقِيبَة ....ـه وهُوَ ....

٥ – هَذِهِ .... هَذِهِ ....نا.

الْمحادثة:

تدْريب (١)

مِفْتَاح مَنْ هَذَا؟ هَذَا مِفْتَاح مَنْ؟

١ – انْظر إلى الصّورة واسْأل كالْمثال في فريقين.

٢ – الْفريق الرّابح هُوَ الّذي يجيب على أكْبر قدْر مَنْ الأسْئلة الصّحيحة.

تدْريب (٢)

لاحظ:

"صحيح = ✓"   أو   "خطأ = ×"

١ – اسْألوا بعْضكم عَنْ أشْياء مثْل الّتي في الصّورة.

٢ – غيّر الزّميل وكرّر النّشاط.

تدْريب (٣)

اسْتخْدم الجمل الّتي كُتُبْتها في تدْريب (٦) لتعْمل حواراً مع زَميلِك ثم اسأله لتعْرف إجابته.

نص الاسْتماع لتدْريب (٥): ٧

خَالِد : مَحْفَظَة مَنْ هَذِهِ؟ هَذِهِ مَحْفَظَة مَنْ؟

شيماء : هذه محفظة زيد. هذه محفظته.

خَالِد : وأوراق من هذه؟

شيماء : هَذِه أَوْرَاق طَلَّال وَعَلِي.

خَالِد : وَنظَّارَة مَنْ هَذِه؟

شيماء : هَذِه نَظَّارَتي.

خَالِد : وَكَامِيرَة مَنْ هَذِه؟

شيماء : هَذِه كَامِيرَة سَمَر.

تقْديم (٢ أ) ٨

هَلْ هَذه حَقيبَة؟

اقْرأ الْحوار: ثمّ أجب، هَلْ هَذه نَظَّارَة؟ هَلْ هَذَا كِتَاب؟

١ - هَلْ هَذه نَظَّارَة؟

لا ، هَذه لَيْسَتْ نَظَّارَة.

هَذِه حَقِيبَة.

٢ - هَلْ هَذَا كتَاب؟

لا ، هَذَا لَيْسَ كِتَاباً.

هَذَا قَلَم.

تقْديم (٢ ب) ٩

هَلْ هَذِه حَقِيبَتُك؟

الْمُدَرِّس: هَلْ هَذه حَقِيبَتُك؟

الطَّالِب: لا ، هَذه لَيْسَتْ حَقِيبَتِي.

هَذه حَقِيبَة أَحْمَد.

هَذِه حَقِيبَتُه.

الْمُدَرِّس: هَلْ هَذَا قَلَمك؟

الطَّالِبَة: لا ، هَذَا لَيْسَ قَلَمي.

هَذَا قَلَم زَيْنَب.

هَذَا قَلَمُها.

لاحظْ القواعد:

١٠

١) السّؤال عَنْ الأشْياء ونفْيها:

	السّؤال	النّفي		
للْمؤنّث	هَلْ هَذه حَقيبَة؟	لا ، هَذه	لَيْسَتْ	حَقيبَةً
للْمذكّر	هَلْ هَذا كتَاب؟	لا ، هَذَا	لَيْسَ	كتَاباً

١١

٢) للسُؤال عَنْ ملْكية الأشْياء ونفْيها:

أ – ضمائر المفْرد (الْمخاطب)

الضّمير	كتَاب (مذكّر)		حَقيبَة (مؤنّث)	
أنْتَ	هَلْ هَذَا كِتَابُكَ؟	لا ، هَذَا لَيْسَ كتَابي .	هَلْ هَذه حقيبَتُك؟	لا ، هَذه لَيْسَت حَقيبَتي .
أنْتِ	هَلْ هَذَا كِتَابُكِ؟	لا ، هَذَا لَيْسَ كتَابي .	هَلْ هَذه حَقيبَتُكِ؟	لا ، هَذه لَيْسَت حَقيبَتي .

١٢

ب – ضمائر الجمْع (الْمخاطب)

الضّمير	كتَاب (مذكّر)		حَقيبَة (مؤنّث)	
أنْتُمَا	هَلْ هَذَا كِتَابُكما؟	لا ، هَذَا لَيْسَ كِتَابَنا .	هَلْ هَذه حَقيبَتُكما؟	لا ، هَذه لَيْسَت حَقيبَتَنا .
أنْتُم	هَلْ هَذَا كِتَابُكُم؟		هَلْ هَذه حَقيبَتُكم؟	
أنْتُن	هَلْ هَذَا كِتَابُكُن؟		هَلْ هَذه حَقيبَتُكن؟	

٣) كِتَابة الْفتْحة:

"لَيْسَ كِتَاباً" الْحَرْف الأخِير ← يتّصل ← ـاً

"لَيْسَ سَرِيراً" الْحَرْف الأخِير ← لا يتّصل ← اً

٤) لاحظ التّنْوين:

"هَذَا لَيْسَ كِتَاباً ." ✓ تنْوين بالْفتْحة (نكرة)

"هَذَا لَيْسَ كِتَابَنا ." × تنْوين بسبب الإضافة إلى الضّمير

التدريبات

تدْريب (١)

أ – اكْتب الْإجَابَة تحْت كلّ صورة كالْمثال: Write the answer under each picture:

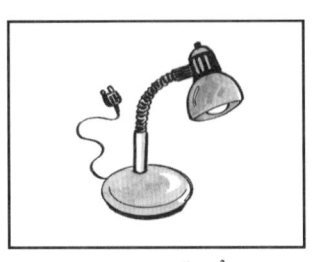

س: هَلْ هَذِه حَقيبَة؟

ج: لا ، هَذِهِ لَيْسَتْ حَقِيبَة ،

هَذِهِ سَيَّارَة.

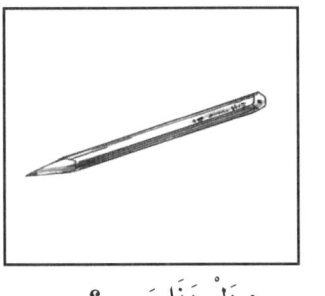

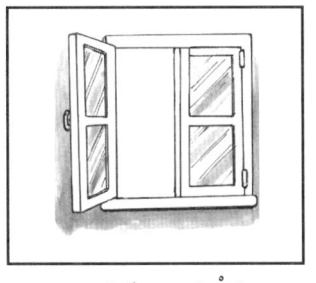

س: هَلْ هَذَا كرسيّ؟

ج: لا ، هَذَا .... ،

....

س: هَلْ هَذِهِ طَاولَة؟

ج: .... ،

....

س: هَلْ هَذَا مِصْبَاح؟

ج: ....

س: هَلْ هَذِهِ سَجَّادَة؟

ج: لا ، ....

س: هَلْ هَذَا سَرِير؟

ج: ....

س: هَلْ هَذِهِ طَاولَة؟

ج: لا ، ....

س: هَلْ هَذِهِ سَلَّة؟

ج: لا ، ....

س: هَلْ هَذَا طَالِب؟

ج: ....

ب – اسْتخْدم السّؤال والْإِجَابَة مع زَمِيلِك للتّصْحيح والْمحادثة.

تدْريب (٢)

ادخل إلى الموقع واتَّبع التّعْليمات .

Go to the website and follow the instructions.

تدْريب (٣)

اخْتر الْإجَابَة الصّحيحة:

Choose the right answer:

١ – هَلْ هَذا بَاب؟

١ – نعم ، هَذَا كُرْسِيّ .

٢ – لا ، هَذَا بَاب .

٣ – لا ، هَذا لَيْس باباً . هَذا قلَم .

٢ – هَلْ هَذِهِ مَحْفَظَتُك؟

١ – لا ، هَذِهِ لَيْسَتْ مَحْفَظَتَنا .

٢ – لا ، هَذِهِ لَيْسَتْ مَحْفظَتِي .

٣ – لا هَذِهِ لَيْسَتْ مَحْفَظَتَك .

٣ – هَلْ هَذِهِ سَيَّارَتُكُم؟

١ – لا ، هَذِهِ لَيْسَتْ سَيَّارَتَنَا . هَذِهِ سَيَّارَتُهُمْ .

٢ – لا ، هَذِهِ لَيْسَتْ سَيَّارَتَكُمَا . هَذِه سَيَّارَتُنَا .

٣ – لا ، هَذِهِ لَيْسَتْ سَيَّارَتِي . هَذِهِ سَيَّارَتُهُ .

٤ – هَلْ هَذَا مُدَرِّسُكُن؟

١ – لا ، هَذَا لَيْسَ مُدَرِّسَكُمَا . هَذَا مُدَرِّسِي .

٢ – لا ، هَذَا لَيْسَ مُدَرِّسَك . هَذَا مُدَرِّسُهُمَا .

٣ – لا ، هَذَا لَيْسَ مُدَرِّسَنَا . هَذَا مُدَرِّسُهُنّ .

تدْريب (٤)

اكْتب سُؤالاً وإِجَابَة تحْت كلّ صورة كالْمثال:

Write a question and an answer, following the example:

س: هَلْ هَذَا كتَابُكَ؟

ج: لا ، هَذَا لَيْسَ كِتَابي.

هَذَا كِتَابُهُمَا

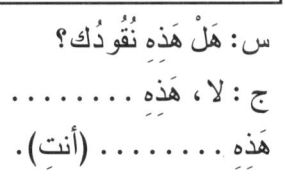

س: هَلْ هَذِهِ أَوْرَاق؟

ج : لا ، . . . .

س: . . . .؟

ج: . . . .

س: . . . .؟

ج: . . . .

س: هَلْ هَذِهِ نُقُودُك؟

ج : لا ، هَذِهِ . . . .

هَذِهِ . . . . (أَنتِ).

س: . . . .؟

ج: . . . .

تدْريب (٥)

اكْتب جواباً بالنّفيِ لِهَذِهِ الأَسْئلة:

Answer the questions using negation:

لا ، هَذَا لَيْسَ بَيْتَنَا.

١ – هَلْ هَذَا بَيْتُكم؟

٢ – هَلْ هَذه سَيَّارَتُهُمْ؟

٣ – هَلْ هَذَا قَلَمُك؟

٤ – هَلْ هَذَا بَاب؟ (فَصْل)

٥ – هَلْ هَذه مَحْفَظَتُك؟

٦ – هَلْ هَذَه دَبَّاسَتُكُمَا؟

٧ – هَلْ هَذِه نُقُودُكن؟

تدْريب (٦) ١٣

على الشّاطئ

كلمات مفيدة: أسرة – على الشاطئ

اقْرأ النّص ثم أجب عَنْ هَذه الأسْئلة: Read the text and answer the questions:

اقْرأ:

أَنَا اسْمي نَديم. هَذه صُورَة أُسْرَتي. أَنَا مَنْ لُبْنَان، أَنَا لُبْنَانيّ. أُمِّي اسْمُهَا سَلْوَى، هِيَ لَيْستْ لُبْنَانيَّة، هِيَ سُوريَّة. نَحْنُ الْآن في بَيْرُوت. نَحْنُ عَلَى الشَّاطئ.
هَذِه صَديقَتُنَا عَاليَة. هِيَ لَيْسَتْ لُبْنَانيَّة، هِيَ سُورِيَّة أَيْضاً وهَذِه أُسْرَتُهَا.

١ – هَذه صُورَة مَنْ؟ هَذه .... هَذه ....

٢ – منْ أيْن هُوَ؟ هُوَ مِن .... هُوَ ....

٣ – هَلْ أُمُّهُ لُبْنَانيَّة؟ ٤ – منْ أيْن هِيَ؟ ٥ – ما اسْم صَدِيقَتِهِمْ؟

٦ – هَلْ صَديقَتُهُمْ لُبْنَانِيَّة؟ ٧ – أَيْن هُمْ فِي الصُّورَة؟

تدْريب (٧)

ادخل إلى الموقع واتّبع التّعْليمات. Go to the website and follow the instructions.

تدْريب (٨)

مَاجِد عَلَى الشَّاطِئ

١ – امْلأ الْفراغ بكلمة مَنَاسبة: Fill in the blanks with suitable words:

أَنَا اسْمِي .... هَذِه .... أُسْرَتِي. أَنَا مِنْ مِصْر. أَنَا .... أُمِّي اسْمُهَا .... هِيَ لَيْسَتْ مِصْرِيَّة هِيَ .... نَحْنُ الْآن عَلَى .... الإِسْكَنْدَرِيَّة.
هَذِهِ صُورَة صَدِيقِي .... هُوَ لَيْسَ .... هُوَ ....

الْمحادثة:

تدْريب (١)

٢ - اكْتب أسْئلة عَنْ الْمعلومات الّتي كُتُبْتها في تدْريب (٨) واسْأل زَمِيلك عَنْ هَذهِ الْأسْئلة:

سُؤال عَنْ الاسْم: ما اسْمُك؟

سُؤال عَنْ الصّورة: ....؟

سُؤال عَنْ الْمكان: ....؟

سُؤال عَنْ جنْسيّة الْأمّ: ....؟

سُؤال عَنْ الصّديق: ....؟

سُؤال عَنْ جنْسيّته: ....؟

تدْريب (٢) ١٤

انْظر مرّة أخْرى إلى الصّورة في تدْريب (٦) واسْمع الْحوار بيْن نديم وعالية:

Look at the picture in drill 6 and listen to the dialog between Nadim and Alia. Study the new vocabulary:

كلمات مفيدة: شَمْسِيَّة - طَعَام - لُعْبَة - مَضْرَب - دَلْو

١ - اسْمَع ثمّ أجب:

أ - هَذه شَمْسيَّة مَنْ؟

ب - هَلْ هَذهِ لُعْبَة عَاليَة؟

٢ - اسْتخْدم الْأسْماء والأشياء التي في الصّورة لتكوّن حواراً مماثلاً:

Use the names and items in the picture to make a similar dialog with your partner:

نص حوار تدْريب (٢) للْمحادثة:

نَديم : يَا عَاليَة! هَلْ هَذه شَمْسيَّتُكم؟

عَاليَة : نَعَم، هَذه شَمْسيَّتُنَا.

نَديم : وهَلْ هَذه لُعْبَتُك؟

عَاليَة : لا، هَذِهِ لَيْسَتْ لُعْبَتي. هَذِهِ لُعْبَة فَاطِمَة. هَذِهِ لُعْبَتُهَا.

تذكّر

١) للتّعْبير عَنْ الْمِلْكية بالإضافة:

هَذَا كِتَابُ مَاجِد　　　　هَذِه كُرَّاسَةُ نَادِيَة

= هَذَا كِتَابُه　　　　= هَذِهِ كُرّاسَتُهَا

٢) للسّؤال عَنْ ملْكية الْأشْياء:

أ – للْأشْياء الْمذكّرة: **هَذَا فَصْل مَنْ؟**

الْإِجَابَة:

	أَنَا	نَحْنُ	هُوَ	هيَ	هُمَا	هُمْ	هُن
هَذَا	فَصْلِي	فَصْلُنا	فَصْله	فَصْلها	فَصْلُهُمَا	فَصْلُهُمْ	فَصْلُهُن

ب – للْأشْياء الْمؤنّثة: **هَذِهِ مدْرسة مَنْ؟**

الْإِجَابَة

	أَنَا	نَحْنُ	هُوَ	هيَ	هُمَا	هُمْ	هُن
هَذِه	مَدْرَستي	مَدْرَستُنَا	مَدْرَستُهُ	مَدْرَستُهَا	مَدْرَستُهُما	مَدْرَستُهُمْ	مَدْرَستُهُن

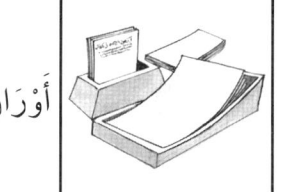

هَذِهِ وَرَقَة　　　　هَذِهِ أَوْرَاق

٣) "هَذِهِ أَوْرَاق" = "هَذِهِ" تسْتخدم لكلمات الجمْع للْأشياء وهِيَ مؤنّثة.

٤) للسّؤال عَنْ الْأشْياء ونفْيها:

السّؤال	**الْإجَابَة**
هَلْ هَذَا كِتَاب؟	لا ، هَذَا لَيْسَ كِتَاباً. هَذَا قَلَمٌ.
هَلْ هَذه حَقيبَة؟	لا ، هَذه لَيْسَتْ حَقيبَةً. هَذه طَاوِلَة.
هل هَذَا كِتَاب أحمد؟	لا ، هَذَا لَيْسَ كِتَاب أحمد.
هل هذه سيارة ليلى؟	لا ، هَذِه لَيْسَتْ سَيَارة ليلى.

هَذَا لَيْسَ + اسْم نكرة (ً) تنْوين (✓)

هَذِهِ لَيْسَتْ + اسْم معْرفة (ً) تنْوين (×)

٥) للسّؤال عَنْ ملْكيّة الْأشْياء ونفْيها:

أ) ضمير الْمخاطب

السّؤال	الضّمير	للْمذكّر	للمؤنّث	الْإجابَة			
هَلْ هَذَا هَلْ هَذِه	أنْتَ	كتَابُك؟	حَقيبَتُكَ؟	لا هَذَا لَيْس	كِتَابي	لا هَذه لَيْسَتْ	حَقِيبَتِي
	أنتِ	كتَابُكِ؟	حقيبَتُكِ؟				
	أنتما	كِتَابكما	حَقيبَتُكما؟		كِتَابنا		حَقِيبَتُنا
	أنتما						
	أنتم	كتَابُكم	حَقيبَتُكم؟				
	أنتن	كتَابكن	حَقيبَتُكن؟				

ب) ضمير الْغائب

السّؤال	الضّمير	للْمذكّر	للمؤنّث	الْإجابَة			
هَلْ هَذَا هَلْ هَذِه	هُوَ	كتَابُه؟	حَقيبَتُه؟	لا هَذَا لَيْسَ	كتَابَه	لا هَذه لَيْست	حَقيبَتَه
	هيَ	كتَابُكِ؟	حقيبَتُكِ؟		كتَابَها		حَقيبَتَها
	هُمَا	كِتَابهُمَا	حَقيبَتُهُمَا؟		كِتَابَهُمَا		حَقِيبَتَهُمَا
	هُمَا						
	هُمْ	كتَابُهُمْ	حَقيبَتُهُمْ؟		كتَابَهُمْ		حَقيبَتَهُمْ
	هُن	كتَابهن	حَقيبَتُهُن؟		كتَابَهُن		حَقيبَتَهُن

مراجعة عامّة من الْوحدة الأولى إلى الْوحدة الْخامسة

تدْريب (١)

اكْمل النّاقص واكْتب الاسْم صحيحاً: Fill in the blanks and write the correct name:

١ – هي اسْمها ف ا ط م ة (فاطمة)
٢ – نحْن .... ز ي ن ب / ن ب ي ل ة / س ل و ي ( ) ( ) ( )
٣ – أنا .... ع ا د ل ( )
٤ – هما .... م ا ج د / ط ا هـ ر ( ) ( )
٥ – هم .... و ا ئـ ل / س ي ف / ف ؤ ا د ( ) ( ) ( )
٦ – هو .... م ص ط ف ى ( )

تدْريب (٢)

صل الجمْلة (أ) مع (ب): Connect the columns to form a dialog:

(أ)	(ب)
١ – اسْمي نادية	أنا من الْمغْرب ، أنا مغربيّ.
٢ – مع السّلامة	نعم، شكْراً.
٣ – هل هذا كتابك؟	أهلاً وسهلاً، مرْحباً بكِ.
٤ – ما رقم تليفونك؟	اللّه يسلّمك.
٥ – ما جنْسيّتك؟	٢٤٩٦٧٣٨١

تدْريب (٣)

اخْتر الضّمير الصّحيح: Choose the correct pronoun:

هم – أنا – هي – هن – هما

مثال: هي اسْمها حنان

١ – اسْمها حنان.
٢ – اسْمهن ماجدة ودوْلت وعالية.
٣ – اسْمي محْمود.
٤– اسْمهم سميح ورأْفت وخالد.
٥ – اسْمهما طارق وعلي.

تَدْريب (٤)

Write the appropriate questions:

اكْتب السّؤال الْمناسب:

١ – نعم ، هذا كتاب أحْمد .

٢ – اسْمه رؤوف .

٣ – لا ، هذه ليْستْ حقيبة منى .

٤ – هذا فصْلنا .

٥ – لا ، أنا لسْت سودانيّاً أنا سعوديّ .

تَدْريب (٥)

اخْتر الكلمة الْمناسبة لتكْمل الْمحادثة:

Complete the conversation using the words in the box:

| مَحْفظتي – لسْت – آسفة – لبْنانيّة – أنْتِ – مَحْفظتك – أنا – اسْمي – لسْت – أنْتَ |

نوال: من فضْلك!! هل . . . . السّيد محْسن علي .

مخْتار: لا ، أنا . . . . محْسن علي . أنا مخْتار فهْمي .

نوال: . . . . جداً .

نوال: من فضْلك يا سيّد مخْتار ، هل هذه . . . . ؟

مخْتار: نعم ، هذه . . . . شكْراً . ما اسْمكِ؟

نوال: . . . . نوال .

مختار: هل . . . . سوريّة يا نوال؟

نوال: لا . أنا . . . . سوريّة ، أنا من لبْنان . أنا . . . .

تدْريب (٦)

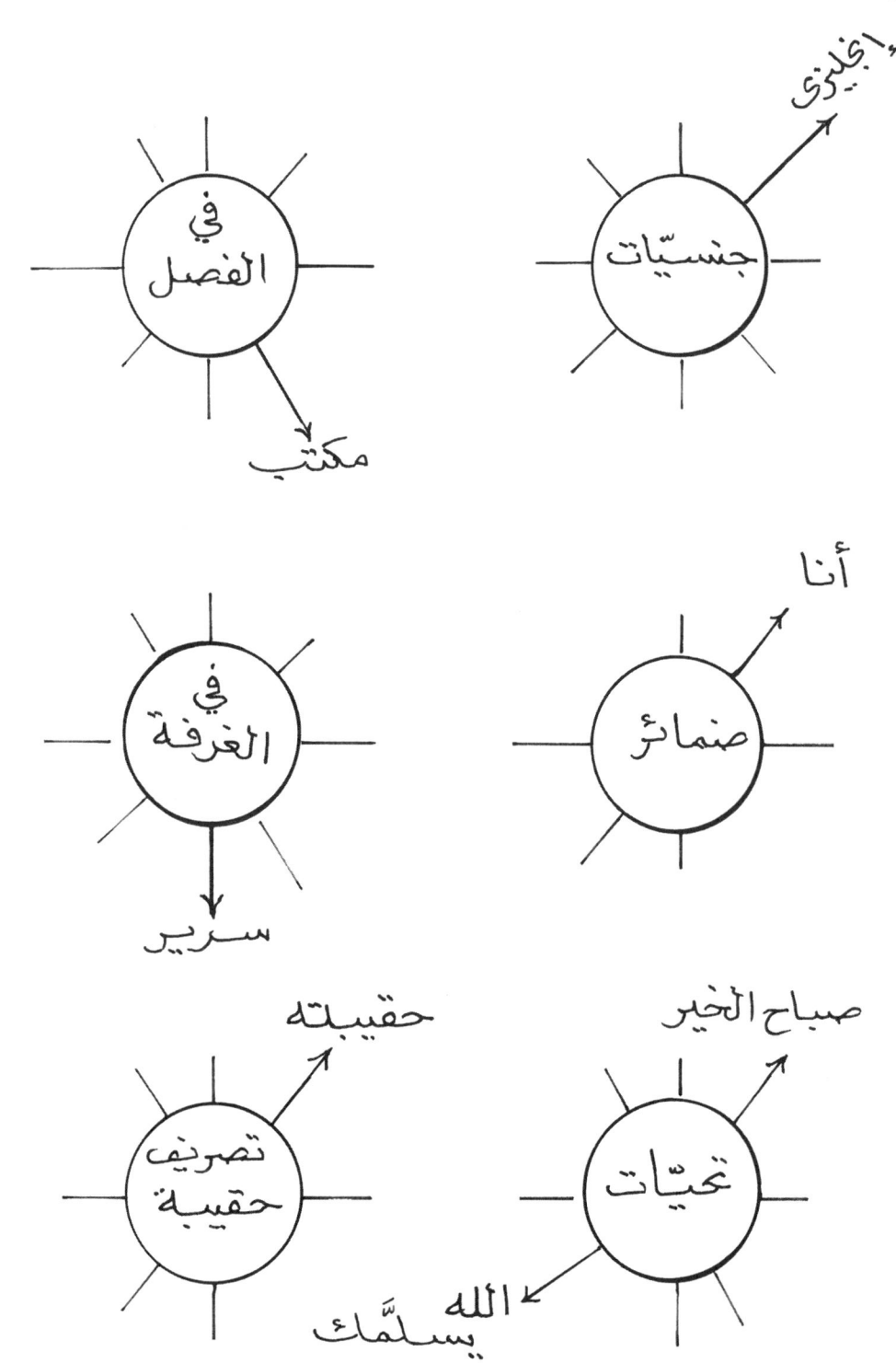

اكْتب الكلمات النّاقصة:

جنسيّات
في الفصل
مكتب
ضمائر
أنا
في الغرفة
سرير
تحيّات
صباح الخير
الله يسلّمك
تصريف حقيبة
حقيبته

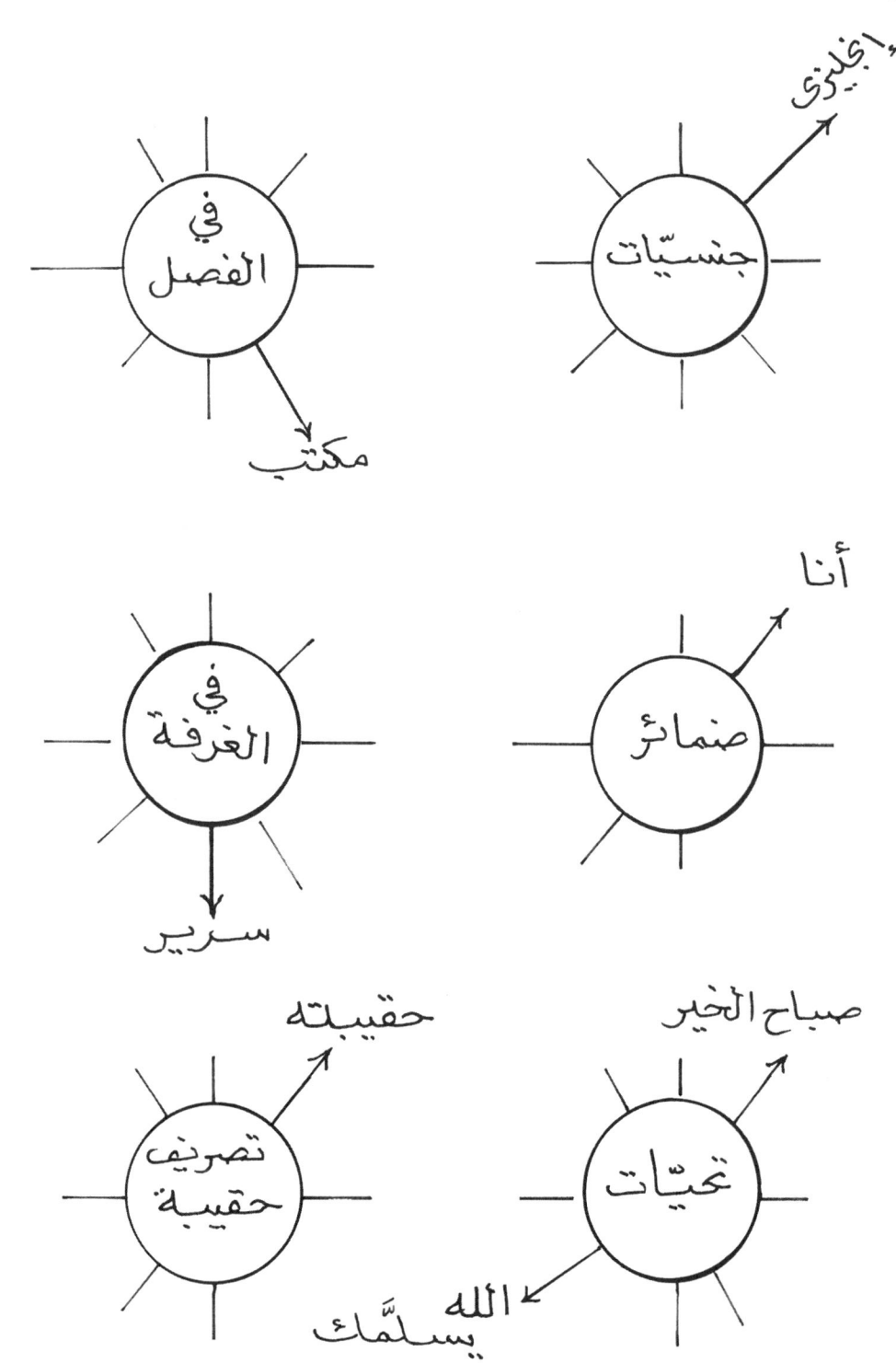

تدْريب (٧)

اقْرأ السّؤال ثم اكْتب الْإجابة:

Read the questions then write short answers:

أ : هل هذه نظّارة؟

ب : ....

أ : هل هو من الصّين؟

ب : ....

أ : هل اسْمه مصْطفى؟

ب : ....

أ : هل هو يابانيّ؟

ب : ....

أ : هل هذا قلم؟

ب : ....

أ : هل هذه نافذة؟

ب : ....

تدْريب (٨)

رتّب السّؤال ثمّ أجب عنْه:

Arrange the questions and answer them:

١) س: اسْمهما / سعيد / هل / و / طارق؟

ج: ....

٢) س: حقيبتك / الْقلم / في / هل؟

ج: ....

٣) س: شيكسبير / إنْجليزي / هل؟

ج: ....

٤) س: أنْتم / اسْمكم / هل / سمير وخالد وعادل؟

ج: ....

تدْريب (٩)

اكتب سؤالاً كالمثال:

Write a question like the example:

هل هذا كتاب أحْمد؟
لا ، هذا ليس كتابه.

هل هذا كتاب سعاد؟
نعم ، هذا كتابها.

١ – هل هذه حقيبة محْمود؟

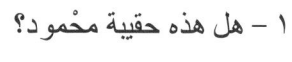

٢ – ....

٣ – ....

٤ – ....

٥ – ....

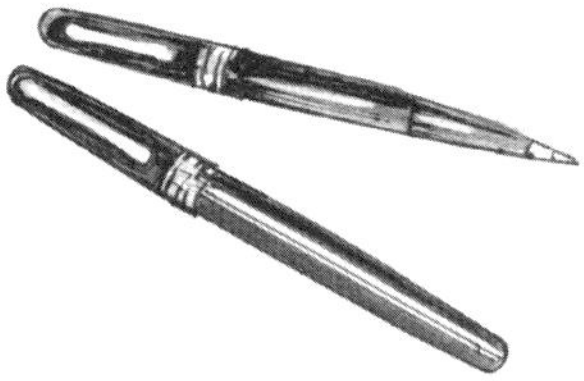

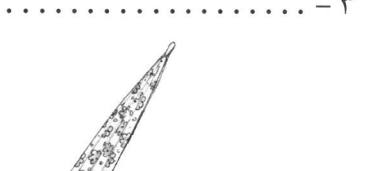

٦ – ....

٧ – ....

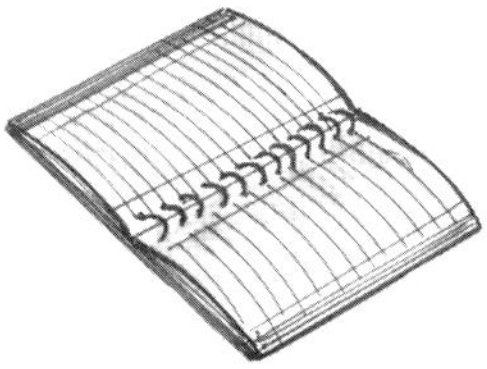

٨ – ....

تدْريب (١٠)

١) صل الرّقم بالكلمة: Connect the digits with the corresponding numbers:

١ – ٢٨	خمْسة وأرْبعون
٢– ٣٠	ستّة وسبْعون
٣ – ٤٥	ثمانية وعشْرون
٤ – ٩	ثمانية وتسْعون
٥ – ٧٦	ثلاثون
٦ – ٩٨	تسْعة
٧ – ٦٣	ثلاثة وستّون

٢) اكْتب رقم التّليفون الْمحْمول كالْمثال: Write the mobile phone number:

١ – صفْر – ثلاثة – واحد – تسْعة – ثمانية – سبْعة – خمْسة – ٠١٢

١ – ٠١٢٥٧٨٩١٣٠

٢ – سبْعة – ثلاثة – أرْبعة – صفْر – خمْسة – اثْنان – واحد – ٠١٢

٢ –

٣ – تسْعة – صفْر – واحد – أرْبعة – ثلاثة – سبْعة – ستّة – ٠١٢

٣ –

٤ – اثْنان – سبْعة – صفْر – ستّة – خمْسة – ثلاثة – تسْعة – ٠١٦

٤ –

٥ – ستّة – تسْعة – صفْر – صفْر – ثلاثة – أرْبعة – واحد – ٠١٢

٥ –

٦ – تسْعة – واحد – صفْر – ثمانية – ثلاثة – أرْبعة – واحد – ٠١٨

٦ –

٧ – ثمانية – ثلاثة – أرْبعة – ثلاثة – اثْنان – خمْسة – تسْعة – ٠١٨

٧ –

تدْريب (١١)

طالب (أ) × طالب (ب) O

- اخْتر صورة واكْتب الاسْم ثمّ انْطقْه.
- اكْتب × إذا كان خطأ، O إذا كان صحيحاً.
- الْفائز يحْصل على ثلاثة كلمات صحيحة متجاورة.

(✓)

		×
	×	
×		

(✓)

		O
	O	
O		

(×)

		×
	O	
×		

طالب (أ)

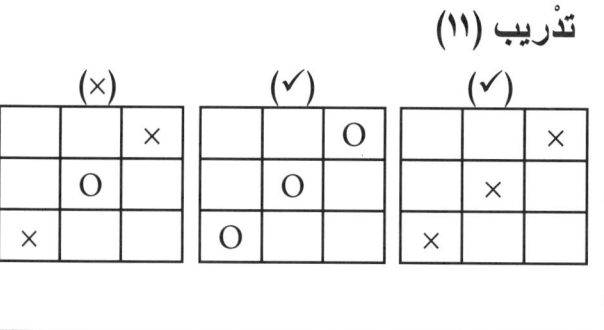

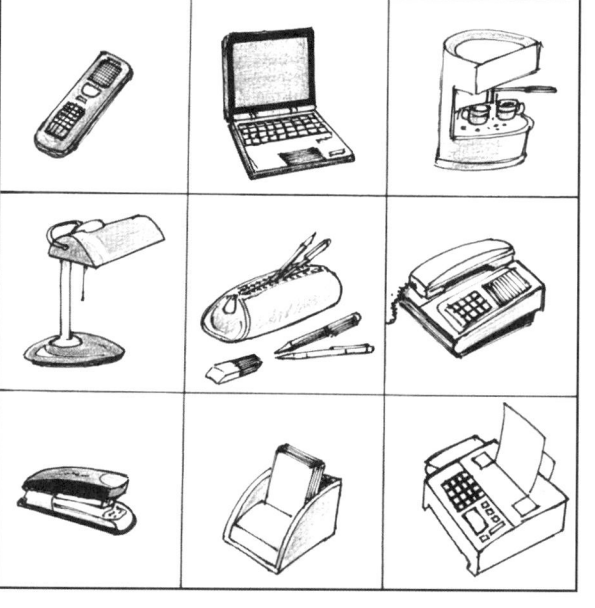

طالب (ب)

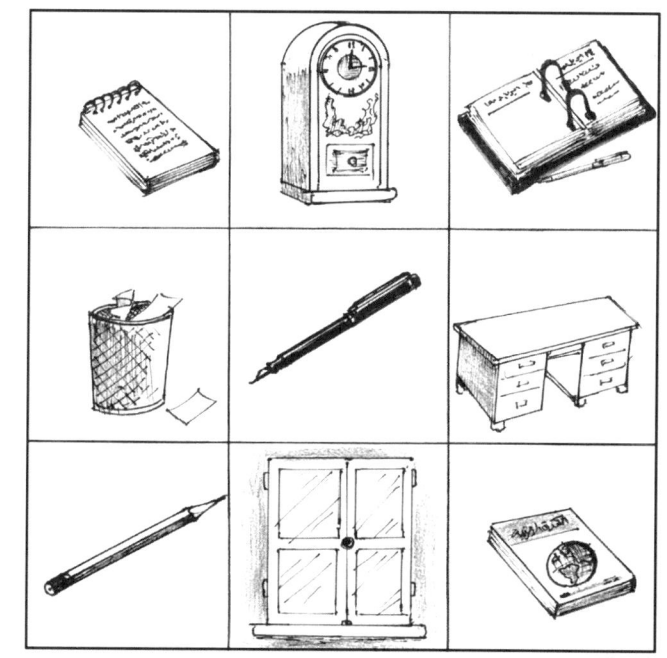

تدْريب (١٢)

أكْمل الْحوار:

Complete the conversation:

أ-   .... أنْت من كوريا؟

ب- لا، .... من كوريا.

..... من الصّين.

أنا ....

أ-   هل .... محْفظتك؟

ب- نعم، .... شكْراً.

أ-   وهل هذه ....؟

ب- لا، هذه ....

أ-   .... الكوكاكولا من فضْلك؟

ب- الكوكاكولا .... الثّلّاجة.

أ-   شكْراً ....

ب- ....

أ-   من ....؟

ب- .... أحْمد ومنى.

أ-   ومن ....؟

ب- .... ماجدة.

تدْريب (١٣)

اقْرأ السّؤال – ثمّ اخْتر إجابة مناسبة من أسْفل:

Read the question, then choose the answers from below:

هل هذا كتاب عربيّ؟
هل هذه مفاتيح علي؟

١ – لا ، هذا كتاب فرنْسيّ.

٢ – نعم ، هذه مفاتيح علي.

٣ – لا ، هذا ليْس كتاباً عربيّاً. هذا قاموس.

٤ – الْحقائب على الْحائط.

٥– لا ، أنا لسْت منى. أنا اسْمي آمال.

٦ – لا ، هذه ليْستْ نظّارتي ، هذه نظّارة أحْمد.

تَدْريب (١٤)

Go to the website and follow the instructions.

ادخل إلى الموقع واتَّبع التَّعليمات.

الوحدة السادسة

أَرْقَامٌ وَتَوَارِيخُ وَتِلِيفُونَات ١

هَدَفُ الْوِحْدَةِ:

تقديم ١: ما الرَّقم؟

١ – دراسة الأَرْقام من ١ – ٢٠ مع الْقيام بالْعمليّات الْحسابيّة مثْل:
الضّرْب – الْجمْع – الطّرْح – الْقسْمة

٢ – السّؤال عن رَقْم التِّليفُون

٣ – السّؤال عن عنْوان الْبيْت والدُّور ورَقْم الشّقّة

٤ – Cardinal numbers

تقديم ٢: ما الْيوْم؟

١ – الكلام عن التّواريخ والْمواعيد

٢ – السّؤال عن الْوقْت والزّمن

٣ – اسْتخْدام أيّام الأسْبوع للسّؤال عن الْبرْنامج الْيوْميّ

٤ – الأرْقام من ٢٠ – ١٠٠ (ألفاظ الْعقود)

تقديم (١)

ما الرّقْم؟

١) اقْرأْ هذه الْبطاقة وادْرسْ الكلمات الجديدة:

سيف عبد الله
طبيب - جراح
١٢ شارع عبد الرحمن الرافعى - الدور الثالث - شقة «٣»
الجيزة - القاهرة
Tel : 79854126
Mob : 0186935214
تليفون عياده : ٧٩٨٥٤١٢٦
محمول : ٠١٨٦٩٣٥٢١٤

ما هو رَقْم تِليفُون الطَّبِيب؟ .... كرِّرْه.

٢

٢) اقْرأ الأرْقام:

٠	١	٢	٣	٤	٥	٦
صفْر	وَاحد	اثْنَان	ثَلاثَة	أَرْبَعَة	خَمْسَة	ستَّة
٧	٨	٩	١٠	١١	١٢	١٣
سَبْعَة	ثَمَانيَة	تسْعَة	عَشَرَة	أَحَدَ عَشَر	اثْنَا عَشَر	ثَلاثَة عَشَر
١٤	١٥	١٦	١٧	١٨	١٩	٢٠
أَرْبَعَة عَشَر	خَمْسَة عَشَر	ستَّة عَشَر	سَبْعَة عَشَر	ثَمَانيَة عَشَر	تسْعَة عَشَر	عشْرُون

٣) الْأوّل - الثَّاني - الثَّالِث - الرَّابِع - الْخَامِس - الْعَاشِر - الْحَادِي عَشَر - الثَّانِي عَشَر. ٣

٤) أ - اسْمعْ الْحوار وأجبْ: ما هو رَقْم تِليفُون الطَّبِيب، ما هو رقم التِّليفُون الْمَحْمُول؟

ب – اقْرأْ الْحوار وأجبْ: ٤

مَريض : آلو! . . . عِيَادَة الدُّكْتُور سَيْف عَبْد اللَّه؟

مُمَرِّضَة : نعم.

مَريض : ما رَقْم تِلِيفُونه الْمَحْمُول لَوْ سَمَحْتِ؟

مُمَرِّضَة : رَقْم تِلِيفُونِه الْمَحْمُول ٠١٨٦٩٣٥٢١٤

١ – كرّر رَقْم الطَّبِيب الْمَحْمُول مرّة أخْرى واكْتبْه . . . .

٢ – ما رَقْم الشَّارِع؟ كرّر الرّقْم واكْتبْه . . . .

٣ – ما رَقْم الدُّور؟ . . . . ما رَقْم الشُّقَّة؟ . . . .

لاحظْ الْقواعد:

١) للسّؤال عن رَقْم التِّلِيفُون:

ما رَقْم تِلِيفُونك؟

	أنْتَ	أنْتِ
ما رَقْم . . .؟	تِلِيفُونَك	تِلِيفُونِك

	هو	هي
ما رَقْم . . .؟	تِلِيفُونِه	تِلِيفُونِهَا

٢) الْأوّل: (١)، الثَّانِي: (٢)، الثَّالِث: (٣)، الرَّابِع: (٤)، الْخَامِس: (٥)، السّادِس: (٦)، السّابِع: (٧) . . . الخ

٣) للسّؤال عن رَقْم الشَّارِع أو الْمَنْزِل / الْبيْت:

ما رَقْم الشَّارِع؟ ما رَقْم الْمَنْزِل؟

للسّؤال عن الدُّور: أيّ دَوْر؟

للسّؤال عن رَقْم الشُّقَّة: ما رَقْم الشُّقَّة؟

التّدْريبات

تدْريب (١)

اسْتمعْ للْمعْلومات ثمّ اكْتب الأرْقام:

Listen and write the numbers:

٥ (أ)

عبد الرحيم عبد الله
محامى

تليفون ـــــ ـــــ شارع مصطفى كامل
محمول ـــــ الدور ـــــ شقه ـــــ

٦ (ب)

سعاد المكتوم
صحفية

تليفون : ـــــ ـــــ شارع الرياض
محمول : ـــــ الدور ـــــ شقة ـــــ

٧ (ج)

فايز عباس
حلاق

تليفون ـــــ ـــــ شارع الجزائر
محمول ـــــ

٨ (د)

طلال فاسى
طبيب

تليفون ـــــ ـــــ شارع مكة
محمول ـــــ الدور ـــــ شقة ـــــ

٩ (هـ)

مازن نديم
صيدلى

تليفون ـــــ ـــــ شارع دمشق
محمول ـــــ

١٠ (و)

حازم أمين
مدرس

تليفون ـــــ ـــــ شارع عدن
محمول ـــــ الدور ـــــ شقه ـــــ

١١ (ز)

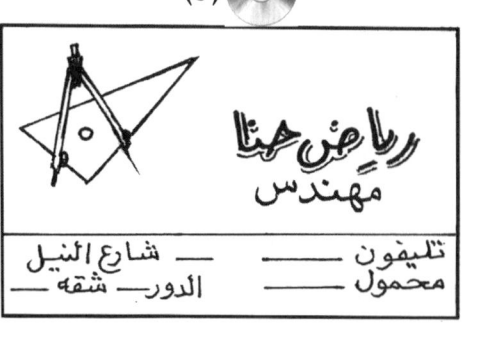

رياض حنا
مهندس

تليفون ـــــ ـــــ شارع النيل
محمول ـــــ الدور ـــــ شقه ـــــ

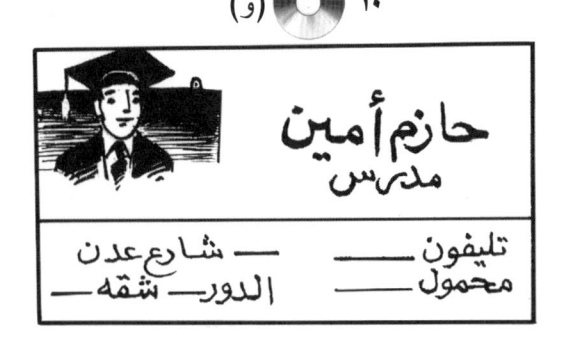

تدْريب (٢)

أ – اسْألْ عن رَقْم التِّلِيفُون والْمَنْزِل: Ask about phone and building numbers:

مثال:

طالب (أ): ما رَقْم تلِيفُون زِيدَان عَبَّاس؟ ما رَقْم منْزِله؟

طَالِب (ب): رَقْم تلِيفُونه ٠٢٧٤١٣٩١٨ رَقْم منْزِله: ١٥ ش لِيبْيا

ب – اكْتب الْمعْلومات النّاقصة:

طالب (أ)

١) زِيدَان عَبَّاس ت: .... شَارِع لِيبْيَا	٦) مَديحَة أبُو ستَيْت ت: ٠١٢٣١٩٨٤٩٢ ١٨ شَارِع الصُّومَال
٢) هَاشِم فُؤَاد ت: ٠١٢٣٣٣٩٣٠٦ ١٨ شَارِع نَجِيب مَحْفُوظ	٧) زِيَاد شَاهِين ت: .... شَارِع الْيَمَن
٣) صَفِيَّة عُمْرَان ت: .... شَارِع الْمَغْرِب، الدَّوْر	٨) نَهْلَة الْخَرَّاط ت: ٠١٨٧٥١٠٢٤٣ ٦ شَارِع الأُرْدُنّ
٤) يُوسُف لَبِيب ت: ٠١٦٩١٢٤٣٥٦ ١١ شَارِع تُونُس، الدَّوْر الأوَّل، شَقَّة ١٢	٩) ألْبِير غَسَّان ت: .... شَارِع فِلِسْطِين
٥) سَيِّد عَبْد الْبَاقِي ت: .... شَارِع السُّودَان، الدَّوْر .... ، الشُّقَّة	١) هَيَام تَمَّام ت: ٠١٢٢٤٢٥٤٣٩ ٨ شَارِع سَيْنَاء

طالب (ب)

١) أُسْتَاذ / زِيدَان عَبَّاس ت: ٠١٢٧٤١٣٩١٨ ١٥ شَارِع لِيبْيَا	٦) الْآنِسَة مَدِيحَة أَبُو سِتَيْت ت: .... شَارِع الصُّومَال
٢) السَّيِّد / هَاشِم فُؤَاد ت: .... شَارِع نَجِيب مَحْفُوظ	٧) زِيَاد شَاهِين ت: ٠١٦٣٥٤٦٨٩٠ ١٠ شَارِع الْيَمَن
٣) الْحَاجَّة / صَفِيَّة عُمْرَان ت: ٠١٨٩٨٦٤٤٣١٢ ٩ شَارِع الْمَغْرِب، الدَّوْر الْخَامِس	٨) السيِّدة / نَهْلَة الْخَرَّاط ت: .... شَارِع الْأُرْدُنّ
٤) الْأُسْتَاذ / يُوسُف لَبِيب ت: .... شَارِع تُونُس، الدَّوْر .... ، شَقَّة	٩) أَلْبِير غَسَّان ت: ٠١٦١٧٤٥٥٣٦ ٣ شَارِع فِلِسْطِين
٥) الْحَاجّ / سَيِّد عَبْد الْبَاقِي ت: ٠١٨٦٥٤٣٤٨٧ ١٢ شَارِع السُّودَان، الدَّوْر الثَّالِث، شُقَّة ١٤	١) هَيَام تَمَّام ت: .... شَارِع سَيْنَاء

تدْريب (٣)

كلمات مفيدة: + − ÷ × =
زائد ناقص على في يساوي

اكْتبْ الرّقم وانْطقْ كالْمثال:

Write the result and read it loud:

مثال:

١) ٤ + ٤ = أَرْبَعَة زَائِد أَرْبَعَة يُسَاوِي ثَمَانِيَة

٢) ٢٠ − ٥ =

٣) ٢٠ ÷ ٢ =

٤) ٦ ÷ ٢ =

٥) ٥ + ٦ =

٦) ١٤ + ٤ =

٧) ٣ × ٤ =

٨) ١٥ − ٢ =

٩) ٥ + ٢ =

١٠) ١٢ − ١ =

١١) ٩ × ٢ =

تدْريب (٤)

١) اسْمعْ واكْتبْ رَقْم الْحوار: ١٢

Listen and write the correct number of the dialog:

( ) ( )

كلمات مفيدة: مرحباً – عِيَادَة – يا افندم – مستشفى

٢) اسْمع مرّة أخْرى ثمّ أجبْ:

Listen again and answer:

[أ] حوار (١):

١) ما رَقْم تلِيفُون الطَّبيب الْمَحْمُول؟

٢) ما عُنْوَانُهُ؟

[ب] حوار (٢) ١٣

١ – ما رَقْم تلِيفُون المستشفى؟

٢ – ما رَقْم الْفَاكْس؟

٣) اكْتب أنْواع التّحيّات الّتي سمعْتها:

التّحيّة	الرّدّ
١ – مَرْحَباً.	------------------------
٢ – ------------------------	------------------------
٣ – ------------------------	------------------------

٤) أكْملْ هذا الْحوار مثْل الْحوارات السّابقة مع شركة التِّليفُون:

حوار (١)

عَمِيل : أَلُو ....

عَامِلَة : وَعَلَيْكُم ....؟

عَمِيل : لَوْ .... مَا .... مُسْتَشْفَى الشِّفَا؟

عَامِلَة : رَقْم .... هُوَ ....

عَمِيل : وما ....؟ ومَا هُوَ ....؟

عَامِلَة : .... شَارِع مُرَاد.

عَمِيل : شُكْراً.

عَامِلَة : ....

٥) كرّر الْحوار مع زميلك.

تدْريب (٥)

ادخل إلى الموقع واتّبع التّعْليمات.

Go to the website and follow the instructions:

تدْريب (٦) ١٤

كلمات مفيدة: الوردة البيضاء – الآن – عزيزي

اقْرأ هذه الرّسالة من هشام لصديقه غسّان

Read Hisham's note to his friend Ghassan:

أجبْ:

ما اسْم الْفُنْدُق؟

عَزيزي غَسَّان،

أنَا فِي فُنْدُق الْوَرْدَة الْبَيْضَاء الْآن. أنَا فِي حُجْرَة رَقْم ١٢.

رَقْم تِليفُون الْفُنْدُق: ٣٥٤١٣٧٢٨ أو ٣٥٤١٣٧٢٩

ورَقْم تِليفُونِي الْمَحْمُول: ٠١٨٨٩٥٣٤٢١

عُنْوَان الْفُنْدُق: ٢٥ شَارِع مَكَّة، وَحُجْرَتِي فِي الدَّوْر الثَّانِي.

صَديقُك

هِشَام

اقْرأ مرّة ثانية وأجبْ:

١) ما رَقْم الْحُجْرَة؟ والدَّوْر؟ رَقْم الْحُجْرَة .... الدَّوْر ....

٢) ما رَقْم تِليفُون الْفُنْدُق؟ رَقْم ....

٣) ما رَقْم تِليفُونِه الْمَحْمُول؟ ....

تدْريب (٧)

كلمات مفيدة: المعهد الدولي للغات – بطاقة = كارت

اكْتبْ رسالة قصيرة إلى صديقك / صديقتك مثْل الرّسالة الّتي درسْتها، اسْتعْمل بطاقة الْمعْهد الدّولي لملءْ الْمعْلومات.

Write a short note to your friend using the information in the card.

International Language Institute
International House, Cairo
Arabic Studies

4 Mahmoud Azmy Street Madinet El Sahafeyeen
PO Box : 13 Embaba Cairo 12411, Egypt
Tel: (+202) 3346 3087 , 3302 8358 Fax: (+202) 3303 5624
Email: ili@arabicegypt.com http://www.arabicegypt.com

عَزيزِي / عَزيزَتي ....

أنَا .... فِي الْمَعْهَد الدَّوَلِي للُّغَات ورَقْم تِلِيفُون الْمَعْهَد ....

أَوْ .... رَقْم الْفَاكْس ....

الْعُنْوَان .... شَارِع ....

رَقْم تِلِيفُونِي الْمَحْمُول ....

صَدِيقُك / صَدِيقَتُك

....

تدْريب (٨)

١ – كوّن أسْئلة من الْمعْلومات السّابقة في الْبطاقة في تدْريب (٧).

Form questions about the information in the card in drill 7.

مثال:

١ – اسْأَلْ عَن رَقْم تِلِيفُون الْمَعْهَد: ما رَقْم تِلِيفُون الْمعْهد؟

٢ – اسْأَلْ عَن الْفَاكْس:

٣ – اسْأَلْ عَن الْعُنْوان:

٤ – اسْأَلْ عَن الْمَحْمُول:

٢ – طالب (أ): اسْتخْدم الْأسْئلة السّابقة في حوار مع زميلك.

Student (A): Ask your partner the questions you wrote.

Student (B): Use the information in the card to answer.

طالب (ب) : أجبْ من الْمعْلومات التي في الْبطاقة.

الْمحادثة:

تدْريب (١)

كلمات مفيدة: تاريخ الميلاد – بطاقة ائتمان – استمارة – تسجيل – تخرج

اقْرأ هذه الْاسْتمارة ثمّ أجبْ:

١) ما اسْم الطّالِبَة؟

٢) ما اسْم جَامِعَتِهَا؟

٣) ضعْ علامة ✓: (الْاسْتمارة بها)

- الْعُنْوَان
- رَقْم الْمَحْمُول
- تَارِيخ الْمِيلاد

International Language Institute
El Sahafeyeen, Cairo

FAMILY NAME : James wood جيمس وود اسم العائلة:		
FIRST NAME : Diana ديانا الاسم الأول		
NATIONALITY : الجنسية أمريكية	PASSPORT NR: رقم الباسبور (جواز السفر) ٥٢٤٤٢١٦٧٠	
OCCUPATION : الوظيفة طالبة	HOME TEL : تليفون المنزل ٢٠١-٤٦٢٧٧٢١٢	
HOME ADDRESS: ١٢٠٠ شارع بالتيمور - مريلاند - أمريكا عنوان المنزل		
E-MAIL: Di@yahoo.com عنوان البريد الالكتروني		
COUNTRY : البلد أمريكا - مريلاند	POST CODE : الرقم البريدي ١٧٨٤٩٥	SEX : M/ F ✓ الجنس
CAIRO ADDRESS : العنوان في القاهرة ٢٢ شارع سوريا - المهندسين - القاهرة		
CAIRO TEL : التليفون في القاهرة منزل: ٣٣٤٥٨١٩٢٢ محمول: ٠١٢٢٢٢٩٤٠٦		
If you are studying at a University, please give the name and address as well as the name of your Professor or Head of Department		
UNIVERSITY : الجامعة جورج واشنطن - أمريكا		
ADDRESS : العنوان ٥٥ شارع هلبورن		
PROFESSOR / HEAD اسم الأستاذ عبدالله السويفي		

٤) اكْتبْ أسْئلة عن الْأرقام الْموجودة في الْاسْتمارة:

١ –　　　　٢ –　　　　٣ –

٤ –　　　　٥ –　　　　٦ –

٥) مَنْ هي دَيَانَا؟ ضعْ (✓) على الصّورة الصّحيحة.

(١)　　　　(٢)　　　　(٣)　　　　(٤)

٦) طَالِب (أ):　اسْأَلْ زَمِيلَك الْأَسْئِلَة الَّتِي كَتَبْتَها.

طَالِب (ب):　أَجِبْ مِن الْمَعْلُومَات فِي الْاسْتِمَارَة.

٧) اكْتُبْ ثَلاثَة أَسْئِلَة أُخْرَى لِتَعْرِف مَعْلُومَات أُخْرَى عَنْ دَيَانَا.

تدْريب (٢)

١) امْلأْ هذه الاْسْتمارة بمعْلوماتك الشّخصيّة:

Fill in this application with your personal information:

International Language Institute
El Sahafeyeen, Cairo

FAMILY NAME :			اسم العائلة:
FIRST NAME :			الاسم الأول
NATIONALITY : الجنسيَة		PASSPORT NR:	رقم الباسبور (جواز السفر)
OCCUPATION : الوظيفة		HOME TEL :	تليفون المنزل
HOME ADDRESS:			عنوان المنزل
E-MAIL:			عنوان البريد الالكتروني
COUNTRY : البلد	POST CODE : الرقم البريدي		SEX : M/ F الجنس
CAIRO ADDRESS :			العنوان في القاهرة
CAIRO TEL :			التليفون في القاهرة

٢) اسْأَل زَمِيلَك لِتَعْرِف مَعْلُومَات أَكْثَر عَنْهُ، اسْتَخْدِمْ مَعْلُومَات الاْسْتِمَارَة.

مثال:

مَا عُنْوَان مَنْزِلِك؟ مَا رَقْم تِلِيفُون الْمَنْزِل؟ مَا تَارِيخ مِيلَادِك؟ ... الخ

تدْريب (٣)

اعْمل دليلاً للفصْل. Make a class directory.

اسْأل زملائك وأكْمل الجّدْول بالْمعْلومات:

م	اسْم الطالب	رَقْم تليفُونه	عنْوان الْمَنْزِل	تاريخ الْميلاد
١	جُون دِمْيَان	٠١٢٣٤٥٩٨١٧	١٥ شَارِع أَبُو بَكْر الصّدِّيق - امْبَابَة - الدَّوْر الثَّالِث شُقَّة ١٤	٩٢/١٠/١٢
٢				
٣				
٤				
٥				

نصّ الْحوار لتدْريب (١) في تقْديم (١): ٥

بِطَاقَة (أ)

مُتَكَلِّم: لَوْ سَمَحْت مَا رَقْم تِلِيفُون مَكْتَب الْأُسْتَاذ عَبْد الرَّحِيم عَبْد اللَّه؟

مُتَكَلِّمة: رَقْم تِلِيفُون الْمَكْتَب ٤٧٦٢٣٥٤٩ .

مُتَكَلِّم: مَا رَقْم الْمَحْمُول؟

مُتَكَلِّمة: رَقْم الْمَحْمُول: ٠١٨٦٣٤٥٢٠١ .

مُتَكَلِّم: وَمَا الْعُنْوَان؟

مُتَكَلِّمة: عُنْوَانه ١٣ شَارِع مُصْطَفَى كَامِل، الدَّوْر الثَّانِي، شَقَّة ٤ .

بِطَاقَة (ب) ٦

مُتَكَلِّمة: سُعَاد الْمَكْتُوم – صَحَفِيَّة

رَقْم تِلِيفُونهَا ٣٨٦٤٠٢٢١، الْمَحْمُول ٠١٢٥٤٣٢٦٦٩ .

عُنْوَانُها ١٦ شَارِع الرِّيَاض، الدَّوْر الثَّالِث، شَقَّة ١٠ .

بِطَاقَة (ج) ٧

مُتَكَلِّم: لَوْ سَمَحْت مَا رَقْم السَّيِّد فَايِز عَبَّاس الْحَلَّاق؟

مُتَكَلِّمة: رَقْم تِلِيفُون الْمَحَل ٣٨٦٧٠٥٥٢، وَرَقْم تِلِيفُونِه الْمَحْمُول ٠١٦٨٨٧٣٢١٥ .

مُتَكَلِّم: وَمَا عُنْوَانُهُ لَوْ سَمَحْت؟

مُتَكَلِّمة: عُنْوَانه ٢٠ شَارِع الْجَزَائِر.

٨ بطَاقَة (د)

مُتَكلِّم: أَلُو، لَوْ سَمَحْت مَا رَقْم تِلِيفُون الطَّبِيب طَلَّال فَاسِي؟

مُتَكَلِّمة: رَقْم تِلِيفُون الْعِيَادَة ٣٤٥٦٨٤٢١، وَتِلِيفُونِه الْمَحْمُول ٠١٢٣٤٣٠٥٧٩.

مُتَكَلِّم: وَمَا عُنْوَانُهُ لَوْ سَمَحْت؟

مُتَكَلِّمة: عُنْوَانُهُ ١٢ شَارِع مَكَّة، الدَّوْر الرَّابِع شَقَّة ٦.

---

٩ بطَاقَة (هـ)

مُتَكَلِّم: أَلُو، مَا رَقْم صَيْدَلِيَّة د. مَازِن النَّدِيم لَوْ سَمَحْت؟

مُتَكَلِّمَة: رَقْم تِلِيفُون الصَّيْدَلِيَّة ٢٤٥٦٧٨٠٣.

---

١٠ بطَاقَة (و)

مُتَكَلِّم: الْأُسْتَاذ حَازِم أَمِين الْمُدَرِّس
تِلِيفُون الْمَنْزِل ٢٤٣٥٨٨٢٠، ورَقْم تِلِيفُونه الْمَحْمُول ٠١٢٥٤٣٦٢٢٤٩.
عُنْوَانُهُ ٩ شَارِع عَدَن، الدَّوْر الْخَامِس، شَقَّة ١٥.

---

١١ بَطَاقَة (ز)

مُتَكَلِّم: أَلُو، لَوْ سَمَحْت مَا رَقْم الْمُهَنْدِس رِيَاض حَنَّا؟

مُتَكَلِّمة: رَقْم تِلِيفُون مَكْتَبِه ٣٧٤٨٥٢٣١، وتِلِيفُونِه الْمَحْمُول ٠١٨٤٥٣٢٦١٧.

مُتَكَلِّم: وما عُنْوَانُهُ؟

مُتَكَلِّمة: عُنْوَانُهُ ١٨ شَارِع النِّيل، الدَّوْر السَّابِع، شَقَّة رَقْم ٢٠.

١٢ نصّ الْحوار لتدْريب (٤) في تقْديم (١):

حوَار (١)

زُبُونَة: أَلُو، مَرْحَباً

مُمَرِّضَة: مَرْحَباً. أَهْلاً وَسَهْلاً يَا افَنْدِم.

زُبُونَة: هَلْ هَذِهِ عِيَادَة دُكْتُور أَدْهَم النَّدِيم؟

مُمَرِّضَة: نَعَم. هَذَا صَحِيح.

زُبُونَة: مَا الْعُنْوَان. وَرَقْم الشَقَّة، لَوْ سَمَحْت؟

مُمَرِّضَة: ١٥ شَارِع الْبَرَازِيل، الدَّوْر الرَّابِع، شَقَّة ١٩.

زُبُونَة: وَمَا رَقْم تِلِيفُونِهِ الْمَحْمُول؟

مُمَرِّضَة رَقْم تِلِيفُونِهِ ٠١٢٤٥٦٨٩١١.

زُبُونَة: شُكْراً.

مُمَرِّضَة: عَفْواً، أَيّ خِدْمَة!

١٣

حِوَار (٢)

عَمِيل: السَّلامُ عَلَيْكُم.

عَامِلَة: وَعَلَيْكُم السَّلام. أَيّ خِدْمَة؟

عَمِيل: لَوْ سَمَحْتِ، مَا رَقْم تِلِيفُون مستشفى الحياة؟

عَامِلَة: رَقْم تِلِيفُونِها ٢٣٤٨٧٦٥٢.

عَمِيل: وما رَقْم الْفاكْس؟

عَامِلَة: رَقْم الْفَاكْس ٣٢٥٦٤٤٠١.

عَمِيل: شُكْراً جَزِيلاً.

عَامِلَة: عَفْواً، مَع السَّلامَة.

تقْديم (٢) ١٥

مَا الْيَوْم؟

١- اقْرأ نتيجة الشّهْر:

Read the calendar of the month:

شهر ← يوم الأربعاء ٢٠٠٩ سنة

يوم ←

الأحد	الاثنين	الثلاثاء	الأربع	الخميس	الجمعة	السبت
١	٢	٣	٤	٥	٦	٧
← أسبوع →						
٨	٩	١٠	١١	١٢	١٣	١٤
١٥	١٦	١٧	١٨	١٩	٢٠ عشرون	٢١ واحد وعشرون
٢٢ إثنان وعشرون	٢٣	٢٤	٢٥	٢٦	٢٧	٢٨
٢٩	٣٠ ثلاثون	٣١ واحد وثلاثون				

يوم

↑

٢٤

٢– أ) اكْتبْ الأرقام الناقصة:

٤٠ ٤١ - - - - - - - - -

أَرْبَعُون وَاحِد وَأَرْبَعُون

٥٠ - - - - - ٥٦ - - -

خَمْسُون سِتَّة وَخَمْسُون

٦٠ - - - ٦٤ - - - ٦٨ -

سِتُّون ثَمَانِيَة وَسِتُّون

٧٠ - - - - ٧٥ - - - -

سَبْعُون خَمْسَة وسَبْعُون

٨٠ - - - - - - ٨٧ - -

ثَمَانُون سَبْعَة وَثَمَانُون

٩٠ - - - - - - - - - -

تِسْعُون مَائَة

ب) كرّر الْأرْقام بعْد الْمدرّس.

٣] كَمْ السَّاعَة الْآن مِنْ فَضْلِك؟ ١٦

أ) اسْمعْ وكرِّر بعْد الْمدرِّس:

(١)

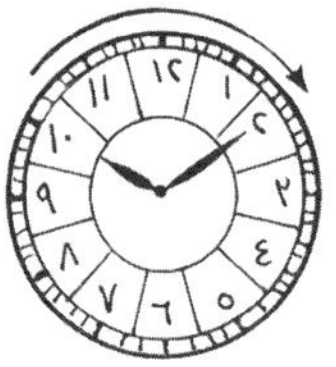

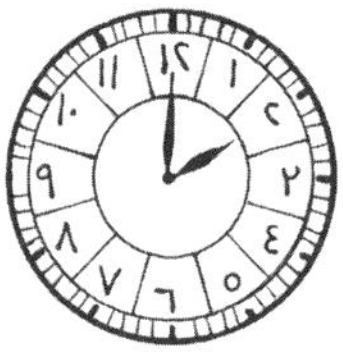

السَّاعَة الثَّانِيَة بِالضَّبْط.

(٢)

السَّاعَة الْعَاشِرَة بِالضَّبْط.

(٣)

السَّاعَة الْعَاشِرَة وَ عَشْر دَقَائِق.

ب) كَمْ السَّاعَة الْآن مِنْ فَضْلِك؟ ١٧

(٤)

الْعَاشِرَة وَ الرُّبْع.

(٥)

الْعَاشِرَة وَ الثُّلُث.

(٦)

الْعَاشِرَة وَ النِّصْف.

(٧)

الْحَادِيَة عَشَرة إلَّا الرُّبْع.
(أَوْ) الْعَاشِرَة وَ خَمْسٌ وَ أَرْبَعُون دَقِيقَة.

ج) كَمْ السَّاعَة الْآن مِنْ فَضْلِك؟ ١٨

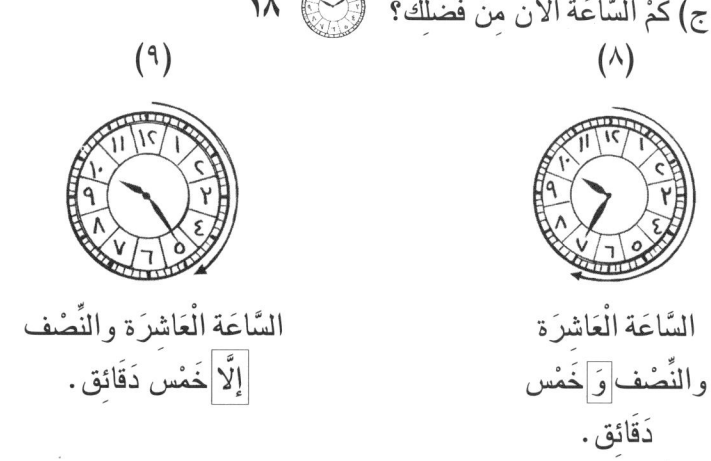

(٨)

السَّاعَة الْعَاشِرَة والنِّصْف وَ خَمْس دَقَائِق.

(٩)

السَّاعَة الْعَاشِرَة والنِّصْف إلَّا خَمْس دَقَائِق.

لاحظْ الْقواعد: ١٩

١) يَوْم ← أيَّام   وللسّؤال عن الْيوْمِ: مَا الْيَوْم مِنْ فَضْلِك؟

الْأَحَد	الْاثْنَيْن	الثَّلاثَاء	الْأَرْبِعَاء	الْخَمِيس	الْجُمْعَة	السَّبْت
١	٢	٣	٤	٥	٦	٧

٢) الْأَعْدَاد: ٢٠

عَشَرَة	عِشْرُون	ثَلاثُون	أَرْبَعُون	خَمْسُون	سِتُّون	سَبْعُون
١٠	٢٠	٣٠	٤٠	٥٠	٦٠	٧٠
ثَمَانُون	تِسْعُون	مَائَة				
٨٠	٩٠	١٠٠				

٣) سُؤَال عَن الْوَقْت: دَقِيقَة = دَقَائِق ٢١

كَمْ السَّاعَة الْآن مِنْ فَضْلِك؟

السَّاعَة الْآن:

السَّادِسَةُ بِالضَّبْط	السَّادِسَةُ وَخَمْس دَقَائِق	السَّادِسَةُ وَالرُّبْع
٦	٦,٠٥	٦,١٥
السَّادِسَةُ وَالثُّلُث	السَّادِسَةُ وَالنِّصْف	السَّادِسَةُ وَالنِّصْف إلَّا خَمْس دَقَائِق
٦,٢٠	٦,٣٠	٦,٢٥
السَّادِسَةُ وَالنِّصْف وَخَمْس دَقَائِق		
٦,٣٥		

التّدْريبات

تدْريب (١) ٢٢

١) اسْمعْ وضعْ (✓) على الْوقْت الصّحيح.   Listen and check the time you hear.

(أ)		(ب)		(ج)	
٨,١٥	٨,٢٠	٩,٣٠	٩,٤٠	٨,٥	٦,٠٥
✓	_	_	_	_	_
(د)		**(هـ)**		**(و)**	
١١,٢٠	١١,٣٠	١٢,٢٥	١٢,٣٥	٤,١٥	٤,٥٠
_	_	_	_	_	_

صحّح مع زميلك واسْألْه "كَمْ السَّاعَة في (أ)؟".

٢) كَمْ السَّاعَة؟ (مُحَادَثَة)

طَالِب (أ) : اقْرَأ السَّاعَة فِي أيِّ مَجْمُوعَة (أ – ب – ج – د . . . الخ).

طَالِب (ب) : ضَعْ (✓) عَلَى الْوَقْت الصَّحِيح.

تَبَادَلُوا الأَدْوَار.

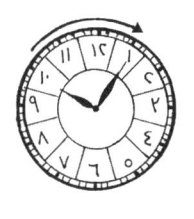

تَدْرِيب (٢)

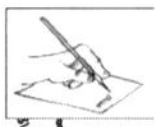

١) اسْأَلْ زَمِيلَك بِالتَّبَادُل كَمْ السَّاعَة الآن . اكْتُبْ الْوَقْت تَحْتَ كُلِّ سَاعَة.

Ask your partner about the time and write it under each picture.

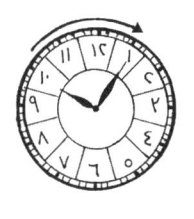

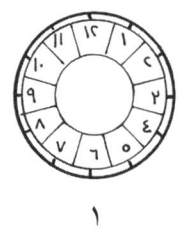

------------ ------------ ------------ ------------ ------------

تَدْرِيب (٣)

اقْرأ الْوقْت ثمّ ارْسم السَّاعَة.

Read the time and mark it on the clock.

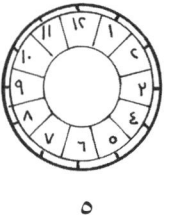

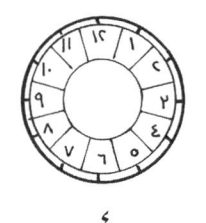

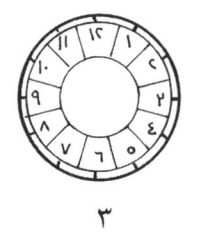

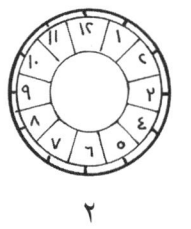

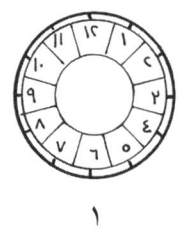

٥ ٤ ٣ ٢ ١

كَمْ السَّاعَة الآن؟

١ – السَّاعَة الْوَاحِدَة وَالنِّصْف.

٢ – السَّاعَة الْخَامِسَة وَالرُّبْع.

٣ – السَّاعَة الثَّامِنَة وَالنِّصْف إلَّا خَمْس دَقَائِق.

٤ – السَّاعَة الْحَادِيَة عَشْرَة إلَّا الثُّلُث.

٥ – السَّاعَة الثَّانِيَة وَالنِّصْف وَخَمْس دَقَائِق.

٢ – تَبَادَل السُّؤَال مَع زَمِيلِك عَن الْوَقْت (اخْتَر أيَّ شَكْل) ثُمّ ابْدَأ النَّشَاط.

Mark different times and ask your partner about it:

١) طالب (أ) : ارْسِم أوْقَاتاً مُخْتَلفة، واسْأَل زَميلَك عَن الْوَقْت الَّذي رَسَمْتَه.

٢) طالب (ب) : ارْسِم أوْقَاتاً أخرى مُخْتَلفة، واسْأَل زَميلَك عَن الْوَقْت.

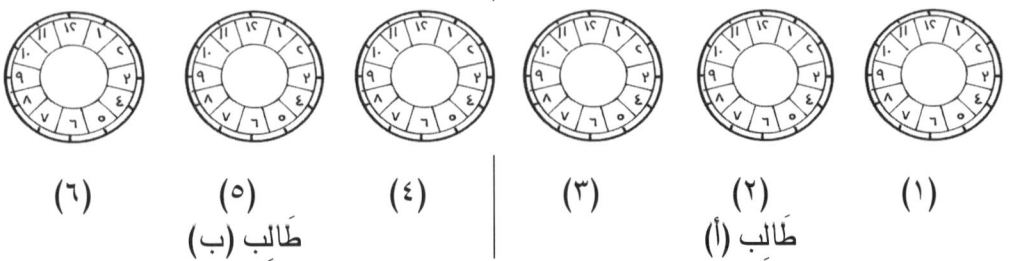

(٦)   (٥)   (٤)   (٣)   (٢)   (١)

طالب (ب) | طالب (أ)

س: كَمْ السَّاعَة الآن؟

Write the time you have marked.

٢) اكْتُب الْوَقْت الَّذي رَسَمْتَه بالْحُرُوف.

ساعَة رَقم (١) : السَّابِعَة وَالرُّبْع   ٧,١٥

ساعَة رَقم (٢) :

ساعَة رَقم (٣) :

ساعَة رَقم (٤) :

ساعَة رَقم (٥) :

ساعَة رَقم (٦) :

٣) صَحِّح لِزَميلِك وَالْعَكْس.

تَدْريب (٥) ٢٣
الأُسْتَاذ رَائِف مُسَافِر في رِحْلَة

Listen to the conversation then answer the question:

١) اسْتَمِعْ للْحَوَار ثُمَّ أجِبْ:

مَا مَوْعِد قِيَام الْقِطَار؟

نص الاستماع لتدريب (٥):

رائف : يا آنسة منى ما موعدُ قيام القطار؟

منى : موعدُ قيام القطار الساعةَ السابعةَ مساءاً.

٢) اقْرَأ تَذْكِرَة الْقِطَار ثُمَّ أجِبْ:

١- في أيِّ يَوْم الرِّحْلَة؟ ضَعْ عَلامَة (✓) عَلَى الْيَوْم.

٣) اقْرَأْ مَرَّة أُخْرَى ثُمَّ أَجِبْ:

١) مَا رَقْم الْقِطَار؟ ....   ٢) مَا رَقْم الْعَرَبَة؟ ....

٣) مَا رَقْم الْمَقْعَد؟ ....   ٤) الرِّحْلَة مِن .... إِلَى ....

٥) مُسَلْسَل التَّذْكَرَة: ....   ٦) تَارِيخ الإِصْدَار: ....

٧) الدَّرَجَة: ....   ٨) السِّعْر: ....

الْمُحَادَثَة:

تَدْريب (١)

هَذِهِ أَجنْدة السَّيِّد مَاجد زياد، اسأَل عَنْ الْمَوَاعيد واكْتُبْها في الْيَوْم الْمُنَاسب كالْمثال:

This is Mr. Maged's schedule; ask about his appointments and fill in the right dates:

طَالب (أ): س: مَا الْمَوْعد يَوْم الْأَرْبعَاء؟

طَالب (ب): ج: الْأَرْبعَاء ١١ مَوْعد مَع طَبيب الْأَسْنَان السَّاعَة التَّاسعَة والرُّبع مَسَاء.

كلمات مفيدة: صباحاً – ظهراً – مساءً – النادي

تَبَادلوا الْأَسْئِلَة واكْتُبوا المواعيد في الْأَجنْدة.

طالب (١) أجندة السيد ماجد زياد

السبت	الجمعة	الخميس	الأربعاء	الثلاثاء	الاثنين	الأحد
٧ النادي ١،٣٠ صباحاً	٦	٥	٤	٢ البنك ٩،٢٠ صباحاً	٣ درس إنجليزي ٧،١٠ مساءً	١
١٤	١٢	١٣	١١	١٠	٩	٨
٢١	٢٠	١٩	١٨	١٧ السينما ٦،٣٠ مساءً	١٦	١٥
٢٨	٢٧ البنك ١،٣٠ ظهراً	٢٦ مكتب المحامي ٤ مساءً	٢٥	٢٤ الإسكندرية ٩،٥ صباحاً	٢٣ النادي ٦ مساءً	٢٢
				٢١ طبيب الأسنان ٨،٣٠ مساءً	٢٠	٢٩

طالب (ب)

السبت	الجمعة	الخميس	الأربعاء	الثلاثاء	الاثنين	الأحد
٧ تنس ٦،١٥ صباحاً	٦	٥ مكتب المحامي ٢،٢٠ ظهراً	٤	٢	٣	١ النادي ٨،٣٠ مساءً
١٤	١٢ زيارة ٥،٢٠ مساءً	١٣	١١ طبيب الأسنان ٩،١٥ مساءً	١٠	٩	٨
٢١ أسوان ٦ صباحاً	٢٠ شركة السلام ١،٢٠ ظهراً	١٩	١٨ مكتب الشركة ١،١٥ ظهراً	١٧	١٦	١٥ سينما ٧ مساءً
٢٨	٢٧	٢٦	٢٥	٢٤ البنك ١٢،١٥ ظهراً	٢٣	٢٢
				٢١	٢٠	٢٩

تدْريب (٢)

هَذه تَذَاكر قِطَار

طَالِب (أ): اسْأَلْ طَالِب (ب) عَنْ مَوْعِد قِطَارِه، ورَقْم الْمَقْعَد، والْقِطَار، والْعَرَبَة.

Student (A): Ask student (B) about the trip's information: the time of departure, the seat number, etc. Write down this information.

طَالِب (أ)

مَعْلُومَات عَنْ قِطَار طَالِب (ب)

السَّفَر منْ .... إلَى ....

رَقْم الْمَقْعَد: ....

رَقْم الْعَرَبَة: ....

رَقْم الْقِطَار: ....

مَوْعد الْقطَار: ....

الدَّرَجَة: ....

السِّعْر: ....

طالب (ب): اسْأل طالب (أ) عن موْعد قطاره، ورَقْم المقْعد، والْقطار، والْعربة.

Student (B): Ask student (A) about the trip's information: the time of departure, the seat number, etc. Write down this information.

طَالِب (ب)

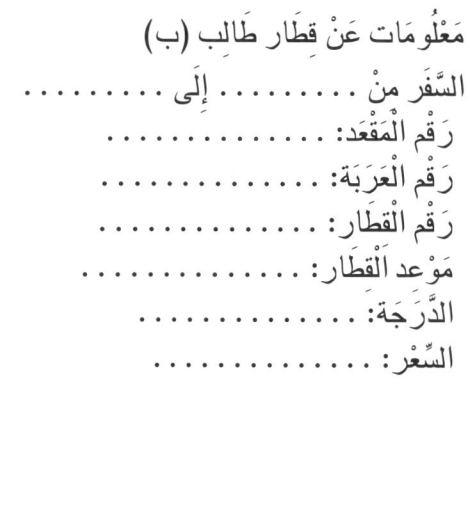

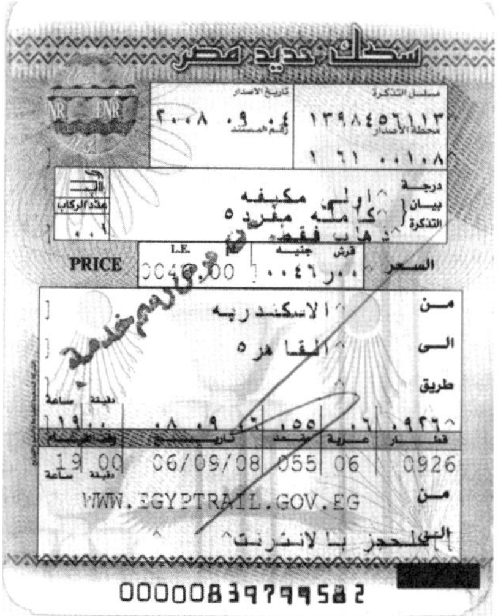

مَعْلُومَات عَنْ قِطَار طَالِب (أ)

السَّفَر منْ .... إلَى ....

رَقْم الْمَقْعَد: ....

رَقْم الْعَرَبَة: ....

رَقْم الْقِطَار: ....

مَوْعد الْقطَار: ....

الدَّرَجَة: ....

السِّعْر: ....

تذكّر

١) لِلسّؤال عن رَقْم التِّلِيفُون:

ما رَقْم تِلِيفُونِك / نِك / ـه / ـها / نَكَمَا / نهما / نكُم / نهُم / نهُنَّ؟

٢) لِلسّؤال عن العُنْوان:

مَا عُنْوان المَنْزل؟	العُنْوان: ------ شارِع -------
أيّ دَوْر؟	الدَّوْر الأَوَّل / الثّاني / الثّالِث / الرّابع / الخامِس -------
مَا رَقْم الشُّقَّة؟	رَقْم الشُّقَّة: ---------

٣) لِلعَمَلِيّات الحِسابيَّة:

٦-٣ = نَاقِص	٥+٥ = زَائِد
٥÷١ = عَلَى	٥×٥ = في

٤) الأَرْقام:

أحَدَ عَشَر	الحَادي عَشَر	واحِد	الأَوَّل
اثْنَا عَشَر	الثّاني عَشَر	اثْنَان	الثّاني
ثَلاثَة عَشَر	الثّالِث عشَر	ثَلاثَة	الثّالِث
أرْبَعَة عَشَر	الرّابع عشَر	أرْبَعَة	الرّابع
خَمْسَة عشَر	الخامِس عشَر	خَمْسَة	الخامِس
سِتَّة عَشَر	السّادِس عشَر	سِتَّة	السّادِس
سَبْعَة عَشَر	السّابع عشَر	سَبْعَة	السّابع
ثَمانِية عَشَر	الثّامِن عشَر	ثَمانِية	الثّامِن
تسْعَة عَشَر	التّاسِع عشَر	تسْعَة	التّاسِع
عِشْرُون	العِشْرُون	عَشَرَة	العَاشِر

٥) العُقُود:

مِائة	تِسْعُون	ثَمانُون	سَبْعُون	سِتُّون	خَمْسُون	أرْبَعُون	ثَلاثُون	عِشْرُون
١٠٠	٩٠	٨٠	٧٠	٦٠	٥٠	٤٠	٣٠	٢٠

٦) الأَعْداد بَيْن ٢٠–١٠٠

واحِد وَعِشْرُون / اثْنَان وَثَلاثُون / ثَلاثَة وَأَرْبَعُون / أَرْبَعَة وَخَمْسُون / خَمْسَة وَسِتُّون / سِتَّة وَسَبْعُون / سَبْعَة وَثَمانُون / ثَمانِية وَتِسْعُون / مِائة وَواحِد – واثْنَان – وثَلاثَة . . . الخ.

٧) كَلِمَات خَاصَّة بِالتَّارِيخ:

يَوْم / أَيَّام – شَهْر – سَنَة – أُسْبُوع

أَيَّام الْأُسْبُوع:

الْأَحَد – الْاثْنَيْن – الثَّلاثَاء – الْأَرْبِعَاء – الْخَمِيس – الجُمْعَة – السَّبْت

٨) للسّؤال عن الْوقْت: س: كَمْ السَّاعَة الْآن لَوْ سَمَحْت؟

دَقِيقَة – دَقَائِق

الْإِجَابَة:

٩:٠٠	التَّاسِعَة بِالضَّبْط = تماماً
٩:١٠	التَّاسِعَة وَعشْر دَقَائِق
٩:١٥	التَّاسِعَة والرّبْع
٩:٢٠	التَّاسِعَة والثُّلُث
٩:٢٥	التَّاسِعَة والنِّصْف إلَّا خَمْس دَقَائِق
	التَّاسِعَة وَخَمْس وَعِشْرُون دَقِيقَة
٩:٣٠	التَّاسِعَة والنِّصْف
٩:٣٥	التَّاسِعَة والنِّصْف وَخَمْس دَقَائِق
	التَّاسِعَة وَخَمْس وَثَلاثُون دَقِيقَة
٩:٤٠	الْعَاشِرَة إلَّا الثُّلُث
	التَّاسِعَة وَأَرْبَعُون دَقِيقَة
٩:٤٥	الْعَاشِرَة إلَّا الرُّبْع
	التَّاسِعَة وَخَمْس وَأَرْبَعُون دَقِيقَة
٩:٥٠	الْعَاشِرَة إلَّا عَشْر دَقَائِق
	التَّاسِعَة وَخَمْسُون دَقِيقَة
١٠:٠٠	الْعَاشِرة بِالضَّبْط = تَمَاماً

الوحدة السابعة

مَا السعْر؟ مَا اللوْن؟ ١

هَدَفُ الْوِحْدَةِ:

تقْديم ١: مَا السعْر؟

١ – التّعرّف على أسْمَاء الْملابس والْألْوان

٢ – الْأرْقام من ١ – ١٠٠

٣ – التَميز – الْمثنّى والْجمْع

٤ – شراء الْملابس والسؤال عن السِّعْر

تقْديم ٢: أ – مَا لَوْن هَذَا الْقَلَم؟ ب – هَذِهِ شَقَّتِي

١ – الْألْوان

٢ – الشَقّة ومحْتوياتها

٣ – السُؤال عن الْألْوان

تقْديم (١)

مَا السِّعْر؟

أ) كرّرْ بعْد الْمدرّس وادْرس الْعمْلة:

رُبْع جُنَيْه / نِصْف جُنَيْه / جُنَيْه / جُنَيْهَان / ثَلاثَة جُنَيْهَات . . . عَشَرَة جُنَيْهَات / أَحَدَ عَشَر جُنَيْهاً

١٠٠ ١٠١ ٢٠٠ ٣٠٠ ١٠٠٠ ٢٠٠٠ ٣٠٠٠

عَشَرَة آلَاف أَحَد عَشَر أَلْفاً اثْنَا عَشَر أَلْفاً ثَلاثَة عَشَر أَلْفاً عِشْرُون أَلْفاً

ب) اسْمعْ الْحوار واقْرأ السِّعْر: ٢

زُبُون: لَوْ سَمَحْت مَا سعْرُ هَذِهِ الْبَدْلَة؟

بَائِع: سِعْرُ هذه الْبَدْلَة أَلْف وَخَمْسمائَة جُنَيْه.

زُبُون: ومَا سعْرُ هَذَا الْقلَم؟

بَائِع: سِعْرُ هَذَا الْقَلَمُ جُنَيْهَان.

زُبُون: ومَا سعْرُ هَذِه اللُّعْبَة؟

بَائِع: سِعْرُ هَذِهِ اللُّعْبَة ثَلاثَةُ جُنَيْهَات.

ج) اقرأ باقي الأسعار مع المدرس وكرّر الحوار:

جلباب
= ٦٠ جنيه
غسالة
= ٢٧٠٠ جنيه
قميص
= ٨٠ جنيه
جاكت
=١٧٠٠ جنيه
بنطلون
= ١٢٥ جنيه
بدلة = ١٥٠٠ جنيه
حذاء
= ٨٠ جنيه
جورب
= ٢٥ جنيه
لعبة = ٣جنيه
قلم = ٢جنيه
فستان
= ١٥٠ جنيه

لاحظْ الْقواعد: ٣

١)

الرقم	العملة المصرية	عملات عربية
١	جُنَيْه (كلمة مفردة)	رِيَال / دِينَار / دِرْهَم / لِيرَة
٢	جُنَيْهَان (مثنى)	رِيَالَان / دِينَارَان / دِرْهَمَان / لِيرَتَان
٣	ثَلاثَة جُنَيْهات (كلمة جمْع)	ثَلاثَة رِيَالَات / دِينَارَات / دراهم / ثَلاث ليرات
٤	أَرْبَعَة جُنَيْهات	
١٠	عَشَرَة جُنَيْهات	
١١	أَحَد عَشَر جُنَيْهاً (كلمة مفردة)	ريالاً / ديناراً / ليرة
١٢	اثْنا عَشَر جُنَيْهاً	
١٣	ثَلاثَة عَشَر جُنَيْهاً	
٢٠	عِشْرُون جُنَيْهاً	

٢) للسّؤال عن السِّعْر: ٤

مَا سِعْر هَذه اللُّعْبَة؟ سِعْر هَذه اللُّعْبَة ....

مَا سِعْر هَذَا الكِتَاب؟ سِعْر هَذَا الكِتَاب ....

٣) للْعدد: ٥

(مفْرد) (مثنّى) (كلمة جمّع)

كتَاب كتَابان ثَلاثَةُ كُتُب ← إلى ← عَشَرَة كُتُب

جُنَيْه جُنَيْهان ثَلاثَةُ جُنَيْهات ← إلى ← عَشَرَة جُنَيْهات

مفرد: ← إلى

١١ – ٩٩ أَحَد عَشَرَ كتَاباً ← إلى ← تسْعَةٌ وَتسْعُون كتَاباً

أَحَد عَشَر جُنَيْهاً تِسْعَةٌ وَتِسْعُون جُنَيْهاً

التدْريبات

تدْريب (١) ٦

١) انْطقْ هَذِهِ الأسْعار - اسْمعْ النّطْق الصّحيح.

Read these prices. Listen and correct.

١- ١٥,٠٣٠ جُنَيْهاً　　٢- ٣٤٩ جُنَيْهاً　　٣- ١,٢٤٧ جُنَيْهاً

٤- ٩٦,٠٧٥ جُنَيْهاً　　٥- ٢٧٨ جُنَيْهاً　　٦- ١٠,٠٠٠ جُنَيْه

٢) تبادل نطْق كلّ الأسْعار مع زميلك.

Alternate reading all the prices with your partner.

تدْريب (٢) ٧

١) اسْتمع إلى أسْعار محل (لكلّ بيْت) وضعْ (✓) على السِّعْر الّذي تسْمعه.

Listen and check the price you hear.

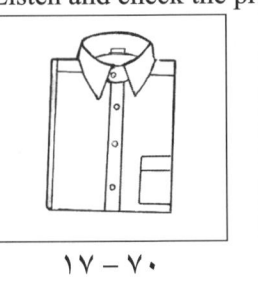

٢٥٦٠ - ٢٥١٦

٤٣٠ - ٤١٣

١٩٠ - ١١٩

١٧ - ٧٠

٣٠٨٠ - ٣٠١٨

٢٦٠ - ٢١٦

٩٠ - ٢٩

١٦٥ - ٦٥

٢) صَحِّح معْ زميلك كالْمثال:

طَالِب (أ): سِعْر الْبَدْلَة أرْبَعْمَائَة وَثلاثون جُنَيْهاً.

طَالِب (ب): نَعَم، وسِعْر الْبَنْطَلُون ....

تدْريب (٣)

كلمَات مفيدة: أُرِيد / جورب - جوارب / قميص - قمصان / بدلة - بدل

١ - اقْرأ هَذَا الْحوار وكرّر مع زميلك. Read the conversation and repeat it with your partner.

٢ - مَا سِعْر الْقَمِيص؟ How much does the shirt cost?

بدلة = ٦٨٠,٠٠
قميص = ١٢٠,٠٠
جورب = ١٥,٦٠
حذاء = ١٧٠,٦٠
چاكت = ٦٥٠,٠٠
حقيبة = ١٢٠,٠٠
فستان = ٥٧٠,٢٠

٨

بَائعَة : أَنَا فِي الْخدْمَة.

مُشْتَرِي : مَا سِعْر هَذَا الْقَمِيص لَوْ سَمَحْت؟

بَائعَة : سِعْر هَذَا الْقَمِيص ١٢٠ جُنَيْهاً.

مُشْتَرِي : ومَا سِعْر هَذَا الْجَوْرَب؟

بَائعَة : سِعْر الْجَوْرَب ١٥,٦٠ جُنَيْهاً.

مُشْتَرِي : أُرِيد ثَلاثَة جَوَارِب مِن فَضْلِك.

٣ - اقْرأ الأَسْعار ثمّ أجبْ:

سِعْر الْجَوْرَب = سِعْر ٣ جَوَارِب =

سِعْر الْبَدْلَة = سِعْر الْفُسْتَان =

تدْريب (٤)

انْظر إلى لائحة الأسْعار في تدْريب (٣) ثمّ اطْلب من زميلك ملابس أخْرى كالْحوار في التّدْريب السّابق:

Order other items from the previous price list and repeat the dialog:

طَالِب (أ) : مَا سِعْر ....

طَالِب (ب) : سعْر الـ ....

طَالِب (أ) : أُرِيد ....

تدْريب (٥)

طَالِب (أ)

اطْلبْ هَذِهِ الْمشْتريات:

عَدَد: ٥ بدَل أَرِيد ....

٤ قُمْصَان

٦ جَوَارِب

طَالِب (ب)

احْسِبْ الثَّمَن:

الثَّمَن:

طَالِب (ب)

اطْلبْ هَذِهِ الْمُشْتَرَيَات:

عَدَد: ٦ حَقَائِب أُرِيد ....

١١ جَوْرَباً

٤ قُمْصَان

طَالِب (أ)

احْسِبْ الثَّمَن:

الثَّمَن:

تَدْريب (٦)
التَّبَضُّع بِالبَريد

كَلِمَات مُفيدة: ثلاجة – ثلاجات / غسالة – غسالات / بنطالون – بنطالونات / تليفون –
تليفونات / كمبيوتر – كمبيوترات / مدفأة – مدفآت / مروحة – مراوح / بلوزة – بلوزات

١) اقْرَأ الْإِعْلان مِن الْإِنْتَرْنِت عَنْ مَرْكَز السَّلام التَّجاري:

ملابس

 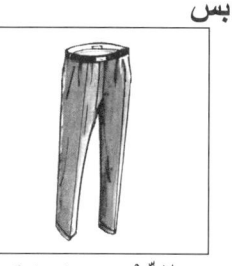  

السِّعْر: ٧٠,٣٠	السِّعْر: ٩٨,٦٠	السِّعْر: ٣٢٠	السِّعْر: ١٤٥,٥٠٠
رَقْم الكُود: ٥٦٠٨	رَقْم الكُود: ٢٩٣١	رَقْم الكُود: ٦٠٧٤١	رَقْم الكُود: ٨٧٢٥

أدوات كهربائية

السِّعْر: ٢٢٠	السِّعْر: ٢٧٢٠,٥٠	السِّعْر: ٣٠٠	السِّعْر: ١٤٠
رَقْم الكُود: ٩١٥٠	رَقْم الكُود: ٤٣٧٨	رَقْم الكُود: ٣٦١٦	رَقْم الكُود: ٣٤١٢

أدوات منزلية

   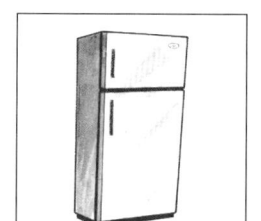

السِّعْر: ١٣٥	السِّعْر: ٧٥	السِّعْر: ٢٦٠٠	السِّعْر: ٣٤٥٠
رَقْم الكُود: ١٠٤٥	رَقْم الكُود: ٢٠١٢	رَقْم الكُود: ٢١٩٨	رَقْم الكُود: ٥٤١٢

٢) تَبَادَل السُّؤَال مَعْ زَميلِك عَن الْأَسْعار وَرَقْم الكُود:

مِثال: مَا سِعْر الْبَنْطالُون؟

مَا رَقْم الكُود؟

تدْريب (٧)

١) اكْتبْ في الْقائمة الْمشْتريات الْمطلوبة (اكْتبْ اثنين أو أكثر من كل صنف من تدْريب (٦):

Write your shopping list (two or more of eatch item):

قائمة طَالب (أ):

	الصّنف Item	رَقم الكُود Code no.	الْعدد Quantity	السّعر Price
١				
٢				
٣				
٤				

قائمة طَالب (ب):

	الصّنف Item	رَقم الكُود Code no.	الْعدد Quantity	السّعر Price
١				
٢				
٣				
٤				

٢) طَالِب (أ) مُشْتَرٍ، طَالِب (ب) بَائِع. تَبَادَلُوا الْحِوَار وَكُلّ طَالِب يَطْلُب مَا فِي قَائِمَتِه:

Student (A) is a customer asking about items. Student (B) states the price:

مثال:

طَالِب (أ): لَوْ سَمَحْت أُرِيد ٤ بَنْطَالُونَات (أَرْبَعَة بَنْطَالُونَات) – رَقْم الكُود . . . . . .

طَالِب (ب) : السِّعْر . . . .

٣) اعْكسوا الْأدْوار وكرّروا النّشاط.

Exchange roles and repeat.

تدْريب (٨)

اكْتُب شيكاً بِثَمَن أَيّ مُشْتَرَيَات اخْتَرْتَهَا مِن تدْريب (٧):

Write a check for the purchases you have made from the internet stores:

مثال:

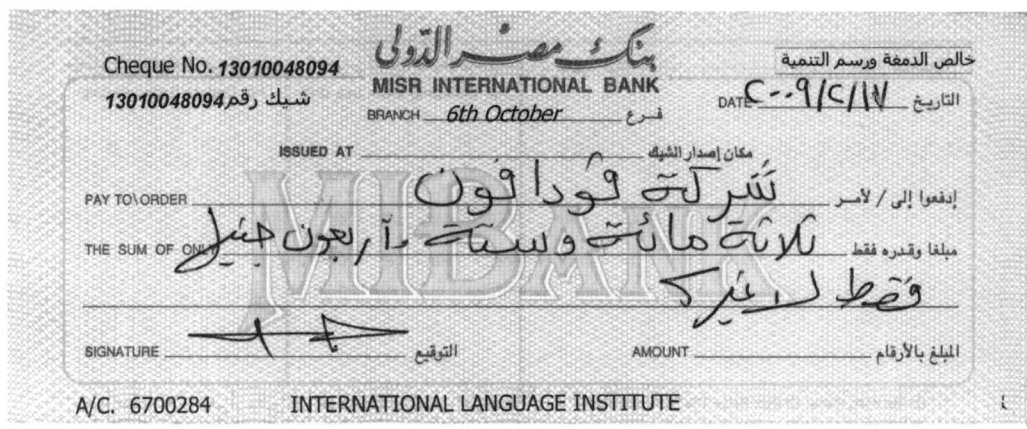

الْمحادثة:

اسْأل عَن أَسْعَار هَذِهِ الْأَشْيَاء فِي الْبِلاد الْمُخْتَلِفَة:

Ask about the prices of these items in different countries:

طَالِب (أ):

الصّنْف	السّعوديّة	دبي	مصْر	الْيابان	ألْمَانيا	أمْريكا	الصّين	فرنْسا
تلفزْيُون	؟	٤٥٠,٠	٢٦٠٠	؟	٤٥٠,٠٠	٣٥٠	؟	٤٠٠
كُمْبيُوتَر	؟	؟	؟	٢٠٠٠,٦٠	؟	٢٠٠٠	٦٢٠	؟
ثَلّاجَة	١٩٢٠	٩٧٠	٣٦٢٠	؟	٢٦٠٩	؟	؟	٣٠٦٥
الْمَحْمُول	؟	٥٢٠	؟	٤٥٠	؟	؟	١٢٠	٤٠٠

طَالِب (ب):

الصّنْف	السّعوديّة	دبي	مصْر	الْيابان	ألْمَانيا	أمْريكا	الصّين	فرنْسا
تلفزْيُون	٧٩٦	؟	؟	١٠٠٠	؟	؟	٣٤٠	؟
كُمْبيُوتَر	٦٢٠	١٢٠٠	٤٥٠٠	؟	١٢٠٠	؟	؟	٢٠٢٠
ثَلّاجَة	؟	؟	؟	١٥٢٠	؟	٦٠٠	١٤٥٠	؟
الْمَحْمُول	٣٤٠	؟	٢٥٠٠	؟	٣٢٠	٥٢٠	؟	؟

راجع أسماء العملات:

السُّعُودِيّة = رِيَال / دُبَي = دِرْهَم / مِصْر = جُنَيْه / الْيَابَان = ين / فَرَنْسَا وَأَلْمَانْيَا = يُورُو /
أمْريكا = دولار / الصّين = يوان

مثال للْحوار:

طَالِب (أ) : مَا سِعْر التِّلفزْيُون فِي السُّعُودِيَّة؟
طَالِب (ب) : سِعْر التِّلفزْيُون ٧٩٦ رِيَالاً (سُبْعُمَائَة وَسِتَّة وَتِسْعُون رِيَالاً).
طَالِب (أ) : ٧٩٦ رِيَالاً.
طَالِب (ب) : نَعَم، هَذَا صَحِيح.

تقْديم (٢ أ)

مَا لَوْن هَذا الْقَلم؟

١) مَا هَذَا؟ هَذَا قَلَم. ٩

مَا لَوْن الْقَلَم؟ لَوْن الْقَلَم أَسْوَد. = لَوْنه أَسْوَد.

"مَا لَوْن هَذَا الْقَلَم؟" "هَذَا الْقَلَم لَوْنه أَسْوَد".

ادْخل إلى الْموقع لتتعرّف على هَذه الألْوان:

أَحْمَر	أَبْيَض	أَخْضَر	أَصْفَر
red	white	green	yellow

أَسْوَد	أَزْرَق	فِضّيّ	ذَهَبِيّ	بُرْتُقَالِيّ
black	blue	silver	gold	orange

٢) "هَلْ هَذَا قَلم أَسْوَد؟" "نعم هَذَا قلمٌ أَسْوَد".

٣) هَذَا القَلَم أَسْوَد   هَذه الْحَقيبَة سَوْدَاء.

٤) مَا لَوْن الْحَقِيبَةُ؟ لَوْن الْحَقِيبَةُ أَسْوَد. = لَوْنُها أَسْوَد.

١٠

"مَا لَوْن هَذه الْحَقِيبَةُ؟" "هَذه الْحَقِيبَةُ لَوْنُها أَسْوَد".

(مذكّر) "القَلَم أَسْوَد"، (مؤنّث) "الْحَقِيبَةُ سَوْدَاء"

٥) للنّفْي: ١١

"هَلْ هَذِهِ حَقِيبَةٌ سَوْدَاء؟" "لا هَذِهِ لَيْسَتْ حَقِيبَة سَوْدَاء، هَذِهِ حَقِيبَةٌ زَرْقَاء".

"هل هذا قلمٌ أسود؟" "لا هذا ليس قلماً أسود، هذا قلمٌ أزرق".

٦) كرّر: ١٢

هَذَا قميص أَبْيَض.

هَذَا بَنْطَالُون أَصْفَر.

هَذَا جَوْرَب أَخْضَر.

هَذَا فُسْتَان أَحْمَر.

هَذَا حذَاء أَزْرَق.

هَذَا قَلم فِضّيّ.

هَذَا قَلم ذَهَبِيّ.

هَذَا قَلم بُرْتُقَالِيّ.

هَذِهِ بُلُوزَة بَيْضَاء.

هَذِهِ حَقِيبَة صَفْرَاء.

هَذِهِ جَاكتَّة (سُتْرَة) خَضْرَاء.

هَذِهِ بدْلَة حمْرَاء.

هَذِهِ سَيَّارَة زَرْقَاء.

هَذِهِ حَقِيبَة فِضّيّة.

هَذِهِ حَقِيبَة ذَهَبِيّة.

هَذِهِ حَقِيبَة بُرْتُقَالِيّة.

تقديم (٢ ب)
هَذِهِ شَقَّتِي

١) اقْرأ وتابع الصورة:

أَنَا اسْمِي شَرِيف وهَذِهِ شَقَّتِي.

هَذِهِ حُجْرَة النَّوْم: ١٣

١ - سَرِير
٢ - سَجَّادَة
٣ - دُولاب
٤ - شُبَّاك (نَافِذَة)
٥ - مِصْبَاح
٦ - مَكْتَب

٢) والآن اكْتبْ الرّقم في الصّورة:

هَذِهِ حُجْرَة الْمَعِيشَة: ١٤

١ - كَنَبَة (أَرِيكَة)
٢ - مَقْعَد (كُرْسِيّ)
٣ - طَاوِلَة
٤ - مَكْتَبَة وتِلِفِزْيُون

هَذِهِ حُجْرَة الاسْتِقْبَال (الصّالُون): ١٥

١ - كَنَبَة
٢ - صُورَة
٣ - مِدْفَأَة
٤ - سِتَارَة

هَذَا المَطْبَخ: ١٦

١ - حَوْض
٢ - دُولاب
٣ - ثَلَّاجَة
٤ - غَسَّالَة
٥ - بُوتَاجَاز (مَوْقِد)

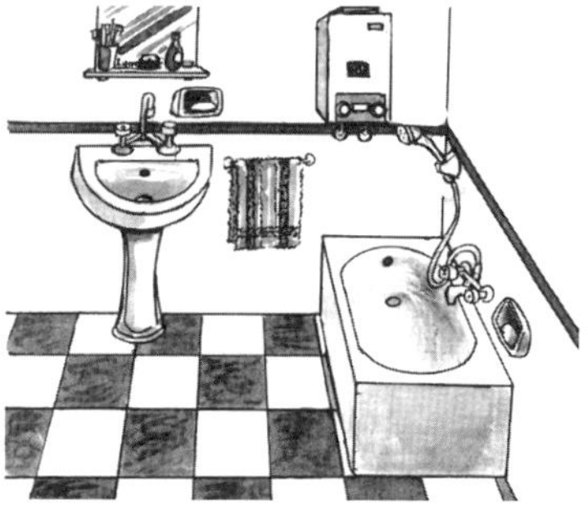

هَذَا الحَمَّام: ١٧

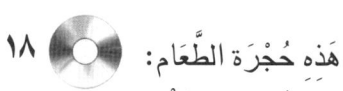

١ – حَوْض

٢ – بَانْيُو

٣ – دُشّ

٤ – سَخَّان

هَذِهِ حُجْرَة الطَّعَام: ١٨

١ – دُولاب السُّفْرَة

٢ – سُفْرَة

٣ – كَرَاسِي

٣) اقْرأ الْحوار: ١٩

سَمير : مَا لَوْن حُجْرَة النَّوْم يا شَرِيف؟

شَرِيف : حُجْرَة النَّوْم لَوْنُها أَخْضَر. حُجْرَة نَوْمِي خَضْرَاء.

سَمير : ومَا لَوْن سَرِيرك؟

شَرِيف : لَوْن سَرِيري أَبْيَض.

سَمير : وهَلْ مَكْتَبُك لَوْنُهُ أَخْضَر؟

شَرِيف : لا ، مَكْتَبِي لَيْسَ لَوْنه أَخْضَر ، مَكْتَبِي لَوْنُهُ أَبْيَض.

لاحظْ الْقواعد:

١) للسّؤال عن اللَّوْن:

السّؤال	الإْجابة
١– مَا لَوْن هَذَا الْقَمِيص؟ مَا لَوْن هَذه الْحَقِيبَة؟	١– لَوْن هَذَا الْقَمِيص أَحْمَر. لَوْنُهُ أَحْمَر. لَوْن هَذه الْحَقِيبَة أَحْمَر. لَوْنُهَا أَحْمَر.
٢– هَلْ هَذَا قَمِيص أَحْمَر؟	٢– نَعَم، هَذَا قَمِيص أَحْمَر. لا ، هَذَا لَيْسَ قَمِيصاً أَحْمَر. هَذَا قَمِيص أَبْيَض.
٣– هَلْ هَذِهِ حَقِيبَة سَوْدَاء؟	٣– نَعَم هَذِهِ حَقِيبَة سَوْدَاء. لا ، هَذه لَيْست حَقِيبَة سَوْدَاء.

٢) تأْنيث وتذْكير الأَلْوان: ٢٠

هَذَا كِتَاب أَحْمَر. هَذِهِ سَيَّارَة حَمْرَاء.

٣) الْأَلْوَان صِفَات تَتْبَع الْمَوْصُوف:

هَذَا قَمِيصٌ أَحْمَر .　　هَذَا لَيْسَ قميصاً أَحْمَر .

هَذِه حَقيبَةٌ حَمْرَاء .　　هَذِه لَيْسَت حَقيبَة حَمْرَاء .

٤) السُّؤَال: هَلْ هَذَا سَريرٌ أَخْضَر؟

الْإِيجاب　　　النَّفْي

نَعَم، هَذَا سَريرٌ أَخْضَر .　　لا ، هَذَا لَيْسَ سَريراً أَخْضَر .

لَيْسَ + سَريراً + أَخْضَر

التَّدْريبات

تَدْريب (١)

صِل لِتُكوِّن جُمْلَة:　　Connect the columns to form a sentence:

(أ)　　(ب)

١) هَذَا قَلَمٌ　　أ – مَطْبَخاً أَحْمَر .

٢) هَذِه الْحُجْرَةُ　　ب – طَاوِلَةً صَفْرَاء .

٣) الْأَريكَةُ (الكَنَبَة)　　ج – لَوْنُهُ أَسْوَد .

٤) هَذَا لَيْسَ　　د – لَوْنُها أَخْضَر .

٥) هَذِه لَيْسَت　　هـ – لَوْنُهُ ذَهَبِيّ .

٦) هَذَا حَمَّامٌ　　و – صَفْرَاء .

٧) هَذَا دُولابٌ　　ز – لَوْنُهُ أَبْيَض .

٨) هَذِه لَيْست　　هـ – زَرْقَاء .

تَدْريب (٢)

ادخل إلى الموقع واتَّبِع التَّعْليمات .　　Go to the website and follow the instructions.

تدْريب (٣)

اكْتب الاْسْم (هَذَا . . . / هَذِهِ . . .) ثمّ اكْتبْ الجمل كالمثال:

Write the words then form sentences like the example:

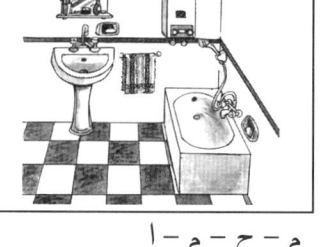

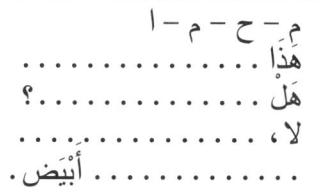

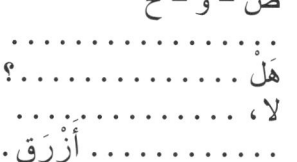

خ – م – ط – ب

هَذَا مَطبَخ.

هَلْ هَذَا مَطبَخ لَوْنه أخْضَر؟

لا هَذَا لَيْسَ مَطبَخاً أخْضَر.

هَذَا مَطبَخ أحْمَر.

م – ح – م – ا

هَذَا . . . .

هَلْ . . . . ؟

لا ، . . . .

. . . . أبْيَض.

ض – و – ح

. . . .

هَلْ . . . . ؟

لا ، . . . .

. . . . أزْرَق.

ة – ح – ج – ر / م – ن – و

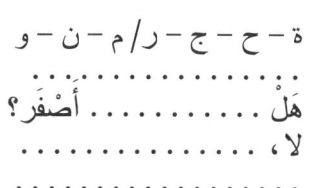

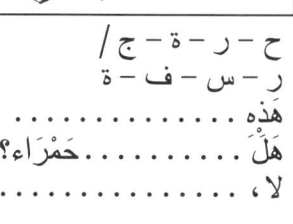

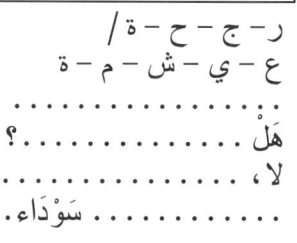

. . . .

هَلْ . . . . أصْفَر؟

لا ، . . . .

. . . .

ح – ر – ة – ج /

ر – س – ف – ة

هَذِهِ . . . .

هَلْ . . . . حَمْرَاء؟

لا ، . . . .

. . . .

ر – ج – ح – ة /

ع – ي – ش – م – ة

. . . .

هَلْ . . . . ؟

لا ، . . . .

. . . . سَوْدَاء.

ح – م – ب – ا – ص

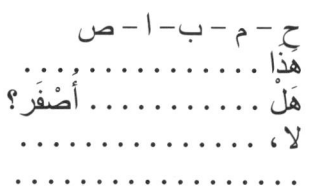

هَذَا . . . .

هَلْ . . . . أصْفَر؟

لا ، . . . .

. . . .

ك – ة – ن – ب /

ة – أ – ك – ر – ي

. . . .

هَلْ . . . . ؟

لا ، . . . .

. . . .

لا – ج – ث – ة

. . . .

هَلْ . . . . ؟

لا ، . . . .

. . . .

تدْريب (٤)

١) أجبْ عن الأسْئلة التّالية إجابة كاملة:

Answer the following questions:

١ – هَلْ هَذه أريكَة (كَنبَة) خَضْرَاء؟

٢ – مَا لَوْن هَذَا الْحَمَّام؟

٣ – هَلْ هَذَا مَوْقد (بُوتَاجَاز) فِضِّيّ؟

٤ – مَا لَوْن هَذه الثّلّاجَة؟

٥ – هَلْ هَذه سَجَّادَة سَوْدَاء؟

٢) تبادل مع زميلك الأسْئلة لتعْرف إجابته.

تدْريب (٥)

١) اكْتب أسئلة لهَذه الإجابات:

Write the questions for these answers:

١ – ....؟	هَذه ستَارَة لَوْنها ذَهَبيّ.
٢ – ....؟	لا ، هَذه لَيْسَت حُجْرَة نَوْم صَفْرَاء. هَذه حُجْرَة خَضْرَاء.
٣ – ....؟	هَذَا مَكْتَب لَوْنُهُ أسْوَد.
٤ – ....؟	هَذه مَدْفَأة بَيْضَاء.
٥ – ....؟	لا ، هَذه لَيْسَت مَكْتَبَة سَوْدَاء. هَذه مَكْتَبَة خَضْرَاء.

٢) تبادل السّؤال والإجابة مع زميلك لتصَحّح إجابتك.

تدْريب (٦) ٢١

شَقّة حُسَام

اقْرأ مَاذا كَتَب حُسَام عن شقّته ثم أجب عن الأسئلة:

Read what Hossam wrote about his apartment then answer the questions:

١) في شَقّة حُسَام .... حُجْرَات

٢) أ – حُجْرَة .... ب – حُجْرَة ....

ج – حُجْرَة .... د – حُجْرَة ....

٣) مَا لَوْن حَمَّام حُسَام؟

٤) هَلْ حُجْرَة النَّوْم لَوْنها أسْوَد؟

٥) مَا لَوْن حُجْرَة الْمَعيشَة؟

٦) هَلْ الشّقّة جَميلَة؟

النّص:

كلمَات مفيدة: جَمِيلَة – جميل / واسع – وَاسِعَة / لكن

"شَقَّتي جَميلَة وَوَاسِعَة. شَقَّتي بِهَا ٣ حُجْرَات – حُجْرَة النَّوْم وحُجْرَة السّفْرة وحُجْرَة مَعيشَة وَاسِعَة. الْحَمَّام لَوْنُهُ أَخْضَر، وَلَكِن الْمَطْبَخ لَوْنُهُ أَبْيَض. حُجْرَة نَوْمي لَوْنُها أَبْيَض أَيْضاً، وَلَكِن حُجْرَة السُّفْرَة لَوْنُها أَخْضَر. وحُجْرَة الْمَعِيشَة لَوْنُها أَحْمَر جَمِيل".

اقْرأ مرّة أخْرى وصل الْجمل لتكوّن جمْلة صحيحة:

Connect the columns to form a sentence:

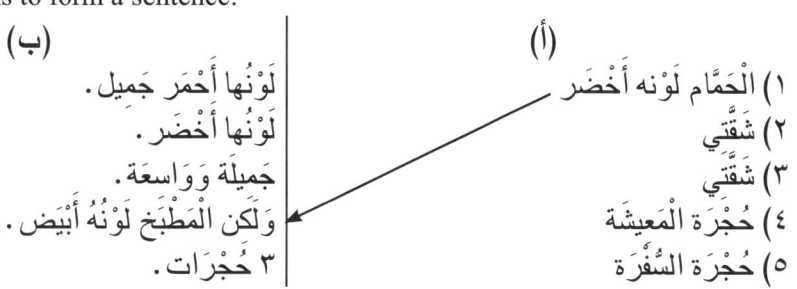

(أ)	(ب)
١) الْحَمَّام لَوْنه أَخْضَر	لَوْنُها أَحْمَر جَمِيل.
٢) شَقَّتي	لَوْنُها أَخْضَر.
٣) شَقَّتي	جَميلَة وَوَاسِعَة.
٤) حُجْرَة الْمَعيشَة	وَلَكِن الْمَطْبَخ لَوْنُهُ أَبْيَض.
٥) حُجْرَة السُّفْرَة	٣ حُجْرَات.

تدْريب (٧)

اكْتب عن شقّتك نصّاً ممَاثلاً لشَقَّة حُسَام فيمَا لا يقلّ عن ٤ أسْطر.

Write four lines or more to describe your apartment following the previous descriptions.

الْمحادثة:

اقْرأ هَذِه الإعْلانات عن الشّقق:

Read these advertisments about apartments for rent:

شَقَّة ٣ غرف وَاسعَة
حُجْرَة نَوْم – مَكْتَب – حُجْرَة مَعيشَة وَصَالَة
حَمَّام أَخْضَر – مَطْبَخ أَبْيَض
مَطْلُوب: ٣٠٠٠ جُنَيْه

شَقَّة جَميلَة وَرَخيصَة
حُجْرَة نَوْم – صَالَة
حَمَّام واسع أَزْرَق – مَطْبَخ لَوْنُهُ أَحْمَر
مَطْلُوب: ١٥٠٠ جُنَيْه

شَقَّة جَميلَة ٥ غُرَف وَصَالَة
٢ حُجْرَة نَوْم
حُجْرَة سُفْرَة زَرْقَاء
حُجْرَة مَعيشَة خَضْرَاء
حُجْرَة مَكْتَب سَوْدَاء
مَطْبَخ وَاسِع – حَمَّام لَوْنُهُ أَبْيَض
مَطْلُوب: ٥٥٠٠ جُنَيْه

اخْتر إعْلاناً لشقّتك ثمّ تبادل الْمعْلومَات مع زميلك.

Exchange information about the apartment you chose.

مثال للْحوار:

طَالب (١)	طَالب (٢)
١ – كَمْ حُجْرَة في شَقَّتُك؟	في شَقَّتي ٣ حُجْرَات (غُرَف).
٢ – مَا هي؟	حُجْرَة نَوْم – حُجْرَة ....
٣ – مَا لَوْن الْحَمَّام؟	الحمام لَوْنُه ....
٤ – مَا سِعْر شَقَّتِك؟	سِعْر شَقَّتِي ....

تذكّر

١) للْعدد:

١ = جُنَيْه	كَلمَة مُفْرَدَة
٢ = جُنَيْهَان	كَلمَة مُثَنَّى
٣–١٠ = جُنَيْهَات	كَلمَة جَمْع
١١ – ٩٩ = جُنَيْهاً	كَلمَة مُفْرَدَة

٢) للسّؤال عن السّعر:

مَا سِعْر هَذَا / هَذِهِ . . . ؟

٣) للسّؤال عن الألْوان:

السّؤال:	الإجابة:
١ – مَا لَوْن هَذَا الْحذاء؟	هَذَا الْحذَاء لَوْنُهُ ....
٢ – مَا لَوْن هَذه الْحَقيبَة؟	هَذه الْحَقيبَة لَوْنُها ....
٣ – هَلْ هَذَا حِذَاء أَحْمَر؟	لا، هَذَا لَيْسَ حِذَاء أَحْمَر، هَذَا حِذَاء أَسْوَد.
٤ – هَلْ هَذِهِ حَقِيبَة حَمْرَاء؟	لا، هَذِهِ لَيْسَت حَقِيبَة حَمْرَاء، هَذِهِ حَقِيبَة سَوْدَاء.

٤) تأْنيث وتذْكير اللَّوْن

هَذَا كِتَاب أَسْوَد. هَذِهِ مَكْتَبَة سَوْدَاء.

الْوِحْدَةُ الثّامنة
السّؤال عن الْأَماكن والاتّجاهات ١

هَدَفُ الْوِحْدَةِ:

تقْديم ١: أيْن الْحقيبة؟
١ – وصْف أماكن الْأشْياء
٢ – التّعرّف على أسْماء الْأماكن
٣ – السّؤال عن الْأماكن

تقْديم ٢: أيْن الصّيدليّة؟
١ – وصْف الطّريق والْعنْوان
٢ – التّعرّف على الْوظائف والسّؤال عنْها

تقديم (١)

أَيْن الْحَقِيبَة؟

١) انْظر إلى الصّورة وكرّر بعْد الْمدرّس. اكْتب أماكن الْأشْياء. ٢

	السّؤال	الْإجابة
١)	أَيْن الْحِذَاء؟	الْحذَاء .... الكرسي.
٢)	أَيْن الْجَوْرَب؟	الْجَوْرَب .... الكَنَبَة (الأريكة).
٣)	أَيْن القَميص؟	الْقَميص .... التِّلفزْيُون.
٤)	أَيْن الْبَنْطَالُون؟	الْبَنْطَالُون .... التِّليفُون.
٥)	أَيْن الْحَقِيبَة؟	الْحَقِيبَة .... الْبَاب.
٦)	أَيْن الْمَحْفَظَة؟	الْمَحْفَظَة .... التِّلفزْيُون.
٧)	أَيْن النَّظَّارَة؟	النَّظَّارَة .... التِّلفزْيُون وَالْمِصْبَاح.
٨)	أَيْن الْمَفَاتِيح؟	الْمَفَاتِيح .... مُصْطَفَى.
٩)	أَيْن الجَرِيدَة؟	الجَرِيدَة .... الْحَقِيبَة.

٢) النّفي:

هلْ الْحذَاء فَوْقَ الكُرْسِيّ؟

لا، الْحِذَاء لَيْس فَوْق الكُرْسِيّ، الْحِذَاء تَحْتَ الكُرْسِيّ.

لاحظْ القْواعد:

للسّؤال عن أماكن الْأشْياء:

١ – نسْتخْدم أداة الاسْتفْهام أيْن – أيْن الـ . . . . ؟

للسّؤال:	للْإجابة
أيْنَ الْـ . . . . ؟ (أيْنَ + اسْم)	الْـ . . . . عَلَى – فَوْقَ – تَحْت – أمَام – خَلْف – فِي – مَع – بَيْن – بِجَانِب

٢ – لاحظْ التّشْكيل:

أمَامَ الْمكْتبَةِ / خَلْفَ الْبَابِ . . . الخ.

ظَرْف الْمَكَان: مَنْصُوب بِالْفَتْحَة + الْاسْم بَعْده يَنْتَهِي بِالْكَسْرَة

٣ – للنَّفْي: ٣

لَيْس / لَيْسَتْ + فَوْق / تَحْت

- هلْ الكِتَاب تَحْت الطَّاوِلَة؟
- لا ، الكِتَاب لَيْس تَحْت الطَّاوِلَة، الكِتَاب فَوْق الطَّاوِلَة.

التّدْريبات

تدْريب (١)

١) اكْتبْ السّؤال والْإجابة تحْت كلّ صورة:

Write a question and an answer for each picture:

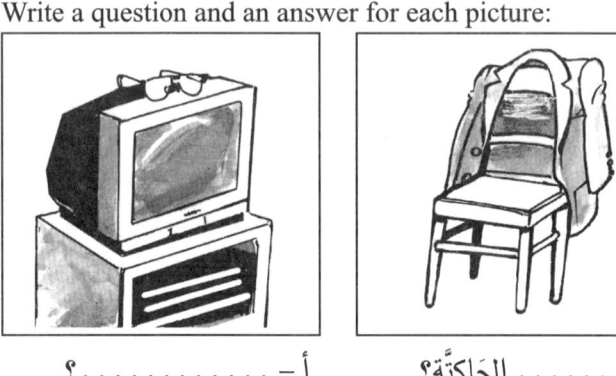

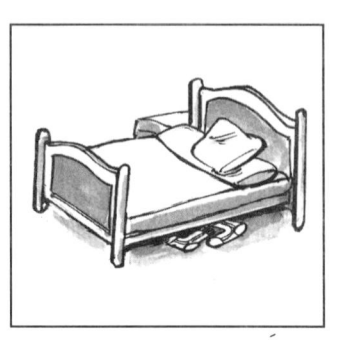

أ – أَيْنَ الجَوارِب؟
ب – الجَوارِب تَحْت السَّرِير.

أ – . . . . الجَاكِتَّة؟
ب – . . . .

أ – . . . .؟
ب – . . . .

أ – . . . .؟
ب – . . . .

نديم

أ – أَيْنَ نَدِيم؟
ب – . . . .

أ – أَيْنَ هَالَة؟
ب – . . . .

أ – . . . . مُحَمَّد؟
ب – . . . .

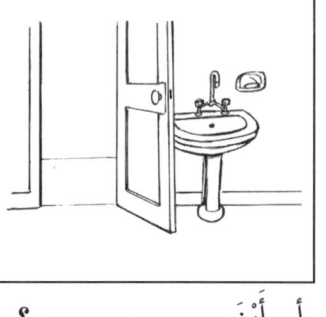

أ – أَيْنَ . . . .؟
ب – . . . .

أ – أَيْنَ . . . .؟
ب – . . . .

٢) كرّر السّؤال والْإجابة مع زميلك للتّصْحيح.

تدْريب (٢)

١) اسْألْ زميلك كالْمثال ثمّ اكْتب الْحوار:

 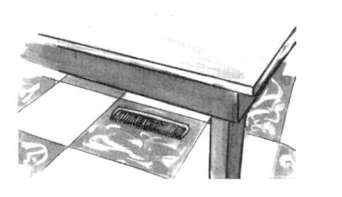 

تدْريب (٣)

١) اسْتمع إلى الْحوار واكْتب أسْماء الأشْياء على الرّسْم. اسْتخْدم الكلمات: كاميرات – تليفزْيونات – ثلّاجات – كمْبيوترات – غسّالات

الْحوار: ٤

بَائع : أَنَا فِي الْخِدْمَة.

زُبُونَة : لَوْ سَمَحْت، أَيْنَ قِسْم الكَاميرَات؟

بَائع : قِسْم الكَاميرَات بِجَانِب الْخَزِينَة.

زُبُونَة : وَأَيْنَ قِسْم الثَّلَّاجَات؟ أَمَامَ الْمَصْعَد؟

بَائع : لا ، قِسْم الثَّلَّاجَات لَيس أَمَامَ الْمَصْعَد، قِسْم الثَّلَّاجَات أَمَامَ حَمَّام السَّيِّدَات.

زُبُونَة : وأَيْنَ قِسْم التِّلفزْيُونَات؟

بَائع : قِسْم التِّلفزْيُونَات خَلْفَ قِسْم الثَّلَّاجَات.

٢) تبادل حواراً مماثلاً مع زميلك. اسْأَلْ عنْ الْمكان في الرّسْم وزميلك يصف الْمكان.

زُبُونَة : وأَيْنَ قِسْم الْغَسَّالَات؟

بَائع : قِسْم الْغَسَّالَات بَيْنَ حَمَّام السَّيِّدَات وَحَمَّام الرِّجَال.

زُبُونَة : وأَيْنَ الكَافِتِرْيَا؟

بَائع : الكَافِتِرْيَا خَلْفَ قِسْم الكُمْبْيُوتَرَات. أيّ خِدْمَة أُخْرَى؟

زُبُونَة : لا، شُكْراً. أَنَا أُرِيدُ حَمَّام السَّيِّدَات.

تدْرِيب (٤)

فِي الْمَطْبَخ

كلمات مفيدة: سِكّين / فِنْجَان / مِنْشَفَة / خُبْز / طَبَق / سَلّة مُهْمِلات / عُلبَة لَبَن / مِكْنَسَة / زُجَاجَة ماء

هَذَا مَطْبَخ نَدَى. مَطْبَخُهَا وَاسِع وَجَمِيل. هَذَا هِشَام زَوْجُ نَدَى.

١) اكْتب جملاً لأسْئلة هشام عن الْأشْياء الّتي عليْها أرْقام في الْمطْبخ كالْمثال:

السّؤال	الْإجابة
طالب (أ)	طالب (ب)
أَيْنَ السَّكِّين يَا نَدَى؟	السَّكِّين فَوْقَ الطَّاوِلَة.
وأَيْنَ فِنْجَان الشَّاي؟	فِنْجَان الشَّاي في دُولابِ الْمَطْبَخ.

٢) اعْكسوا الْأدْوار وتبادلوا الْأسْئلة عن أشْياء أخْرى

طالب (أ)	طالب (ب)
١ – أَيْنَ ....؟	....
٢ – ....؟	....
٣ – ....؟	....
٤ – ....؟	....
٥ – ....؟	....
٦ – ....؟	....

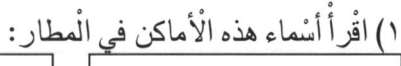

تدْريب (٥)

في الْمَطَار ٥

١) اقْرأْ أسْماء هذه الأماكن في الْمطار:

الْحَقَائِب

الْجَمَارِك

الْجَوَازَات

دَوْرَة مِيَاه

صَالَة وُصُول

السُّوق الْحُرَّة

بَوَّابَة

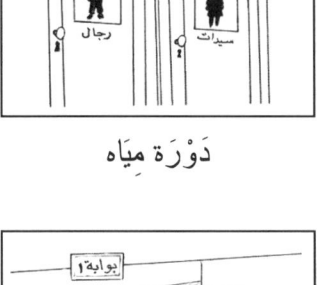

صَالَة التَّرَانْزِيت

وَزْن الْحَقَائِب

مَكْتَب الأَمْن

مَكْتَب السِّيَاحَة

اسْتِعْلَامَات الْمَطَار

٢) اقْرأ لوْحة إرْشادات الْمطار:

الاسم	المكان
١ – صَالَة التَّرَانْزِيت	الدُّور الثَّاني بِجَانب الكَافيتِرْيَا رَقْم (١)
٢ – صَالَة السَّفَر	الدُّور الأَرْضِي أَمَام الْجَوَازَات
٣ – صَالَة الْوُصُول	أَمَامَ بَوَّابَة ١٤
٤ – مَكْتَب السِّيَاحَة	الدُّور الثَّالث
٥ – دَوْرَات الْمِيَاه	الدُّور الأَوَل والثَّاني والثَّالث
٦ – الْحَقَائِب	الدُّور الأَرْضِي خَلْفَ صَالَة الْوُصُول
٧ – الجَرَاج	تَحْتَ الدُّور الأَرْضِي
٨ – مَكْتَب الأَمْن	الدُّور الرَّابع بجَانب الكَافتِرْيَا رَقْم (٢)
٩ – اسْتِعْلَامَات الْمَطَار	الدُّور الأَرْضِي والأول أَمَام البوابات
١٠ – وَزْن الْحَقَائِب	الدُّور الأَرْضِي بعد الجوازات وصَالَة السَّفَر
١١ – السُّوق الْحُرَّة	الدُّور الثَّالث أَمَام مَكْتَب السِّيَاحَة

كلمة مفيدة: لا تتأخر

٣) اتْرُك رِسَالَة لِصَدِيقِك فِي مَكْتَب الاسْتِعْلَامَات أو رسالة تليفونية عنْ مَكَانِك كَالْمِثَال:

Write a message to your friend telling him where to meet you:

عزيزي خالد:

أنا في السوق الحرّة، بالدور الثالث بجانب مكتب السياحة.

الطائرة الساعة ٩,١٥ بالضبط، بوابة رقم ٦١. لا تتأخر!

وليد

تدْريب (٦) ٦

كلمات مفيدة: حفل – عيد ميلاد – يسأل

هَذَا حَفْل عِيد مِيلَاد سَالِم. حَمِيد صَدِيق سَالِم مِن لِيبْيَا، هُوَ يَسْأَل عَنْ أَصْدِقَاء سَالَم فِي الْحَفْل.

١) اسْمَعْ وَاكْتُبْ اسْم الشَّخْص.

٢) اسْمَعْ وَاكْتُبْ فِي الْجَدْوَل مَكَان الْأَصْدِقَاء.

	الْاسْم	الْمكان
١	مَاجِد	بَيْنَ سَلْوَى وَعَبْلَة
٢		
٣		
٤		
٥		

نصّ الاسْتماع لتدْريب (٦) ٦

حَميد : مَنْ بَيْنَ سَلْوَى وَعَبْلَة؟

سَالِم : بَيْنَ سَلْوَى وَعَبْلَة مَاجِد.

حَميد : وَمَنْ أَمَامَ سَميح؟

سَالِم : مُهَاب أَمَامَ سَميح.

حَميد : وَمَن فَوْقَ الكُرْسِيّ؟

سَالِم : دُعَاء فَوْقَ الكُرْسِيّ.

حَميد : وَمَنْ خَلْفَ زِيَاد؟

سَالِم : هَادِيَة خَلْفَ زِيَاد – وَهَذِهِ شَيْمَاء عَلَى الْأَرِيكَة.

الْمحادثة:

١) اسْتخْدم أسْماء الْأماكن في تدْريب ٤ ولوْحة إرْشادات الْمطار لتسْأل عن بعْض الْأماكن كالْمثال:

(طالب (أ) موظّف اسْتعْلامات الْمطار وطالب (ب) راكب)

مثال للْحوار: ٧

رَاكِبَة : لَوْ سَمَحْتَ أَيْنَ السُّوق الْحُرَّة؟

مُوَظَّف: السُّوق الْحُرَّة في الدُّور الثَّالِث أَمَامَ مَكْتَب السِّيَاحَة.

٢) اعْكسوا الْأدوار وكرّروا النّشاط.

٣) تكلّم عن مطار بلدك وصفْ الْأماكن فيه.

٤) اكْتب جملاً عنْ هذا الْمطار واقْرأْها أمام الْفصْل لزيادة معْلوماتهم عن مطار بلدك.

مثال:

فِي بَلَدِي مَطَار اسْمُهُ . . . .

السُّوق الْحُرَّة فِي الدُّور . . . . أَمَامَ . . . .

صَالَة التَّرَانْزِيت فِي الدُّور. . . . . .خَلْفَ. . . . . .أَوْ بِجَانِب . . . .

مَكْتَب الْاسْتِعْلَامَات فِي . . . . إلخ.

تقْديم (٢)

أيْنَ الصَّيْدَلِيَّة؟ ٨

١) ادْرس هذه الكلمات:

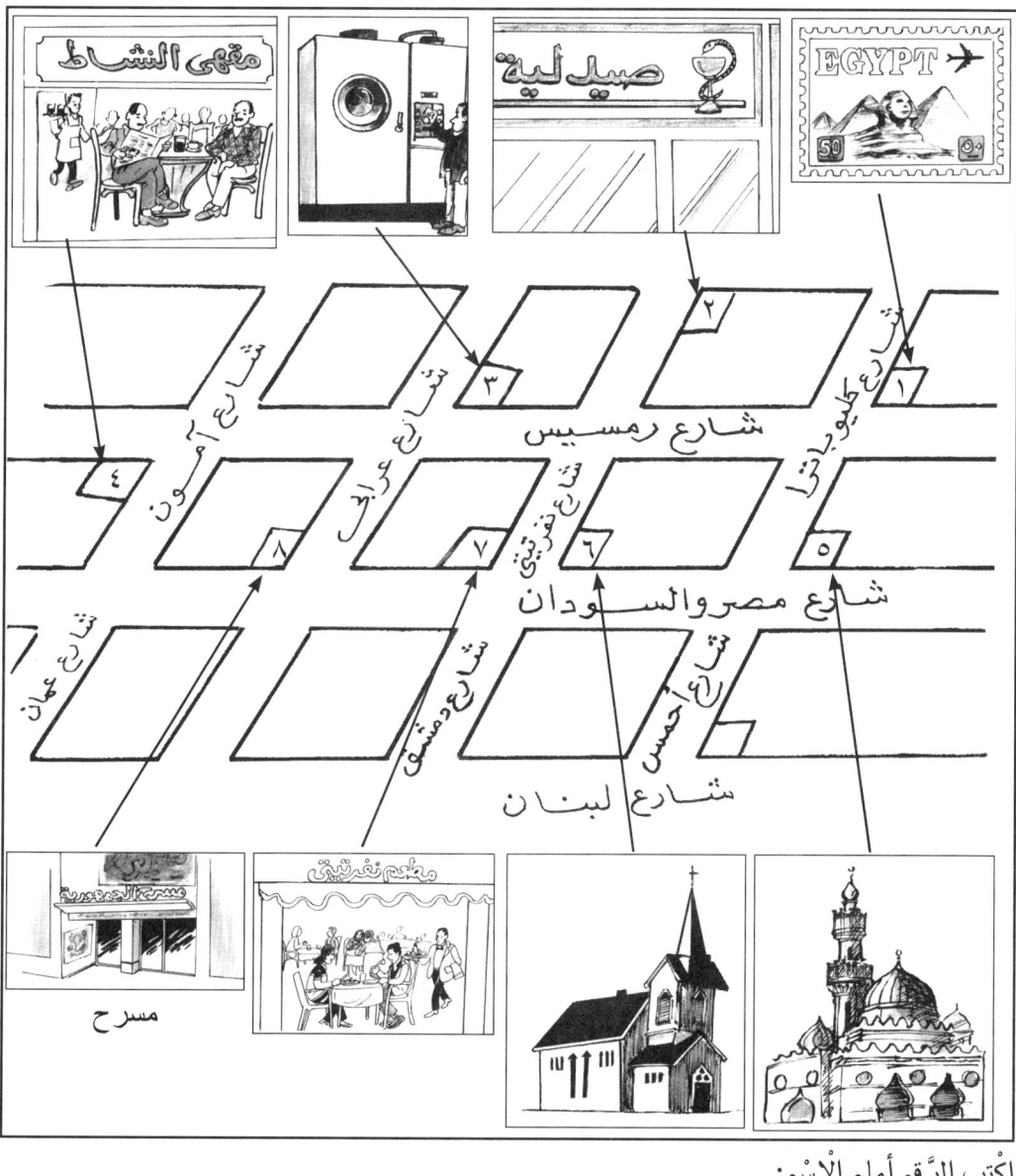

اكْتب الرَّقم أمام الاسْم:

--- مَكْتَب بَرِيد	--- صَيْدَلِيَّة	--- مَغْسَلَة	--- مَقْهى
--- مَسْجِد	--- كَنِيسَة	--- مَطْعَم	--- مَسْرَح

اسْمع لتصحّح إجابتك.

ادْرس الكلمات:

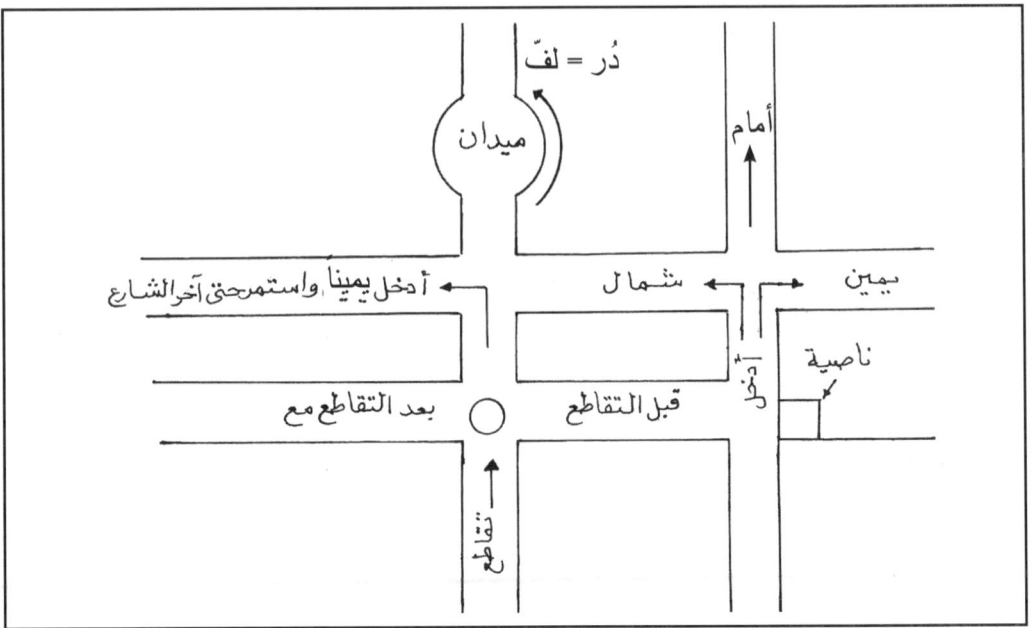

انْظرْ إلى الْخريطة السّابقة

٢) اقْرأْ الْحوار ، ثمّ أجب: "أَيْنَ السّائحة؟" ٩

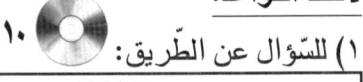

سَائِحَة : لَوْ سَمَحْت أَيْنَ مَكْتَب الْبَرِيد؟

رَجُلٌ : أَنْتِ الْآنَ فِي شَارِع مِصْرَ وَالسُّودَان ،
ادْخُلِي يَميناً فِي شَارِع كِلْيُوبَاتْرَا.

سَائِحَة : يَميناً فِي شَارِع كِلْيُوبَاتْرَا حَسَناً.

رَجُلٌ : اسْتَمِرِّي فِي شَارِع كِلْيُوبَاتْرَا
حَتَّى بَعْدَ التَّقَاطُع مَعْ شَارِع رَمْسِيس ، الصَّيْدَلِيَّة عَلَى الْيَمِين وَعَلَى النَّاصِيَة.

سَائِحَة : الصَّيْدَلِيَّة عَلَى الْيَمِين. عَلَى النَّاصِيَة. شُكْراً.

رَجُلٌ : عَفْواً.

كرّرْ الْحوار مع زميلك وأجبْ أَيْنَ الصَّيْدَلِيَّة؟

لاحظْ الْقواعد:

١) للسّؤال عن الطّريق: ١٠

السّؤال	الْإجابة
أَيْنَ الصَّيْدَلِيَّة؟	ادْخُلْ فِي شَارِع .... اسْتَمِر حَتَّى شَارِع ....

أَيْنَ الـ + اسْم؟	لِفّ (دُر) الْمَيْدَان ادْخُلْ يَميناً / يَسَاراً الصَّيْدَلِيَّة عَلَى الْيَمِين/ الْيَسار عَلَى النَّاصِيَة قَبْلَ تَقَاطُع شَارِع .... بَعْدَ تَقَاطُع شَارِع ....

٢) للاسْتفْسار عن صحّة الْمعْلومة ١١

- هلْ الصَّيْدَلِيّة عَلَى الْيَمين؟ لا ، الصَّيْدَلِيّة لَيْست عَلَى الْيَمين ، الصَّيْدَلِيّة عَلَى الْيَسار .

هل الـ ....؟ ✗ لا ،	لَيْسَ لَيْسَت	عَلَى الْيَمِين / خَلْف / أَمَام ... الخ .
✓ نعم ،	عَلَى الْيَمين	

التّدْريبات

تدْريب (١)

كلمات مفيدة: قسم البوليس – المتحف – محطة أتوبيس – مسجد

اكْتب أسماء هذه الأماكن . Write the names of these places.

هَذَا ___________ ___________ ___________

___________ ___________ ___________

تدْريب (٢)

كلمات مفيدة: سفارة / حلاق / جامعة / حديقة / كنيسة

١) صلْ جمْلة (أ) مع (ب) حسب الْخريطة:

Connect (A) and (B) according to map:

(أ)	(ب)
١ – الْمَغْسَلَة	في شَارِع (١) بِجَانب الْحَدِيقَة.
٢ – الْمَرْكَز التِّجَارِي (٢)	عَلَى نَاصِيَة شَارِع ٥ وَشَارِع ٢ بِجَانب وَيمين الْمَكْتَبَة.
٣ – السِّفَارَة	في شَارِع ٣ عَلَى نَاصِيَة الْمِيدَان وَيَسَار مَحَطَّة الْأُتُوبِيس.
٤ – الْمَقْهَى	في شَارِع ٣ بِجَانب الْمَرْكَز ا لتُّجَارِي رقْم (١).
٥ – الْكَنِيسَة	في شَارِع ١ وَعَلَى نَاصِيَة شَارِع ٤، ٥ وَخَلْف الْمُتْحَف وَالسِّينَمَا.
٦ – قِسْم الْبُولِيس (الشُّرْطَة)	عَلَى نَاصِيَة شَارِع ٣، ٤ أَمَامَ الْجَامِعَة.

٢) تبادل مع زميلك السّؤال عن باقي الْأماكن ثمّ اكْتبْها كالْمثال في رقْم (١).

Ask your partner about the remaining places and write down the conversation.

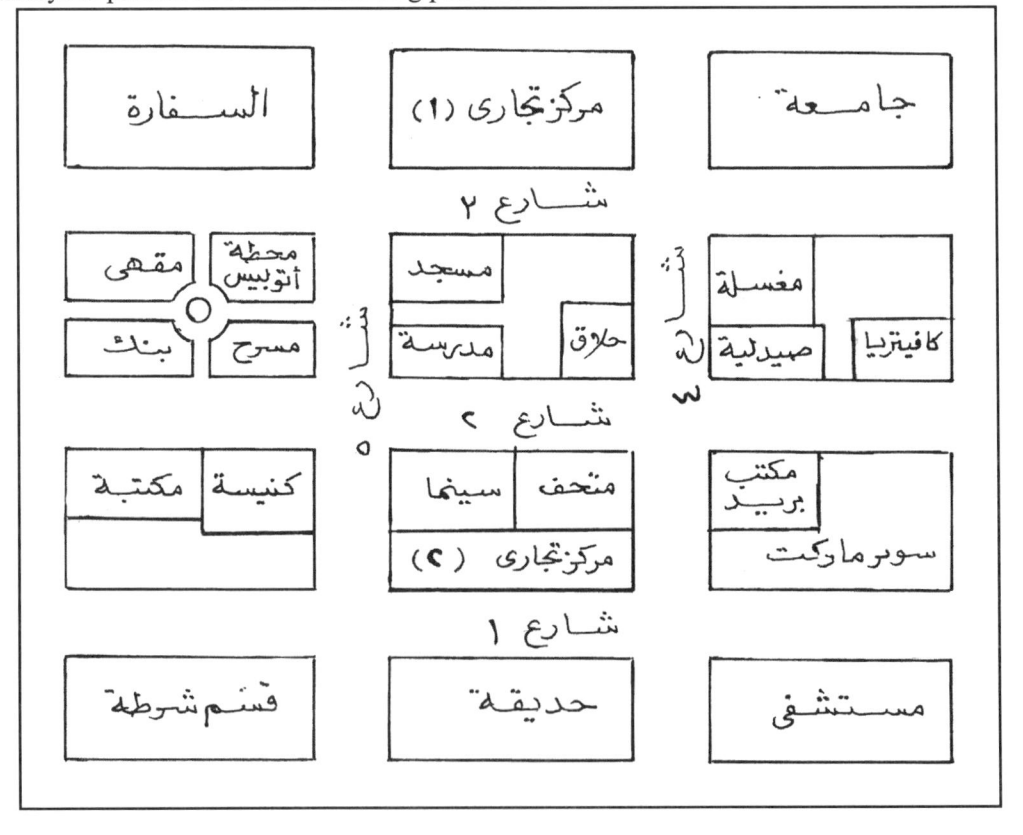

تدْريب (٣)

ادخل إلى الموقع واتَّبع التّعْليمات.

Go to the website and follow the instructions.

تدْريب (٤)

هَذِه رِسَالَة قَصِيرَة لِصَدِيق، اقْرأ النّصّ وأجب عن الأسْئلة:

Read this short note to a friend and answer:

١ – أَيْنَ بَيْت شَادي؟

عزيزي مفدي

بيتي الجديد في منطقة المهندسين القاهرة

عنواني ٦٥ شارع الثورة الدور الثالث

شقة ٤٦ العمارة بجانب مسجد الصديق

أمام المركز التجاري

ادخل شارع أحمد حسين - استمر في الشارع

حتى التقاطع - العمارة على الناصية

شادي

اقْرأ مرّة ثانية وأجبْ:

١ – عُنْوَان شَادي: ---- شَارِع ---------- الدُّور -------- شقَّة رقْم -----

٢ – طَرِيقَة الْوُصُول: ------------------------------

٣ – اكْتب اسْم الشّارع وارْسم مكان الْعمارة على الْخريطة.

المركز التجارى
المسجد

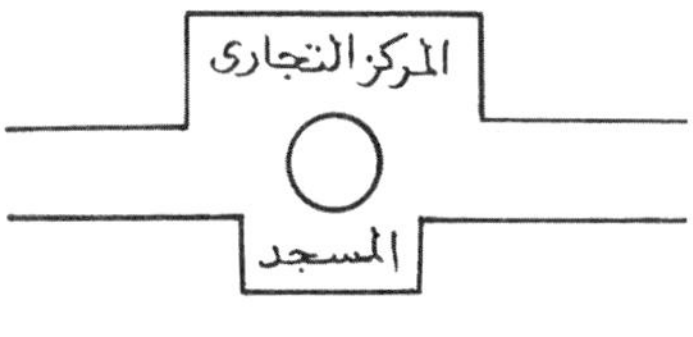

تدْريب (٥)

الْيَوْم حَفْلَة

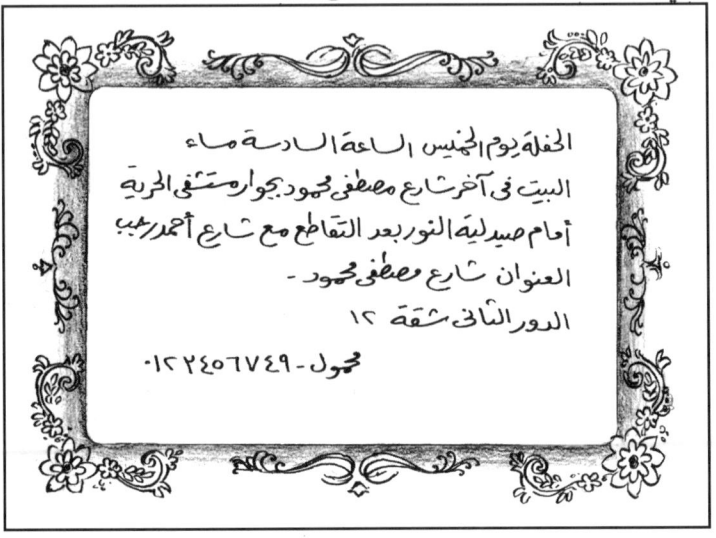

بجانب = بجوار

هَذِهِ دَعْوَة زَمِيل فِي الْفَصْل لِحَفْلَة. اقْرَأ الدَّعْوَة. مَتَى مَوْعِد الْحَفْلَة؟

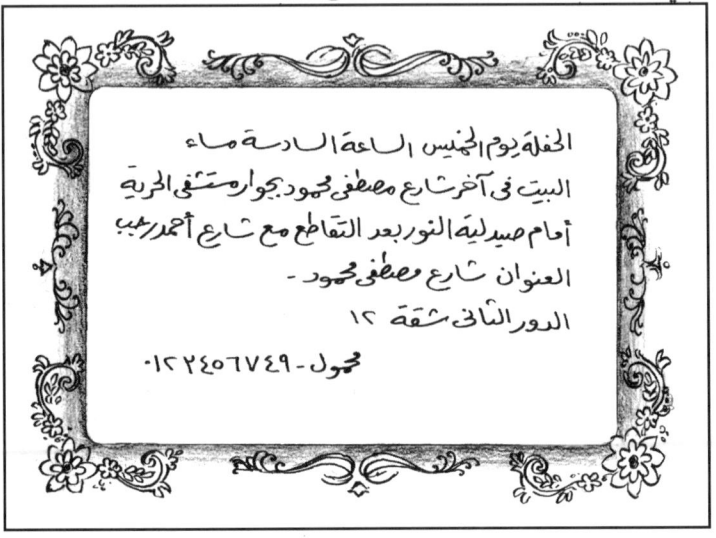

اقْرأ مرّة أخْرى ثمّ أجب:

١ – مَا وَصْف الطَّرِيق؟

٢ – مَا عُنْوَان صَاحِب الْحَفْلَة؟

٣ – اكْتُب دَعْوَة مُمَاثِلَة لِحَفْلَتِك وَاكْتُب وَصْف الطَّرِيق والْعُنْوَان.

الْمحادثة:

تدْريب (١)

هُنَا بَيْتِي

١) صِفْ طَرِيق بَيْتِك لِزَمِيلِك . اسْتَخْدِم الْخَرِيطَة.

Give the directions to your home using the map.

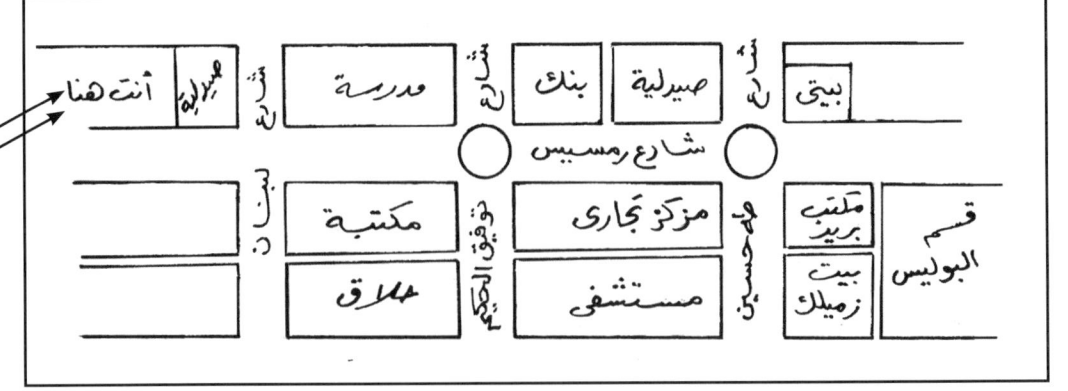

٢) اعْكسوا الأدْوار والزّميل يصف الطّريق إلى بيته.
٣) ارْسم خَرِيطَة حَقِيقِيَّة لِبَيْتك ثُمَّ ابْدَأ فِي شَرْح التَّعْلِيمَات لِصَدِيقِك.

تدْريب (٢)

تَبَادَلُوا السُّؤَال عَنْ هَذِهِ الْأَمَاكِن ثُمَّ اكْتُبُوا الْإِجَابَة أَمَامَ كُلِّ مَكَان:

١- أَيْنَ شَارِع التَّحْرِير؟

٢- أَيْنَ الْمَدْرَسَة الْأَلْمَانِيَّة؟

٣- أَيْنَ شَارِع جَامِعَة الدُّوَل الْعَرَبِيَّة؟

٤- أَيْنَ مُسْتَشْفَى السَّلام؟

٥- أَيْنَ الْمُتْحَف الزِّرَاعِي؟

٦- أَيْنَ نَادِي الصَّيْد؟

اسْتخْدموا الْخريطة التّالية لوصْف هذه الأماكن.

LEGEND
Map Not To Scale
Embassy
Bridge
Tunnel
Major Street
Buildings
Grassy Area
Waterway
Areas
To Other Areas
MOHANDESSEEN
AGOUZA
DOKKI
GIZA
Tarsana Club
Zamalek Club
Balloon Theater
Nabila Hotel
Atlas Zamalek Hotel
As-Salam Hospital
Shooting Club
Agricultural Museum
Museum Modern Art
Cairo Sheraton
Pyramisa Hotel
Safir Cairo Hotel
Concorde Hotel
German School
Orman Garden
Fish Garden
Fine Arts College
Golden Tulip Flamenco Hotel
To Ring Road (Alexandria Road)
26th of July ext.

تذكّر

١) السّؤال عن الْأماكن:

السّؤال	الْإجابة
١) أَيْنَ الْقَلَم؟	الْقَلَم تحت الطَّاوِلَة.
	(أمام – فَوْقَ – بين – في – مع – خلف – على – بجانب)
٢) هَلْ الْقَلَم فَوْقَ الطَّاوِلَة؟	لا ، الْقَلَم ليس فَوْقَ الطَّاوِلَة. الْقَلَم تحت الطَّاوِلَة.
هَلْ الْحَقِيبَة فَوْقَ الطَّاوِلَة؟	لا ، الْحَقِيبَة ليست فَوْقَ الطَّاوِلَة. الْحَقِيبَة تحت الطَّاوِلَة.

٢) للنّفْي:

مذكّر	**لَيْس**	
مؤنّث	**لَيْسَتْ**	+ فَوْقَ الطَّاوِلَة

٣) لِوَصْف الطَّرِيق:

ادْخُلْ فِي شَارِع .... اسْتَمِرّ حَتَّى .... ادْخُلْ يمِيناً / يَسَاراً

لفّ حَوْلَ الْمَيْدَان – قَبْل / بَعْد التَّقَاطُع

الْمَكْتَب عَلَى الْيَمِين – عَلَى الْيَسَار

الْوِحْدَةُ التاسعة

أحْداث وأفْعال يوْميّة أو روتينيّة ١

هَدَفُ الْوِحْدَةِ:

تقْديم ١: يوْم في حياة باسم

١ – التّعْبير عن أحْداث يوْم عمَل

٢ – التّعبير عن الْعادة الْيوْميّة

تقْديم ٢: الإِجازة الْأسْبوعيّة

١ – الكلام عن الْأنْشطة في الْإجازة الْأسْبوعيّة – نفْي بعْض الْأعْمال الْيوْميّة

٢ – اسْتخْدم لغة النّفْي لنَفْي بعْض الْعادات والْأمْثال

تقْديم (١)

يَوْم في حياة باسم ٢

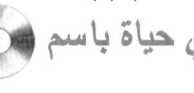

أ) اقْرأْ الْقصّة. مَاذَا يفْعلُ باسم كلّ يوْم؟

يَسْتَيْقِظُ من النَّوْمِ السَّاعة ٦ صَبَاحاً.

يَشْرَبُ الْقَهْوَة وَيَقْرَأُ الجَرِيدَة السَّاعَة . . . .

يَفْطِرُ السَّاعَة . . . .

يَغْسِلُ وجهه السَّاعَة . . . .

يَلْبَسُ مَلَابِسَهُ السَّاعَة . . . . .

يرْكَبُ سَيّارَته السَّاعَة . . . .

يَذْهَبُ إِلَى الْعَمَل السَّاعَة . . .

يَتَغَدَّى السَّاعَة . . . .

يَعْمَلُ إِلَى السَّاعَة . . . .

يَرْجِعُ إِلَى الْبَيْت السَّاعَة . . .

يُشَاهِدُ التِّلِيفِزْيُون السَّاعَة . . .

يَتَعَشَّى السَّاعَة . . . .

يَنَامُ السَّاعة . . . .

ب) اسْمعْ: مَاذَا يفْعلُ باسم الْآن؟ ٣

سَعِيد: آلُو، بَاسِم هَلْ تَذْهَبُ مَعِي إِلَى الكَافيتِرْيَا الْآن؟

بَاسِم: لا، آسِف يَا سَعِيد. أَنَا أَعْمَلُ فِي الْمَكْتَب الْآن.

لاحظْ الْقواعد:

١) زَمَن الْفعْل الْمضارع للأعْمال الرّوتينيّة الْيوْميّة:

للسّؤال عن الْفعل: نسْأل عن الْفعل بـ "مَاذَا"؟

مثال: مَاذَا يَعْمَل كلّ يوْم؟ لتصْريف زمن الْفعْل الْمضارع / الْمضارع الْمسْتمرّ

	الفعل	أَنَا	أَنْتَ	أَنْتِ	هُوَ	هِيَ
		أ + ـــــ	ت + ـــــ	ت+ـــ+ين	يـ + ـــــ	تـ + ـــــ
٤	يَسْتَيْقِظُ	أَسْتَيْقِظُ	تَسْتَيْقِظُ	تَسْتَيقِظين	يَسْتَيْقِظُ	تَسْتَيقِظُ
	يَشْرَبُ	أَشْرَبُ	تَشْرَبُ	تَشْرَبين	يَشْرَبُ	تَشْرَبُ
٥	يَقْرَأُ	أَقْرَأُ	تَقْرَأُ	تَقْرَأين	يَقْرَأُ	تَقْرَأُ
	يَفْطِرُ	أَفْطِرُ	تَفْطِرُ	تَفْطِرين	يَفْطِرُ	تَفْطِرُ
٦	يَغْسَلُ	أَغْسَلُ	تغسلُ	تغسلين	يَغْسَلُ	تَغْسَلُ
	يَلْبَسُ	أَلْبَسُ	تلبسُ	تلبسين	يَلْبَسُ	تَلْبَسُ
٧	يَرْكَبُ	أَرْكَبُ	تركبُ	تركبين	يَرْكَبُ	تَرْكَبُ
	يَذْهَبُ	أَذْهَبُ	تَذْهَبُ	تَذْهَبين	يَذْهَبُ	تَذْهَبُ
٨	يَتَغَدَّى	أَتغدى	تتغدَّى	تتغدَّيْن	يتغدَّى	تتغدَّى
	يَعْمَل	أَعْمَلُ	تَعْمَلُ	تَعْمَلين	يَعْمَلُ	تَعْمَلُ
٩	يَرْجِعُ	أَرْجِعُ	تَرْجِعُ	تَرْجِعين	يَرْجِعُ	تَرْجِعُ
	يُشَاهِدُ	أُشَاهِدُ	تُشَاهِدُ	تُشَاهِدين	يُشَاهِدُ	تُشَاهِدُ

٢) لاحظ الزّيادات في أوّل الفعل وآخره:

أَنَا	أَنْتَ	أَنْتِ	هُوَ	هِيَ
أ + الفعل	تـ + الفعل	ت + الفعل + ين	يـ + الفعل	تـ + الفعل
أ + ———	**تـ** + ———	**تـ** + ——— + **ين**	**يـ** + ———	**تـ** + ———

٣) لاحظْ تشابه التّصْريف بيْن الضّميريْن:

أَنْتَ تَغْسلُ.   هِيَ تَغْسلُ.
أَنْتَ تَقْرأُ.   هِيَ تَقْرَأُ.

٤) للسّؤال عَن الْمُضَارِع الَمُسْتَمرّ "الآن": **١٠**

- مَاذَا تَفْعَلُ الْآن؟   - أَنَا أَشْرَبُ الْقَهْوَة الآن.

التّدْريبات

تدْريب (١)

١) اكْتُبْ جُمْلَة تَحْت كُلّ صُورَة. مَاذَا يَفْعَلُ عَلِي الْآن؟

هُوَ يَشْرَبُ الْقَهْوَة الْآن .

. . . . السَّاعَة . . . . . .

. . . .

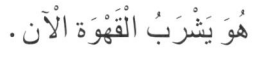

. . . .

. . . .

. . . .

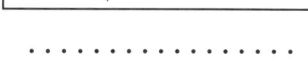

. . . .

. . . .

. . . .

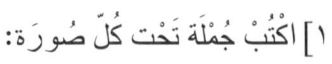

تدْريب (٢)

١] اكْتُبْ جُمْلَة تَحْت كُلّ صُورَة: Write a sentence under each picture:

أَنْتِ . . . .

هِيَ تَقْرَأُ كِتَاباً السَّاعَة التاسعة

هُوَ . . . .

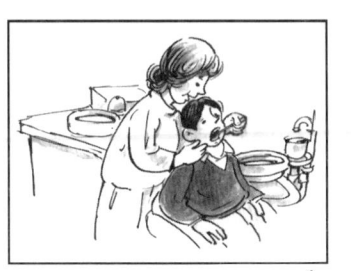

أَنَا . . . .

أَنْتِ . . . .

أَنَا . . . .

أَنْتَ . . . .

أَنْتِ . . . .

تدْريب (٣)

١) اكْتُبْ جُمْلَة صَحيحَة: Write a proper sentence:

أَنْتَ	تَقْرَأُ كتَاباً.	هيَ	------- قَهْوَة.	أنَا	------ صَبَاحاً.
أَنْت	تَقْرَئين كتَاباً.	أَنْتَ	------- شَاياً.	هيَ	-------.
أَنَا	-------.	أنَا	------- لَبَناً.	أَنْت	-------.
هُوَ	-------.	أَنْت	------- عَصيراً.	هُوَ	-------.
هِيَ	-------.	هُوَ	------ كُوكَاكُولا.	أَنْتَ	-------.

تدْريب (٤) ١١

كلمة مفيدة: عطلة أسبوعية

١) اسْمع: مَاذَا تَعْمَل صَفَاء كُلّ يَوْم؟

٢) اسْمع مرّة أُخْرى واكْتُبْ (✓) أَوْ (×):

١ – صَفَاء طَالبَة. (   )
٢ – صَفَاء مُدَرِّسَة في مَدْرَسَة الشُّرُوق. (   )
٣ – صَفَاء تَسْتَيْقظُ السَّاعَة الْخَامسَة صَباحاً. (   )
٤ – صَفَاء تَعْمَلُ ٥ أَيَّام فِي الْأُسْبُوع. (   )
٥ – هِيَ تَذْهَبُ إِلَى الْعَمَل السَّاعَة ٧,٣٠ صَبَاحاً. (   )
٦ – هِيَ تَتَعَشَّى السَّاعَة ٨:١٥. (   )
٧ – صَفَاء تَنَامُ السَّاعَة الْعَاشِرَة مَسَاء. (   )

٣) أَكْمِل النَّصّ بِالكَلِمَات الآتِيَة: Complete the text using a proper word from the box:

تَعْمَلُ – تُفْطِرُ – تَرْجِعُ – تَذْهَبُ – تُشَاهِدُ – تَقْرَأُ – تَنَامُ – تَسْتَيْقِظُ – تَتَغَدَّى – تَتَعَشَّى – تَرْكَبُ

صَفَاء –––––––– مُدَرِّسَة فِي مَدْرَسَة السَّيِّدَة عَائِشَة. هِيَ –––––––– إِلَى الْعَمَل كُلَّ يَوْم. الْعُطْلَة الأُسْبُوعِيَّة يَوْمَي الْجُمْعَة وَالسَّبْت.

هِيَ –––––––– السَّاعَة السَّادِسَة صَبَاحاً وَ –––––––– ثُمَّ –––––––– السَّيَّارَة إِلَى الْعَمَل السَّاعَة ٧:٣٠ وَصَفَاء –––––––– فِي الْمَدْرَسَة السَّاعَة ١٢ ظُهْراً.

هِيَ –––––––– إِلَى الْبَيْت السَّاعَة الرَّابِعَة. وَ –––––––– السَّاعَة الْخَامِسَة، ثُمَّ –––––––– التِّلِيفِزْيُون أَوْ –––––––– كِتَاباً. هِيَ –––––––– السَّاعَة الْعَاشِرَة مَسَاء.

صحّح مِن الاسْتِماع ١١

تَدْرِيب (٥)

Complete with an appropriate verb: اكْتُبْ فِعْلاً مُنَاسِباً:

١ – أَحْمَد –––––––– حَتَّى السَّاعَة الْخَامِسَة مَسَاء.

٢ – نِهَاد –––––––– ثَوْباً جَمِيلاً الآن.

٣ – أَنَا –––––––– سَيَّارَة حَمْرَاء.

٤ – مَاذَا –––––––– يَا سُعَاد؟ قَهْوَة أَمْ شَاياً؟

٥ – سَعِيد –––––––– حِذَاءً أَسْوَد.

٦ – أَنَا –––––––– إِلَى الْعَمَل السَّاعَة الثَّامِنَة صَبَاحاً.

٧ – مَتَى –––––––– لِلْعَمَل كُلَّ يَوْم يَا عَالِيَة؟

٨ – هَلْ –––––––– التِّلِيفِزْيُون كُلَّ يَوْم يَا مَاجِدَة؟

٩ – سَمِير –––––––– السَّاعَة ٣ ظُهْراً.

١٠ – هَلْ –––––––– الْجَرِيدَة الآن يَا مُصْطَفَى؟

تَدْرِيب (٦)

ادخل إِلَى الموقع واتَّبع التَّعْلِيمات.

Go to the website and follow the instructions.

تدْريب (٧)

كلمات مفيدة: يطبخ / يذاكر – يأخذ حماماً

١) انْظُر إلَى الصُورَة واسْأل زميلك: أيْن مجْدي؟ مَاذَا يَفْعَل الآن؟

Look at the first picture and ask your friend: Where is Magdy? What is he doing now?

٢) اكْتُبْ جُمَلاً عن كُلّ صُورَة تصف ما في الصُورَة:

Write sentences describing each picture:

مثال:

١ – مَجْدِي يَأْخُذُ حَمَّاماً الآن. الْحَمَّام كَبير. الْحَوْض خَلْفَ الْبَابِ. الْمِنْشَفَة عَلَى الكُرْسِيّ.

تدْريب (٨)

كلمات مفيدة: النادي – أَلْعَب تنس

١) اقْرأْ واكْتُبْ رَقْم الصُورَة الْمُنَاسِب أَمَام النّص الصّحيح:

Match each picture with the right paragraph:

١٢   ١٣   ١٤

أ) ______)	ب) ______)	ج) ______)
أَنَا اسْمي نَدَى. أَنَا أَعْمَلُ سكْرِتيرَة. أَتَغَدَّى السَّاعَة الْوَاحِدَة. وَأَشْرَبُ الْقَهْوَة في الاسْتِرَاحَة. أَرْجِعُ إِلَى الْبَيْت السَّاعة السَّادِسَة مَسَاء. أُشَاهِدُ فِيلْماً جَمِيلاً بَعْد الْعَشَاء.	أَنَا اسْمي رَاجِيَة. أَنَا أَعْمَلُ طَبِيبَة فِي مُسْتَشْفَى الْهِلَال. أَذْهَبُ إِلَى الْعَمَل السَّاعَة التَّاسِعَة وَأَرْجِعُ إِلَى الْبَيْت السَّاعَة الرَّابِعَة. أَتَغَدَّى ثُمّ أُشَاهِدُ التِّلِيفِزْيُون وَأَقْرَأُ الْأَخْبَار فِي الجَرِيدَة، ثُمّ أَنَامُ السَّاعَة الْعَاشِرَة مَسَاء.	أَنَا اسْمي مُصْطَفَى. أَنَا أَعْمَلُ مُدَرِّساً. أَسْتَيْقِظُ السَّاعَة السَّابِعَة وَأُفْطِر السَّاعَة ٧:٣٠ وَأَشْرَب الْقَهْوَة السَّاعَة ١٢. وَأَتَغَدَّى فِي الْمَدْرَسَة السَّاعة الواحدة. أَرْجِعُ إِلَى الْبَيْت السَّاعَة ٣، ثُمّ أَذْهَبُ إِلَى النَّادي وَأَلْعَبُ التِّنس حَتَّى السَّاعة الْخَامِسَة.

٢) تبادل مع زميلك أسْئلة عن كلّ نصّ كالْمثال:

١ – مَاذَا يَعْمَلُ مُصْطَفَى؟

٢ – مَتَى يَسْتَيْقِظُ؟

٣ – مَتَى يُفْطِرُ؟

٤ – مَاذَا يَعْمَلُ مُصْطَفَى السَّاعَة ١٢؟

٥ – مَتَى يَتَغَدَّى؟

٦ – مَاذَا يَفْعَلُ مُصْطَفَى السَّاعَة الثَّالِثَة؟

٧ – مَاذَا يَفْعَلُ بَعْد السَّاعَة الثَّالِثَة؟

المحادثة:

١ – اسْأل زميلك هَذه الأسْئلة واملأ الجدْول:

Ask your partner the following questions and fill in the table:

طالبة (٤) اسْمُها ـــــ	طالبة (٣) اسْمُها ـــــ	طالب (٢) اسْمُهُ ـــــ	طالب (١) اسْمُهُ ـــــ	السّؤال
				١ – مَتَى تَسْتَيْقِظُ؟
				٢ – هَلْ تُفْطِرُ كُلَّ يَوْم؟
				٣ – هَلْ تَقْرَأُ الجَريدة في الصَّباح أو الْمَساء؟
				٤ – مَتَى تَذهَبُ إلَى الْعَمَل؟
				٥ – كَيْف تَذهَبُ إلَى الْعَمَل؟
				٦ – مَتَى تَتَغَدَّى؟
				٧ – هَلْ تَشْرَبُ الْقَهْوَة في الْبَيْت أمْ في الْعَمَل؟
				٨ – مَتَى تَرجِعُ إلَى الْبَيْت؟
				٩ – مَاذا تَفْعَل بَعْد الظُّهْر؟
				١٠ – مَتَى تَنَامُ؟
				١١ – مَاذا تَفْعَلُ الْآن؟

٢) اكْتُبْ أربعة أسْطر عن صديقك واسْتخْدم الإجابات مِن الجدْول، ثُمَّ اقْرأْ ما كتبْت على الْفصْل.

Use the information from the table to write four lines about your friends' habits.

٣) اكْتُبْ ما لا يقل عن أربعة أسْطر عن عاداتك اليَوْمية. مَاذَا تَفْعَل كُلَّ يَوْم؟ قدّم للْفصْل ما كتبْت.

Write four lines about your daily routine and present it before the class.

تقْديم (٢)

الإِجَازَة الأسبوعية ١٥

Read the dialog and answer the questions: اقْرأ الْحوار وأجب عن الأسْئلة:

ماذاتفعلين فى الإجازة ياهاله ؟
ماذا تفعل فى الإجازه ياحسين ؟

١٦

مَاذَا تَفْعَلين فِي الإِجَازَة يَا هَالَة؟	مَاذَا تَفْعَلُ فِي الإِجَازَة يَا حُسَيْن؟
يَوْمَ الجمعة: أنَا أُنَظِّفُ الْبَيْت، أَقْرَأُ كِتَاباً، أَدْرُس قَلِيلاً ثُمَّ أَلْعَبُ التِّنس بَعْد الظُّهْر. يَوْمَ السَّبْت: أنَا أَزُورُ أبِي وَأُمِّي. وَأَنْتَ مَاذَا تَفْعَلُ فِي الإِجَازَة الأُسْبُوعيَّة يا حُسَيْن؟	يَوْمَ الجمعة: أنَا لا أُنَظِّفُ الْبَيْت ولا أَدْرُسُ، وَلَكِن أذهبُ إِلَى السينما واسمع موسيقى. وِيَوْمَ السَّبْت: أَتَعَشَّى فِي مَطْعَم جَمِيل ثُمّ أُشَاهِدُ التِّلِيفِزْيُون فِي الْبَيْت.

أجب عن الأسْئلة:

١ – هَلْ حُسَيْن يُنَظِّفُ الْبَيْت يَوْم الجُمْعَة؟

لا، حُسَيْن لا يُنَظِّفُ الْبَيْت يَوْم الجُمْعَة.

٢ – هَلْ هَالَة تُشَاهِدُ فِيلْماً فِي الإِجَازَة؟

لا، هَالَة لا تُشَاهِدُ فِيلْماً، هَالَة تَزُورُ عَائِلَتها.

لاحظْ الْقواعد: ١٧

١) للسّؤال عن الْفعْل:

مَاذَا تَفْعَلُ في يَوْم الإجَازَة؟ الْآن؟ كُلّ يَوْم؟

لاحظ التّصْريف: ١٨

أَنَا	أَنْتَ	أَنْتِ	هُوَ	هِيَ	الفعل
لا أُنَظِّفُ	تُنَظِّفُ	تُنَظِّفين	ينظفُ	تُنَظِّفُ	ينظِّفُ
لا أَدْرُسُ	تَدْرُسُ	تَدْرُسين	يَدْرُسُ	تَدْرُسُ	يَدْرُسُ
لا أَزُورُ	تَزُورُ	تَزُورين	يَزُورُ	تَزُورُ	يَزُورُ
لا أَلْعَبُ	تَلْعَبُ	تَلْعَبينَ	يَلْعَبُ	تَلْعَبُ	يَلْعَبُ
لا أسْمَعُ	تسْمَعُ	تسْمَعِين	يسْمَعُ	تسْمَعُ	يسْمَعُ

٢) للنَّفْي: ١٩

هَلْ تَدْرُسُ يَوْمَ الجُمْعَة؟

لا ، لا أَدْرُسُ يَوْمَ الجُمْعَة ، وَلَكن أَلْعَبُ التِّنس .

لا + الفعل المضارع المرفوع
لا + أَدْرُسُ

التدريبات

تدْريب (١)

أجب عن السّؤال من الصُورَة: Answer according to the pictures:

مَاذَا تَفْعَلُ عاليَة الْآن؟

هَلْ تَشْرَبُ الْقَهْوَة؟

لا ، هِيَ لا . . . .

هِيَ . . . .

هَلْ تَلْعَبُ التِّنس؟

لا ، هِيَ لا . . . .

هِيَ . . . .

هَلْ تَسْمَعُ الرَّادْيُو؟

لا ، هِيَ لا . . . .

هِيَ . . . .

اكْتُبْ الْإجابة كاملة.

تدْريب (٢)

فِي الإجَازَة

أكْمل الْإجابة:

Complete the answers:

(١)

هَلْ أنَا أنَامُ الْآن؟

لا ، أنْتَ لا . . . .

أنْتَ . . . .

(٢)

هَلْ مِدْحَت يَرْكَبُ الْأُتُوبِيس؟

. . . .

. . . .

(٣)

هَلْ نَبِيلَة تَدْرُس؟

. . . .

. . . .

(٤)

هَلْ أَنْت تَسْمَعِين الْمُوسِيقَى الْآن؟

لا ، . . . .

أَنَا . . . .

(٥)

هَلْ مَاجدَة تَزُورُ صَدِيقَتَها؟

. . . .

. . . .

(٦)

هَلْ أَنْتَ تَلْعَبُ التِّنس الْآن؟

. . . .

. . . .

تدْريب (٣)

ادخل إلى الموقع واتّبع التّعْليمات .

Go to the website and follow the instructions.

تدْريب (٤)

يَوْم السَّبْت

كلمات مفيدة: يُحبُ - يجري - يجلسُ

١) اسْمع الْحوار وأجب: أيْن عماد الآن؟ ٢٠

Listen and answer: Where is Emad now?

عماد
فواز

اسْمع مرّة أخْرى وأجب بنعم / لا واكْتُبْ إجابة كاملة:

١ - عِمَاد يَذْهَبُ إِلَى النَّادِي كُلّ يَوْم سَبْت.

----

٢ - فَوّاز يَذْهَبُ إِلَى النَّادِي كُلّ يَوْم سبت.

----

٣ - فَوّاز يَسْمَعُ الْمُوسِيقَى وَيَقْرَأُ كُتُباً يَوْم السَّبْت.

----

٤ - عِمَاد يَلْعَبُ رِيَاضَة وَيَجْرِي فِي النَّادِي.

----

٥ - فَوّاز يُقَابِلُ أَصْدِقَاءَهُ يَوْم السَّبْت.

----

٦ - عِمَاد يُقَابِلُ أَصْدِقَاءَهُ يَوْم السَّبْت.

----

٧ - فَوّاز يُحِبُّ النَّادِي.

----

٨ - عِمَاد يُحِبُّ النَّادِي.

تدْريب (٥)

كلمات مفيدة: نشيطةٌ – كسلانةٌ – جارةٌ

Read the text and answer the question:

١) اقْرأ النّصّ ثُمّ أجب: ٢١

هَلْ السَّيِّدَة أَسْمَاء نشيطة؟

جارتي السَّيِّدَة أَسْماء سَيِّدَةٌ نَشيطَةٌ طُوال الْأُسْبُوع وَلَكِن هِيَ كَسْلانَةٌ جِدّاً في إجازَتِها الْأسْبُوعِيَّة. هِيَ لا تَسْتَيْقِظُ مُبَكِّراً في الإجَازَة وَلَكِن تَنَامُ حَتَّى السَّاعَة الْحَادِيَة عَشْرَة. هِيَ لا تُفْطِرُ فِي الصَّبَاح، وَلَكِن تَشْرَبُ الْقَهْوَةَ فَقط. جَارَتي أَسْماء لا تَعْمَلُ فِي الْإجَازَة أَبَداً.

لا تُنَظِّفُ الْبَيْت وَلا تَطْبُخُ. هِيَ تَجْلِسُ فِي حُجْرَة الْمَعيشَة وَتُشَاهِدُ التِّلِيفِزْيُونَ (التِّلْفَاز) طُول الْوَقْت. وهِيَ لا تُقَابِلُ صَدِيقَاتِها وَلَكِن تَتَغَدَّى مَع زَوْجِهَا وَأَوْلَادِها فِي الْمَطْعَم.

اقرأ مرة أخرى ثم أجب:

٢) ضعْ عَلامَة (✓) على الصُّورَة الصَحِيحَة: مَاذَا تَفْعَل السَّيِّدَة أَسْمَاء فِي إجازتها الأسبوعيّة؟

٣) صل الجُمْلَة (أ) مع الجُمْلَة (ب):

(أ)	(ب)
١ – هِيَ لا تُفْطِرُ فِي الصَّبَاح	أ – لا تُنَظِّفُ الْبَيْت وَلَا تَطْبُخُ.
٢ – جَارَتِي السَّيِّدَة أَسْمَاء	ب – وَتُشَاهِدُ التِّلِيفِزْيُون (التِّلْفَاز) طُول الْوَقْت.
٣ – هِيَ تَجْلِسُ فِي حُجْرَة الْمَعِيشَة	ج – سَيِّدَة نَشِيطَة طُوَال الْأسْبُوع.
٤ – أَسْمَاء لا تَسْتَيْقِظُ مُبَكِّراً	د – وَلَكِن تَشْرَبُ الْقَهْوَة فَقَط.
٥ – هِيَ لا تَعْمَلُ فِي الْإجَازَة أَبَداً	هـ – كَسْلانَة جِدّاً في إجَازَتِها الْأُسْبُوعِيَّة.
٦ – جَارَتِي أَسْمَاء	و – وَلَكِن تَنَامُ حَتَّى السَّاعَة الْحَادِيَة عَشْرَة.

٤) اكْتُبْ (✓) أم (×) وأجب كِتَابة إجابة كاملة:

أ – أَسْمَاء تُنَظِّفُ الْبَيْت وتَطْبُخ.

ب – هِيَ تَسْتَيْقِظُ مُبَكِّراً في الإجَازَة.

ج – هِيَ تُقَابِلُ صَدِيقَاتِها.

٥) اكْتُبْ ٣ سطور عن صديق / صديقة أَوْ جار / جارة لك.

الْمحادثة:

عَائِلَة السَّيِّد مَازِن الصَّبَّاحِي

كلمات مفيدة: يصعدُ - ينزلُ - ينهضُ مِن فراشه - كبيرٌ - صغيرٌ - يستحمُ - عائلة

انظر إِلَى الصُورَة. تبادل مع زميلك الأسئلة والإجابات: مَاذَا يَفْعَل كُلّ شخْص الآن؟

Look at the picture and ask your partner: What are they doing now?

اقرأْ النّصّ: ٢٢

هَذَا مَنْزِل السَّيِّد مَازِن الصَّبَاحِي وَزَوْجَتِهِ مَاجدَة. هُوَ كُوَيْتِيّ، بَيْتُهُ كَبِير وَعَائِلَتُهُ كَبِيرَة أَيْضاً.

اسْأل زميلك ثُمّ اكْتُبْ الإجابة:

١ - مَاذَا تَفْعَلُ فَاطِمَة الْآن؟ ------------------------------

٢ - مَاذَا تَلْبَسُ؟ ------------------------------

٣ - مَاذَا تَفْعَلُ كَرِيمَة الْآن؟ ------------------------------

٤ - أَيْن هِيَ؟ ------------------------------

٥ - مَاذَا يَفْعَلُ خَالِد؟ ------------------------------

٦ - أَيْن هُوَ؟ ------------------------------

٧ – مَاذَا يَفْعَلُ حَسَّان الْآن؟ ------------------------------

٨ – أَيْن هُوَ؟ ------------------------------

٩ – مَاذَا تَفْعَلُ نَبِيلَة الْآن؟ وأَيْن هِيَ؟ ------------------------------

١٠ – مَاذَا يَفْعَلُ مَازِن؟ وَأَيْن هُوَ؟ ------------------------------

١١ – مَاذَا تَفْعَلُ مَاجِدَة؟ وَأَيْن هِيَ؟ ------------------------------

١٢ – أَيْن عَلَاء؟ هَلْ هُوَ صَغِير أَمْ كَبِير؟ ------------------------------

١٣ – مَاذَا يَفْعَلُ عَلَاء؟ ------------------------------

نصّ الاسْتماع لتدْريب (٤): ٢٠

فَوَّاز : السَّلامُ عَلَيْكُم يا عِمَاد. اليَوْم السَّبْت. هَلْ تَذْهَبُ مَعِي إِلَى النَّادِي؟

عِمَاد : وَعَلَيْكُم السَّلام. لا ، أَنَا لا أَذْهَبُ إِلَى النَّادِي يَوْم السَّبْت.

فَوَّاز : لِمَاذَا؟

عِمَاد : فِي الْحَقِيقَة. أَنَا أَسْتَيْقِظُ مُتَأَخِّراً. أَجْلِسُ فِي سَرِيرِي أَقْرَأ، وَأَسْمَعُ مُوسِيقَى، وَأَنْتَ؟

فَوَّاز : أم ،. . فِي الْحَقِيقَة، أَنَا لا أَقْرَأ . . . وَلا أَسْمَعُ مُوسِيقَى . . . أَنَا أُحِبُّ النَّادِي. أَنَا أَذْهَبُ إِلَى النَّادِي ،أَلْعَبُ رِيَاضَة وَأَجْرِي وَأُقَابِلُ أَصْدِقَائِي.

تذكّر

الْفعْل الْمُضَارِع / الْمُضَارِع الْمُسْتَمرّ

يعبرُ عن الْفعْل في الزّمن الْحاضر أَوْ للْعادة.

١ - للسّؤال عن الْفعْل:

مَاذَا يَفْعَلُ أَحْمَد الْآن؟ — هُوَ يَكْتُبُ الْآن.

مَاذَا يَفْعَلُ كُلّ يَوْم؟ — هُوَ يَذْهَبُ للْعَمَل كُلّ يَوْم.

٢ - لتصْريف الْفعْل الْمضارع:

الْفعْل	أَنَا	أَنْتَ	أَنْتِ	هُوَ	هِيَ
يَفْعَلُ (فعل)	أَفْعَلُ	تَفْعَلُ	تَفْعَلين	يَفْعَلُ	تَفْعَلُ
النَّفْي	لا أَفْعَلُ	لا تَفْعَلُ	لا تَفْعَلِين	لا يَفْعَلُ	لا تَفْعَل
أَحْرُف الزِّيَادَة	أ -----	تـ -----	تـ ----- ين	يـ -----	تـ -----

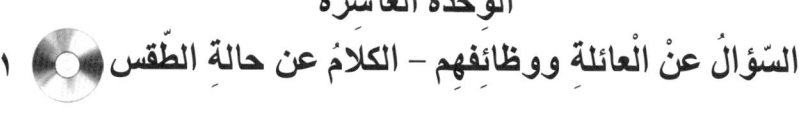

الْوِحْدَةُ الْعَاشِرَة

السّؤالُ عنْ الْعائلةِ ووظائِفهِم - الكلامُ عن حالةِ الطّقس ١

هَدَفُ الْوِحْدَةِ:

تقْديم ١: أ- أنا وأسْرتي ب- أسْرتي والْعمل

١ - ألْقاب الْعائلة والسّؤال عنْ أفْراد الْعائلة

٢ - الْوظائف والسّؤال عنْها ونفْيها

تقْديم ٢: ما هو الطّقْس الْيوْم؟

١ - السّؤال عنْ حَالَة الطّقْس

٢ - التّعْبير عنْ حَالَة الطّقْس

تقْديم (١ أ)

أَنَا وَأُسْرَتِي ٢

Read the text and write the names.

اقْرأ النّصّ واكْتب اسْم الشّخْص.

أُسْرَتِي جَمِيلَة. هَذِهِ هِيَ صُورَةُ أُسْرَتِي.

أَنَا اسْمِي عِصَام وَأَبِي اسْمُهُ مَحْمُود وَأُمِّي اسْمُهَا فَاطِمَة، خَدِيجَة هِيَ أُخْتِي، طَارِق أَخِي الكَبِير.

أَبِي مَحْمُود ابْن صَالِح. صَالِح هُوَ أَبُوه.

أَبِي مَحْمُود ابْن زَيْنَب. زَيْنَب أُمُّهُ.

صَالِح لَيْسَ أَبِي هُوَ جَدِّي وزَيْنَب لَيْسَت أُمِّي هِيَ جَدَّتِي.

اقْرأ مرّة أخْرى واكْتب:

١ – صَالِح هُوَ --------- عِصَام وهُوَ --------- مَحْمُود.

٢ – زَيْنَب هِيَ --------- عِصَام وهِيَ --------- مَحْمُود.

٣ – مَحْمُود هُوَ --------- عِصَام وهُوَ --------- صَالِح.

٤ – أَنَا --------- مَحْمُود. هُوَ --------- (أَنَا).

٥ – طَارِق --------- مَحْمُود. هُوَ --------- (أَنَا).

٦ – خَدِيجَة --------- مَحْمُود. هِيَ --------- (أَنَا).

٧ – طَارِق --------- خَدِيجَة هِيَ --------- (هُوَ).

٨ – فَاطِمَة زَوْجَة مَحْمُود. هِيَ زَوْجته.

٩ – مَحْمُود زَوْج فَاطِمَة. هُوَ زَوْجُهَا.

تقْديم (١ ب)

أُسْرَتِي وَالْعَمَل ٣

١) اسْمع السّؤال وكرّر الْإجابة: مَا عَمَل جَدِّك / مَا عَمَلُكَ؟

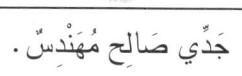

جَدِّي صَالِح مُهَنْدِسٌ.

محمود
ضابط

أَبِي مَحْمُود ضَابِطٌ.

محاسب

أَخِي طَارِق مُحَاسِبٌ.

جَدَّتي زَيْنَب مُدِيرَةٌ.

وَالِدَتي فَاطِمَة مُدَرِّسَةٌ.

أُخْتي خَدِيجَة مُمَرِّضَةٌ.

طارق

أَنَا عِصَام مُحَام.

٢) اسْمع السّؤال والْإجابة عنْ عائلة عِصَام: ٤

سُؤَال : هَلْ وَالِدَةُ عِصَام تَعْمَلُ؟

إِجَابَة : لا، هِيَ لا تَعْمَلُ، هِيَ رَبَّةُ بَيْت.

سُؤَال : هَلْ جَدّ عِصَام يَعْمَلُ؟

إِجَابَة : لا، هُوَ لا يَعْمَلُ هُوَ عَلَى الْمَعَاش.

لاحظْ القواعد:

١) تصريف الألقاب مع ضمير الملكية:

٥ ٦ ٧ ٨

الضمير	جَد	جَدّة	أب	أم	أخ	أُخت	ابن	ابْنَة
أَنَا	جَدِّي	جَدَّتي	أَبي	أُمِّي	أَخي	أُخْتي	ابْني	ابْنَتي
أَنْتَ	جَدُّكَ	جَدَّتُكَ	أبوكَ	أُمُّكَ	أَخوكَ	أُخْتُكَ	ابْنُكَ	ابْنَتُكَ
أَنْتِ	جَدُّكِ	جَدَّتُكِ	أبوكِ	أُمُّكِ	أَخُوكِ	أُخْتُكِ	ابْنُكِ	ابْنَتُكِ
أَنْتُمَا	جَدُّكُمَا	جَدَّتُكُما	أبوكَمْا	أُمُّكُما	أَخوكُما	أُخْتُكُما	ابْنُكُما	ابْنَتُكُما
أَنْتُم	جَدُّكُمْ	جَدَّتُكُمْ	أبوكَمْ	أُمُّكُمْ	أَخُوكُمْ	أُخْتُكُمْ	ابْنُكُمْ	ابْنَتُكُمْ
أَنْتُن	جَدُّكُنَّ	جَدَّتُكُنَّ	أبوكنَّ	أُمُّكُنَّ	أَخُوكُنَّ	أُخْتُكُنَّ	——	——
نَحْنُ	جَدُّنا	جَدَّتُنا	أبونا	أُمُّنا	أَخُونا	أُخْتُنا	ابْنُنا	ابْنَتُنا
هُوَ	جَدُّهُ	جَدَّتُهُ	أَبُوهُ	أُمُّهُ	أَخُوهُ	أُخْتُهُ	ابْنُهُ	ابْنَتُهُ
هِيَ	جَدُّهَا	جَدَّتُها	أَبُوها	أُمُّها	أَخُوها	أُخْتُها	ابْنُها	ابْنَتُها
هُمَا	جَدُّهُما	جَدَّتُهُما	أَبُوهما	أُمُّهُما	أَخُوهما	أُخْتُهُما	ابْنُهُما	ابْنَتُهُما
هُمْ	جَدُّهُم	جَدَّتُهُم	أَبُوهم	أُمُّهُم	أَخُوهم	أُخْتُهُم	ابْنُهُم	ابْنَتُهُم
هُن	جَدُّهُنَّ	جَدَّتُهُنَّ	أَبُوهنَّ	أُمُّهُنَّ	أَخُوهنَّ	أُخْتُهُنَّ	——	——

٢) للسّؤال والْإجابة:

٩

للسّؤال	الْإجابة
هَلْ حُسَام وَالِدُك؟	لا ، حُسَام لَيْسَ وَالِدي . حُسَام وَالِدُهُ .
هَلْ نَبيلَة أُخْتُك؟	لا نَبيلَة لَيْسَت أُخْتي . نَبيلَة أُخْتُهُمَا .
هَلْ فَاطِمَة وَالِدَتُك؟	نَعم ، فَاطِمَة وَالِدَتي . هِيَ أُمِّي .

١٠

٣) تصْريف زَوْج / زَوْجَة:

الضّمير	أَنَا مذكّر	أَنَا مؤنّث	أَنْتَ	أَنْتِ	هُوَ	هِيَ
زَوْج	——	زَوْجي	——	زَوْجكِ	——	زَوْجُها
زَوْجَة	زَوْجَتي	——	زَوْجَتُكَ	——	زَوْجَتُه	——

٤)

للسّؤال عن الْعَمل	الْإجابة بنعم أوْ لا:
هَلْ أنت تَعْمَلُ؟	نعم ، أَنَا أَعْمَلُز / لا ، أَنَا لا أَعْمَلُ.
هَلْ أَنْت تَعْمَلين؟	نعم ، أَنَا أَعْمَلُ. / لا ، أَنَا لا أَعْمَلُ.
هَلْ هُوَ يَعْمَلُ؟	نعم ، هُوَ يَعْمَلُ. / لا ، هُوَ لا يَعْمَلُ.
هَلْ هِيَ تَعْمَلُ؟	نعم ، هِيَ تَعْمَلُ. / لا ، هِيَ لا تَعْمَلُ.

٥) الْوظيفة أوْ الصّفة: ١١

مذكر	مؤنث
طَبيبُ مُديرُ مُمَثّلٌ مُحَاسِبٌ	طَبيبَةٌ مُديرَةٌ مُمَثّلَةٌ مُحَاسِبَةٌ

٦) للسّؤال عن الْوظيفة:

آداة الاسْتفْهام	أنْتَ	أَنْتِ	هُوَ	هِيَ
مَا	عَمَلُكَ؟	عَمَلُكِ؟	عَمَلُهُ؟	عَمَلُها؟

٧) للاسْتفْسار والتّأْكيد عن نوْع الْوظيفة أوْ الْعَمَل: ١٢

السّؤال	الْإجابة بالتّأْكيد	الْإجابة بالنّفْي
هَلْ وَالِدُك مُهَنْدِسٌ؟	نَعَم ، وَالِدي مُهَنْدِسٌ.	لا ، هُوَ لَيْسَ مُهَنْدِساً. هُوَ طَبيبٌ.
هَلْ هِيَ طَبِيبَةٌ؟	نَعَم ، هِيَ طَبِيبَةٌ.	لا ، هِيَ لَيسَت طَبِيبَةً. هِيَ مُهَنْدِسةٌ.

التَّدْريبات

تَدْريب (١)  ١٣

Look at the picture and complete the sentences: ١) انْظُر إِلَى الصُّورَة وأَكْمِل الجُمْلَة:

١ – عَادِل زَوْج سَميحَة. هُوَ زَوْجُها.

٢ – عَادِل ———— صَلَاح. هُوَ ————.

٣ – عَادِل ———— نِعْمَة. هُوَ ————.

٤ – صَلَاح ———— عَادِل. هُوَ ————.

٥ – نِعْمَة ———— عَادِل. هِيَ ————.

٦ – سَميحَة ———— عَادِل. هِيَ ————.

٧ – دُعَاء ———— سَميحَة. هِيَ ————.

٨ – وَائِل ———— عَادِل وسَميحَة. هُوَ ————.

٩ – دُعَاء ———— وائِل. هِيَ ————.

١٠ – وَائِل ———— دُعَاء. هُوَ ————.

١١ – صَلَاح ———— وَائِل ودُعَاء. هُوَ ————.

١٢ – نِعْمَة ———— وَائِل ودُعَاء. هِيَ ————.

اسمع وصحّح.

تدْريب (٢) ١٤

١) اسْتمع واكْتب الْمعْلومات النّاقصة عن عائلة عَادِل:

Listen about Adel's family and fill in the blanks:

١- أ - مَا عَمَل صَلَاح جَدّ دُعَاء؟

ب - صَلَاح جَدّ دُعَاء لا يَعْمَل هُوَ عَلَى الْمَعَاش.

٢- أ - مَا عَمَل نِعْمَة جَدَّة وَائِل؟

ب - نِعْمَة جّدَّة وَائل -------- هِيَ --------.

٣- أ - مَا عَمَل عَادِل وَالِد وَائِل؟

ب - عَادِل وَالِد وَائِل --------.

٤- أ - مَا عَمَل سَمِيحَة زَوْجَة عَادِل؟

ب - سَمِيحَة --------.

٥- أ - مَا عَمَل دُعَاء أُخْت وَائِل؟

ب - دُعَاء --------.

٦- أ - مَا عَمَل وَائِل ابْن عَادِل؟

ب - وَائِل --------.

تدْريب (٣)

ثنائيّات: تبادلوا الْأسْئلة واكْتبوا الْإجابة كالْمثال:

Work in pairs: Exchange questions and write the answer following the example:

------ أَخي عِصَام؟

----------------.

مَا عَمَل زَوْجَة أَحْمَد؟

----------------.

مَا عَمَل وَالِد عَلِيّ؟

وَالِد عَلِيّ مُهَنْدِسٌ.

------ زَوْج فَاطِمَة؟

.________________

------ ابْن هِشَام؟

.________________

------ أُخْت مَاجِدَّة؟

.________________

تدْريب (٤)

أجبْ عن السّؤال بالنّفْي. اكْتب إجابة كاملة كالْمثال:

Answer with negation and write full sentences:

١ – هَلْ وَالِد نَبِيل طَبِيبٌ؟ لا ، وَالِد نَبِيل لَيْسَ طَبِيباً هُوَ مُهَنْدِسٌ.

٢ – هَلْ زَوْج فَاطِمَة مُدَرِّسٌ؟ (مُحَام) ________________.

٣ – هَلْ جَدّ حَامد مُمَثِّلٌ؟ (مُدَرِّسٌ) ________________.

٤ – هَلْ خَالد وَالِدُ عَلَاء؟ (أَخُو) ________________.

٥ – هَلْ مُصْطَفَى جَدّ حُسَام؟ (أَبُو) ________________.

٦ – هَلْ مَديحَة أُخْت وَفَاء؟ (أمّ) ________________.

٧ – هَلْ أَخُو سَيِّد مُديرٌ؟ (طَيَّار) ________________.

٨ – هَلْ جَدّة هَانِي تَعْمَل مُدَرِّسَة؟ (رَبَّة مَنْزِل) ________________.

٩ – هَلْ سَمِيرَة أمّ نَجْوَى؟ (جَدّة) ________________.

تدْريب (٥) ١٥

١) اسْمع الْحِوَار ثُمّ أجب:

Listen to the dialog and answer:

أ – مَنْ يَقِف خَلْف هَنَاء؟

ب – أيْن يَقِف؟

ج – ماذا يَعْمَل زَوْج هَنَاء؟

٢) اسْمع مرّة أخْرى واكْتب الْجمل النَّاقصة فِي الْحِوَار:

شيرين : مَن يَقِف خَلْفَك فِي الصُّورَة يا هَنَاء؟

هَنَاء : ———————————.

شيرين : أم . . . هُوَ رَجُل طَوِيل ——————————؟

هَنَاء : هُوَ ——————— فِي ——————— الْعَرَبِي.

شيرين : وهَلْ ——————————.

هَنَاء : لا ، هَذَا لَيْسَ ——————— هَذَا ———————.

شيرين : وهَلْ يَعْمَل ——————————؟

هَنَاء : لا ، هُوَ لا يَعْمَل هُوَ ——————— فِي الجَامِعَة.

٣) أ – هَلْ سَمِير وَالِد هَنَاء؟

ب – هَلْ عِمَاد جَدّ سَمِير؟

٤) اسْأل زميلك عنْ عمل وَالِده / زَوْجته / ابْنه . . . الخ.

تدْريب (٦)

كلمات مفِيدة: يزور – وظيفة جَدِّيدة – شركة – بناء – كذلك

١) اقْرأ رسالة نادي إِلَى صديقه غسّان ثُمّ أجب:

Read Nady's letter to his friend and answer the questions:

١– أيْن نَادِي الْآن؟

٢– مَاذَا يَعْمَل الْآن؟ مَا وَظِيفَتُهُ؟

٣– مَنْ يَزُور نَادِي؟

٤– مَنْ إِبْرَاهِيم؟

٥- مَا وَظْيفَتُهُ؟

٦- مَنْ يَزُور إبْرَاهِيم؟

٢) اقْرأ مرّة ثانية ثُمّ صلْ الجمْلة (أ) معْ الجملة (ب):

(أ)	(ب)
١ - أَخي إبْراهيم	هُنَا مَعي في دُبَي في زِيَارَة قَصيرَة.
٢ - أَنَا	يَوْم الجُمْعَة.
٣ - أَبي يَزُور	مُحَاسِبٌ في الْبَنْك الْعَرَبي.
٤ - أَجَازَتي الأُسْبُوعيَّة	أخي الآن في أبُو ظَبْي.
٥ - أمّي وجَدّي	مُهَنْدسٌ في شَرِكَة بِناء.

٣) اخْتر وظيفة ثُمّ اكْتب رسالة مماثلة لصديقك واكْتب عن بعْض أفْراد عائلتك.

نَصّ الرِّسَالَة:

عَزِيزِي غسَّان:

بَعْد التَّحيَّة،

شُكْراً لك عَلَى رِسَالَتِك الجَميلَة. أَنَا الآن أَعْمَل فِي دُبَي في وَظِيفَة جَدِيدَة. أَنَا مُهَنْدِسٌ فِي شَرِكَة بِنَاء. وأَخي إبْرَاهيم مُحَاسِبٌ ويَعْمَل في أَبُو ظَبْي. إجَازَتي الأُسْبُوعيَّة يَوْم الجُمْعَة. وَأَنَا أَعْمَل من السَّاعة التَّاسِعَة إِلَى السَّاعَة الْوَاحدَة ظُهْراً. ثُمّ أَعْمَل مَسَاءً من السَّاعَة الرَّابعة وحتى السَّاعَة السَّابعَة مَسَاءً. أَبِي يَزُور أَخي الآن فِي أَبُو ظَبْي. وَلَكِن أُمِّي وجَدَّتِي هُنَا مَعِي فِي دُبَي، فِي زِيَارَة قَصِيرَة أيْضاً.

أَخُوك،

نادي

نصّ الاسْتماع لتدْريب ٢: ١٤

١- أ - مَا عَمَل صَلَاح جَدّ دُعَاء؟

ب - صَلَاح جَدّ دُعَاء لا يَعْمَل هُوَ عَلَى الْمَعَاش.

٢- أ - مَا عَمَل نِعْمَة جَدّة وَائل؟

ب - نِعْمَة جَدّة وَائل لا تَعْمَل هِيَ بالْمَعَاش.

٣- أ - مَا عَمَل عَادل وَالد وَائل؟

ب - عَادل وَالد وَائل مُهَنْدس.

٤- أ - مَا عَمَل سَميحَة زَوْجَة عَادل؟

ب - سَمِيحَة زَوْجَة عَادِل تَعْمَل مدرسة.

٥- أ - مَا عَمَل دُعَاء أُخْت وَائِل؟

ب - دُعَاء أُخْت وَائِل تَعْمَل طَبِيبَة.

٦- أ - مَا عَمَل وَائِل ابْن عَادِل؟

ب - وَائِل ابْن عَادِل يَعْمَل ضَابِطاً.

نصّ الْحِوَار لتدريب (٥): ١٥

شيرين : مَن يَقِف خَلْفَك فِي الصُّورَة يا هَنَاء؟
هَنَاء : هَذَا زَوْجِي عِمَاد.
شيرين : أم . . . هُوَ رَجُلٌ طَوِيلٌ. ومَا عَمَلُهُ؟
هَنَاء : هُوَ مُحَاسِب فِي الْبَنْك الْعَرَبِي.
شيرين : وهَلْ هَذَا أَخُوك؟
هَنَاء : لا ، هَذَا لَيْسَ أَخِي ، هَذَا ابْنِي سَمِير.
شيرين : وهَلْ يَعْمَلُ ابْنُك؟
هَنَاء : لا ، هُوَ لا يَعْمَلُ. هُوَ طَالِبٌ ، يَدْرُس فِي الْجَامِعَة.

الْمحادثة:

١) اسْأل زملائك عن أسرهم ووظائفهم وامْلأ الجَدْول:
Ask your classmates about their family members and their jobs, and fill in the table:

أفراد العائلة	زميل (١)	زميل (٢)	زميل (٣)	أمثلة للسّؤال
الجَدّ				مَا عَمَل جَدِّك / جَدُّك أنت / مَا عَمَلُهُ؟
الجَدّة				
الأَب				
الأُمّ				
الأَخ				
الأُخْت				
الابْن				
الابْنَة				
الزَّوْج				
الزَّوْجَة				

٢) قدّم للفصْل المعْلومات. مثال:

جَدّ مَايْكل عَلَى الْمَعَاش. وَالِدُهُ مُدَرِّس. وَالِدَتُه لا تَعْمَل.

أُخْتُه ---------. وَأَخُوهُ ---------.

تقْديم (٢)

مَا / كَيْف حَالَة الطَّقْس الْيَوْم؟ ١٦

١) اسمع واكتب الكلمة:

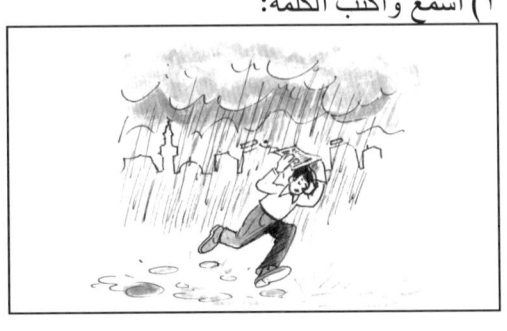

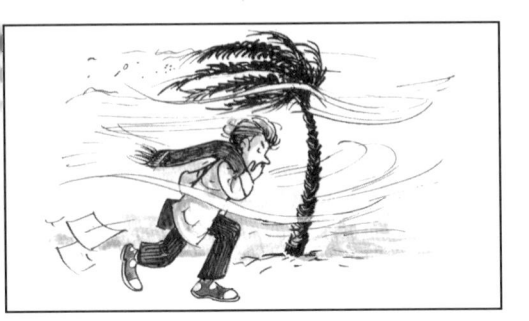

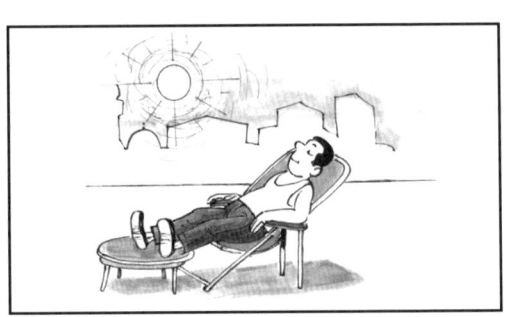

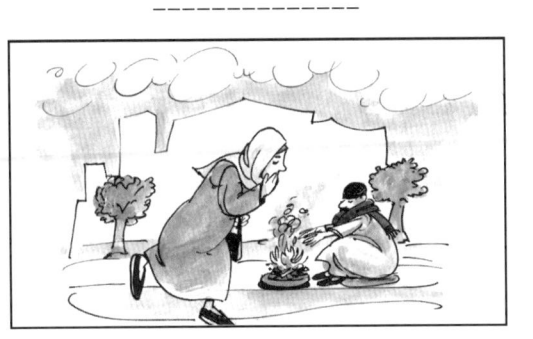

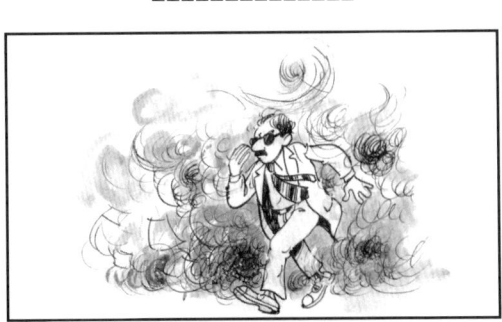

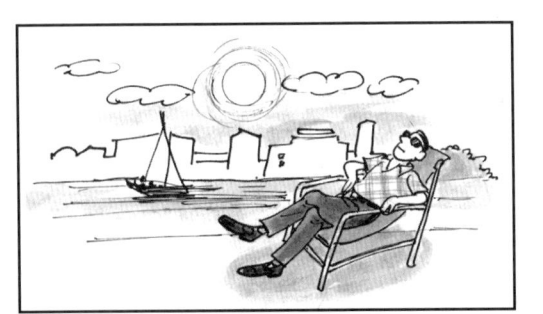

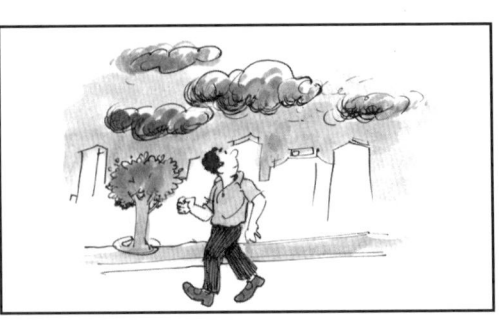

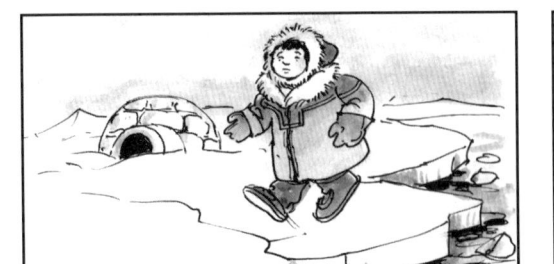

٢) كَمْ دَرَجَة الْحَرَارَة؟

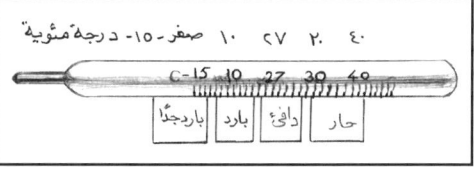

0° = صِفْر / -٣° = ثَلاثة تَحْت الصِّفْر

٣) حَالَة الطَّقْس فِي الْعَالَم الْعَرَبِي فِي فُصُول السَّنَة الْمُخْتَلِفَة: ١٧

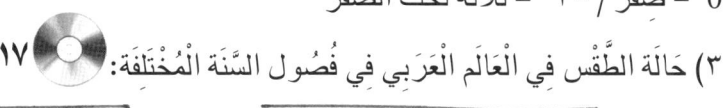

يُونْيُو - يُولْيُو - أُغُسْطُس
الْجَوّ حَارٌّ - مُمْطِرٌ - مُشْمِسٌ

سبْتَمْبر - أُكْتُوبَر - نُوفَمْبر
الْجَوّ مُعْتَدِلٌ - مُشْمِسٌ - دَافِئٌ

١٨

ديسمْبر - يَنَاير - فبْرَاير
الْجَوّ بَارِدٌ - مُمْطِرٌ - غَائِمٌ

مَارس - أَبْريل - مَايُو
الْجَوّ مُعْتَدِلٌ - مُتْرِبٌ - عَاصِفٌ

لاحظْ الْقواعد:

١) للسّؤال عن الطَّقْس: ١٩

الإجابة	السّؤال
- الطَّقْس الْيَوْم مُمْطِر / بَارِد / حَارّ.	- كَيْف حَالَة الطَّقْس الْيَوْم؟
- مُعْتَدِل - دَافِئ . . . الخ.	- مَا حَالَة الطَّقْس الْيَوْم؟

٢) للسّؤال عن دَرَجَة الْحَرَارَة ٢٠

- كَمْ دَرَجَة الْحَرَارَة الْيَوْم؟ - دَرَجَة الْحَرَارَة ثَلاثُون دَرَجَة مِئَوِيَّة.

٠ = صِفْر

-٤ = أَرْبَعَة تَحْت الصِفْر

٣) فُصُول السَّنَة:

الشِّتَاء - الرَّبِيع - الصَّيْف - الْخَرِيف

٤) شهُوَر السَّنَة:

يَنَاير - فِبْرَايِر - مَارِس - أَبْرِيل - مَايُو - يُونْيُو - يُولْيُو - أُغُسْطُس - سِبْتَمْبِر - أُكْتُوبَر - نُوفَمْبِر - دِيسِمْبِر

التدريبات

تدْريب (١)

أجب تَحْت الصُّورَة: ما حَالَة الطَّقْس الْيَوْم؟ تبادل السّؤال والإجابة مع زميلك كالْمثال:

Write the weather condition under each picture. Alternate asking about the weather with your partner:

طالب (أ): كَيْف حَالَة الطَّقْس الْيَوْم؟ طالب (ب): الطَّقْس الْيَوْم بَارد.

كَيْف حَالَة الطَّقْس الْيَوْم؟

____

مَا حَالَة الطَّقْس الْيَوْم؟

____

____

____

تدْريب (٢)

كلمات مفِيدة: فَصْل – فُصُول – دَرَجَة الْحَرَارَة

اكْتب جمْلة تَحْت كلّ صُورَة:

Write a sentence under each picture:

هَذَا فَصْل ——————— شَهْر ——————.

—————————— شَهْر ——————.

—————————— ——————————.

—————————— ——————————.

تدْريب (٣)

اسْأل عن دَرَجَة الْحَرَارَة وحَالَة الطَّقْس الْيَوْم؟

١) ٣٠° – ٤٠° الطَّقْس ——————————

٢) ١٢ تَحْت الصِفْر – ٥ الطَّقْس ——————————

٣) ٢٠° – ٣٠° الطَّقْس ——————————

٤) ٨° – ١٥° الطَّقْس ——————————

تدْريب (٤)

اسأل زميلك عن حالة الطقس في بلده. مثال:

- كَمْ دَرَجَة الْحَرَارَة فِي فَصْل الشتاء فِي بَلَدك؟
- دَرَجَة الْحَرَارَة فِي فَصْل الشِّتَاء بين صِفْر – ٩ دَرَجَة مِئَوِيَّة.
- ما حَالَة الطَّقْس فِي فَصْل الشِّتَاء؟
- حَالَة الطَّقْس ——————————.

تدْريب (٥) ٢١

اسْتمع للنَّشْرة الْجَوّية لكلّ مَدينَة واكْتب (✔) في الْمكان الْمناسب ثُمّ اسْتمع إلَى دَرَجَة الْحَرَارَة:

Listen to the weather report and check the correct condition for each city. Listen again and write the temperature:

دَرَجَة الْحَرَارَة							الْمَدينَة
٣− °			✔				١ – نيُويُورْك
							٢ – دُبَيّ
							٣ – الرَّباط
							٤ – صَنْعاء
							٥ – لُوس أَنْجُلُوس

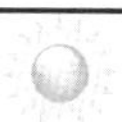

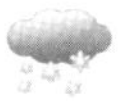

تدْريب (٦)

كلمات مفِيدة: قُبَّعة – قُفَّاز – معْطَف

انْظر إلَى الصُّورَة: أَيْن سَلْوَى وَعمَاد؟

اقْرأ الْحِوَار وأجب:
Read the conversation and answer:

١ – إلَى أيْن يُسَافِر عمَاد؟ ______________________________

٢ – فِي أيِّ فَصْل مِن السَّنَة يُسَافِر عمَاد؟ ______________________________

٣ – مَا حَالَة الطَّقْس فِي هَذَا الفَصْل؟ ______________________________

٤ – مَاذَا يَلْبَس عِمَاد فِي هَذَا الفَصْل؟ ______________________________

الْحِوَار: ٢٢

سَلْوَى : إلَى أَيْن تسافر فِي رحلتك يا عماد؟

عِمَاد : أَنَا أسافر إلَى اليابان.

سَلْوَى : اليابان! أَيْن فِي اليابان؟

عِمَاد : طوكيو.

سَلْوَى : طوكيو! اليابان! متى تسافر؟

عِمَاد : أسافر فِي شَهْر دِيسمْبِر ويَنَاير. فِي الشِّتَاء.

سَلْوَى : وكَيْف حَالَة الطَّقْس هناك فِي الشِّتَاء؟ وماذا تلبس؟

عِمَاد : الطَّقْس بَارِد جِدّاً. أَنَا ألبس مِعْطَفاً وقفازاً وقُبَّعَةً أيضاً.

٢٨٤ لغتنا الفصحى

تدْريب (٧)

١) اكْتب الْمعْلومات تَحْت الصُّورَة:

Write the proper information under each picture:

فَصْل ----------

فَصْل ----------

فَصْل ----------

دَرَجَة الْحَرَارَة مِنْ ---

إِلَى ---

حَالَة الطَّقْس: ------

٢) أَنْت ذَاهب فِي رِحْلَة عَمَل. اخْتر صُورَة وَبَلَداً وَاكْتب حواراً مماثلاً لتدْريب (٦).

You are going to a business trip. Choose a picture and a country and write a dialog similar to exercise (6).

٣) اسْتَخْدم معْلومات الْحِوَار فِي محادثة مع زميلك.

Use your dialog in a conversation with your classmate.

تدْريب (٨)

كلمات مفِيدة: ستزور – قطن – خفِيف – زيارة – مناسبة

١ – هَذهِ رِسَالَة منْ صَديقَة عَرَبيَّة لِصَديقَة أَجْنَبيَّة سَتَزُور الشَّرْق الأَوْسَط فِي الشِّتَاء. اقْرأ الرِّسالة ثُمّ أجب: مَا حَالة الطَّقْس فِي مِصْر فِي فَصْل الشِّتَاء؟

القاهرة ٢٠٠٩/٤/١٥

عَزِيزَتي أَليس،

أَنَا سَعِيدَة بزِيَارَتِك لِي فِي الشِّتَاء. الشِّتَاء فِي مِصْر جَمِيل. الطَّقْس دَافِئ ومُشْمِس وَدَرَجَة الْحَرَارَة بَيْن ١٢ – ٢٢° دَرَجَة مِئَوِيَّة. الْمَلَابِس الْمُنَاسِبَة جَاكِت وَبَنْطَالُون. وَمُمْكِن أَيْضاً قَمِيص خَفِيف أَوْ بُلُوزَة من قُطْن.
أَهْلاً وسهْلاً بِكِ فِي الشِّتَاء.

أُخْتُك،
مَدِيحَة

٢ – اكْتب رسالة مماثلة لصديق / صديقة. اخْتر أي فَصْل من فُصُول السَّنَة. اكْتب عن حَالَة الطَّقْس فِي هَذَا الفَصْل من السَّنَة – الْملابس الْمناسبة – دَرَجَة الْحَرَارَة.

نصّ الاسْتماع لتدْريب (٥):

النَّشْرَة الْجَوِّيَّة ٢١

حَالَة الطَّقْس:

مَدِينَة نيُويُورْك : الْجَوّ غَائِم فِي الصَّبَاح وَثَلْج كَثِير بَعْد الظُّهْر. دَرَجَة الْحَرَارَة ٣° دَرَجَات مئَوِيَّة تحت الصفر.

مَدِينَة دُبَي : الْجَوّ مُشْمِس وحَارّ ودَرَجَة الْحَرَارَة ٣٨° دَرَجَة مئوِيَّة.

مَدِينَة الرَّبَاط : الْجَوّ غَائم وعَاصِف ومُمْطر. دَرَجَة الْحَرَارَة ٨° دَرَجَات مئوِيَّة.

مَدِينَة صَنْعَاء : الْجَوّ مُمْطِر وغَائم وَلَكِن مُشْمِس بَعْد الظُّهْر. دَرَجَة الْحَرَارَة ١٢° دَرَجَة مئوِيَّة.

مَدِينَة لُوس أَنْجلُوس : الْجَوّ مُشْمِس صَبَاحاً، حَارّ، غَائم بَعْد الظُّهْر. دَرَجَة الْحَرَارَة ٢٨° دَرَجَة مئوِيَّة.

المحادثة:

تدْريب (١)

اسْأل زميلك عن حَالَة الطَّقْس في بَلَده في فُصُول السَّنَة الْمُخْتَلفَة وَاكْتب الْمعْلومات في الجَدّول:

ما حَالَة الطَّقْس؟	الْبَلَد	الصَّيْف	الْخَرِيف	الشِّتَاء	الرَّبِيع
طَالب (١)					
طَالب (٢)					
طَالب (٣)					
طَالب (٤)					

تدْريب (٢)

١) ما حَالَة الطَّقْس فِي كلّ صُورَة. عبّر لزميلك عن كلّ صُورَة وماذا يلبس كلّ شخْص؟

٢) اسْأل زميلك:

أ – كَيْف حَالَة الطَّقْس في مَدينَتك الآن؟

ب – كَيْف حَالَة الطَّقْس في الْبِلاد الْعَرَبِيَّة في الشُّهُور الآتية: يَنَايِر – مَارِس – يُونْيُو – أُكْتُوبَر

يمْكن أنْ تَسْتعِين بشبكة الْمعْلومات (الإنترنت) لمعْرفة الْمعلومات.

تدْريب (٣)

اسْأل زميلك عن تاريخ ميلاده وعن حَالَة الطَّقْس في هَذا الوقت من السَّنَة.

Ask your classmates about their birthday and the weather conditions at this time of the year.

حَالَة الطَّقْس	تاريخ الْميلاد	اسْم الطَّالب
دَافِئ – عَاصِف – مُشْمِس	١٠/١٥	١ – جُون
		٢ –
		٣ –
		٤ –
		٥ –

تدْريب (٤)

ادخل إلى الموقع واتَّبع التَّعْليمات.

Go to the website and follow the instructions.

تذكّر

١) أَلْقَاب الْعَائِلَة:

أَب   =   وَالِد / ي / ك / ـه / ها / هما / هم / هن / كن / نا

أُمّ   =   وَالِدَة / ي / ك / ـه / ها / هما / هم / هن / كن / نا

أخ / أُخْت / ابْن / ابْنَة / جَدّ / جَدَّة

٢) لِلسّؤال عن أَفْراد الْعَائِلَة:

سؤال   :   هَلْ أَحْمَد وَالِدك؟

إِجَابَة :   لا، هُوَ لَيْسَ وَالِدي، هُوَ وَالِد خَالِد.

أَوْ   :   نَعَم، هُوَ وَالِدي / أَبِي.

٣) زَوْج   =   زَوْجِي – زَوْجُك – زَوْجُها

زَوْجَة   =   زَوْجَتِي – زَوْجَتُكَ – زَوْجَتُهُ

٤) لِلسّؤال عن الْعَمَل:

الإجابة	هِيَ	هُوَ	أَنْتِ	أَنْتَ	السّؤال
نَعَم، أَنَا أَعْمَلُ. أَوْ: لا، أَنَا لا أَعْمَل.	تَعْمَلُ؟	يَعْمَلُ؟	تَعْمَلِين؟	تَعْمَلُ؟	١) هَلْ تَعْمَلُ؟

٥) لِلسّؤال عن الْوظيفة:

الإجابة	هِيَ	هُوَ	أَنْتِ	أَنْتَ	أداة السّؤال
هُوَ مُهَنْدِس. أَوْ: هِيَ مُهَنْدِسة.	عَمَلُها؟	عَمَلُهُ؟	عَمَلُكِ؟	عَمَلُكَ؟	مَا

٦) الْوظيفة:

مؤنّث	مذكّر
مُهَنْدِسة	مُهَنْدِس
طَبِيبَة	طَبِيب

٧) للاستفسار أو التأكد من الوظيفة:

الإجابة	سؤال
لا، هُوَ لَيْسَ طَبيباً. هُوَ مُهَنْدِسٌ. أَوْ: نَعَم، هُوَ طَبيب.	هَلْ مُصْطَفَى طَبيب؟

٨) للسّؤال عن الطَّقْس:

الإجابة	السؤال
الطَّقْس الْيَوْم: مُمْطِر – غَائِم – حَارّ – بَارِد – مُتْرِب – عَاصِف – دَافِئ – مُعْتَدِل	١ – كَيْف حَال الطَّقْس الْيَوْم؟ أو ٢ – ما حَالَة الطَّقْس الْيَوْم؟

٩) للسّؤال عن دَرَجَة الْحَرَارَة:

دَرَجَة الْحَرَارَة: عِشْرُون – ثَلاثُون – خَمْسَة تَحْت الصِفْر ... الخ.	كَمْ دَرَجَة الْحَرَارَة الْيَوْم؟

١٠) فُصُول السَّنَة:

الشِّتَاء – الرَّبيع – الصَّيْف – الْخَريف

١١) شهُور السَّنَة:

يَنَاير – فِبْرَاير – مَارِس – أَبْريل – مَايُو – يُونْيُو – يُولْيُو – أُغُسْطُس – سِبْتَمْبِر – أُكْتُوبَر – نُوفَمْبِر – دِيسِمْبِر.

مراجعة عامّة من الْوحْدة السّادسة إلى الْوحْدة الْعاشرة

تدْريب (١)

١) كَم السَّاعَة؟ اكْتب الْوقْت كالْمثال:

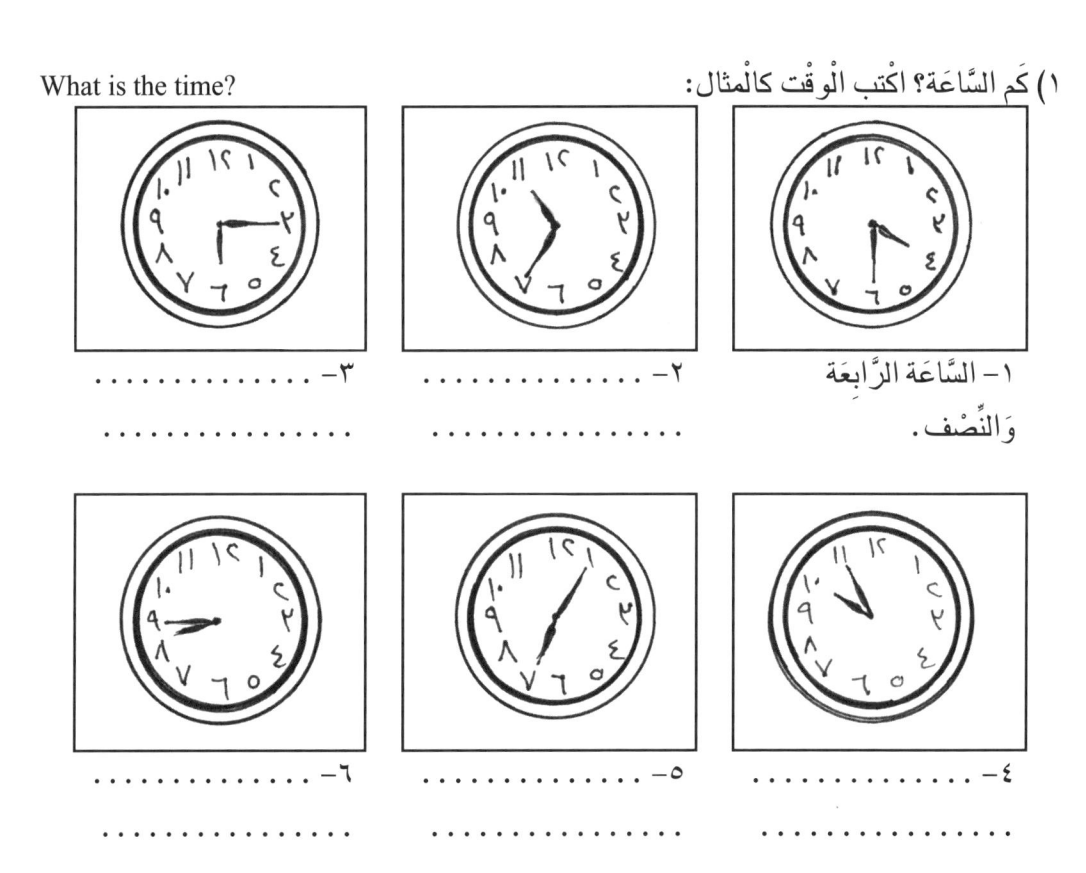

What is the time?

١ – السَّاعَة الرَّابِعَة وَالنِّصْف.

٢– ....

٣– ....

٤– ....

٥– ....

٦– ....

تدْريب (٢)

صلْ (أ) مَعْ الْوقْت الصَّحِيح مِنْ (ب):

Match the two columns:

(أ)	(ب)
١ – السَّاعَة ١٢:٣٠ .p.m.	أ – السَّاعَة الرَّابعَة وَالرُّبْع ظهراً.
٢ – السَّاعَة ٤:١٥ .p.m.	ب– السَّاعَة السَّادسَة وَالثّلث صَبَاحاً.
٣ – السَّاعَة ١٠:٤٥ .a.m.	ج– السَّاعَة السَّابعَة وَالنِّصف وَخَمْس دَقَائِق مَسَاء.
٤ – السَّاعَة ٣:٣٠ .p.m.	د– السَّاعَة الثَّامنَة وَخَمْس دَقَائق مَسَاء.
٥ – السَّاعَة ٨:٠٥ .a.m.	هـ– السَّاعَة الثَّالثَة وَالنِّصْف مَسَاء.
٦ – السَّاعَة ٧:٣٥ .p.m.	و– السَّاعَة الْحَادية عَشرَة إلَّا الرُّبْع صَبَاحاً.
٧ – السَّاعَة ٦:٢٠ .a.m.	ز– السَّاعَة الثَّانيَة عَشرَ ةوَالنِّصْف مَسَاء.
٨ – السَّاعَة ٩:٢٥ .p.m.	ح– السَّاعَة التَّاسِعَة وَالنِّصْف إلَّا خَمْس دَقَائق مَسَاء.

تدْريب (٣)

طَالِب (أ): اسْأل طَالِب (ب) كالحوار واكْتب المَعْلومات:

Ask your partner about the missing information:

أ – مَتَى تَصِلْ رِحْلَة رَقْم ٢٥٩ مِن سِيدْني؟

ب – السَّاعَة ٩:١٥ مَسَاء.

أ – وَمَا رَقْم الْبَوَّابَة؟

ب – رَقْم الْبَوَّابَة ١٢.

رقم الرحلة	الوصول من	الوقت	البوابة
٢٥٩	سيدني	٩:١٥ PM	١٢
٤٢٩	تورنتو	٨:٥٠ PM	١٥
٢٦٧	القاهرة	....	....
١٩٨	طوكيو	١٢:٢٠ PM	٤
٨٢١	برشلونة	....	....
٦٧٢	لوس أنجلوس	١٠:٤٠ AM	٦

طَالِب (ب): اسْأل طَالِب (أ) كالْحوار السّابق واكْتب المَعْلومات النّاقصة:

رقم الرحلة	الوصول من	الوقت	البوابة
٢٥٩	سيدني	٩:١٥ PM	١٢
٤٢٩	تورنتو	....	....
٢٦٧	القاهرة	٦:٥٠ AM	٧
١٩٨	طوكيو	....	....
٨٢١	برشلونة	٧:٤٠ PM	٢
٦٧٢	لوس أنجلوس	....	....

تدْريب (٤)

أجب عن الْأَسْئلة: Answer the questions:

١) هَلْ الجَوّ مُعْتَدِل الْآن؟

. . . .

٢) هَلْ يَتَغَدَّى رَؤُوف الْآن؟

. . . .

٣) هَلْ يَنَام عَلِيّ الْآن؟

. . . .

٤) هَلْ يَكْتُب مُصْطَفَى الْآن؟

. . . .

٥) هَلْ تَلْبَس فَاطِمَة فُسْتَاناً؟

. . . .

٦) هَلْ تَقْرَأ سُعَاد الْآن؟

. . . .

تدْريب (٥)

١) اخْتر الْإجابة الصَّحِيحة واكتبها تحْت الصّورة الْمناسبة.

Write the correct description under each picture.

١) ....

....

٢) ....

....

٣) ....

....

٤) ....

....

أ) أَحْمَد يَجْري فِي النَّادي . هُوَ يَلْبَس حِذَاءً للرِّيَاضَة.

ب) عَائِشَة تَذْهَب إِلَى الْعَمَل، هِيَ تَلْبَس تَاييراً جَمِيلاً.

ج) زَيْنَب لَا تَلْبَس سَاعَة. هِيَ تَلْبَس نَظَّارَة.

د) سَمِير يَذْهَب مَعْ زَوْجَتِهِ إِلَى الْحَدِيقَة فِي الإجَازَة الْأُسْبُوعِيَّة.

تدْريب (٦)

طَالِب (أ): اسْأل زميلك ثمّ امْلأ الْفراغ ، اسْتخدم: حَارّ – دَافِئ – مُعْتَدِل – بَارِد – بَارِد جِداً كالْمثال فِي الْحِوَار:

أ – كَيْف حَال الجَوّ فِي سياتل فِي شَهْري يَنَايِر وَفبْرَاير؟

ب – الجَوّ مُمْطِر وَحَارّ.

Take turns and answer using the expressions "hot - warm - cool - cold." Fill in the blanks following the model dialog:

طالب (أ)

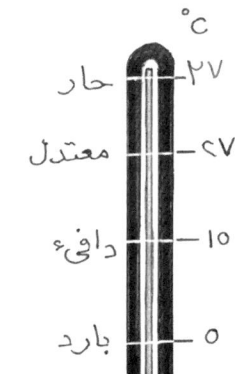

كيف حال الجو في ...؟	سياتل	سيدني	مصر
يناير / فبراير		٢٩°	بارد ممطر
مارس / أبريل	٤°		٢٠°
مايو / يونيو		١٨°	
يوليو / أغسطس	٢٢°		٢٨°
سبتمبر / أكتوبر		٢٥°	
نوفمبر / ديسمبر			١٨°

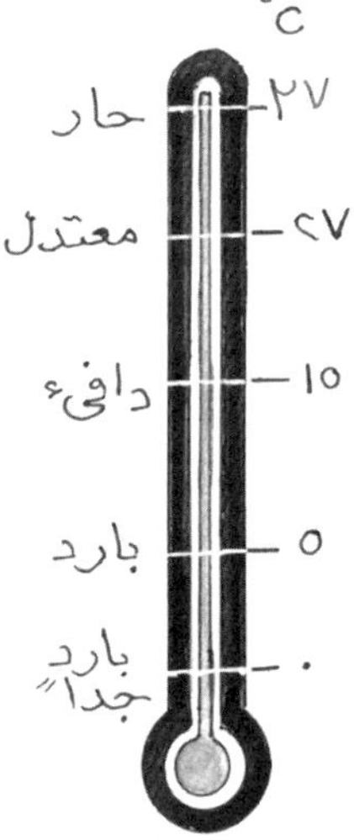

طَالِب (ب): اسْأل زَميلك ثمّ امْلأ الْفراغ، اسْتخدم: حَارّ – دَافِئ – مُعْتَدِل – بَارِد – بَارِد جِداً كالْمِثال في الْحِوَار:

ب – كَيْف حَال الجَوّ في سياتل في شَهْري يَنَايِر وَفِبْرَايِر؟

أ – الجَوّ مُمْطِر وَحَارّ.

Take turns and answer using the expressions "hot - warm - cool - cold." Fill in the blanks following the model dialog:

طالب (ب)

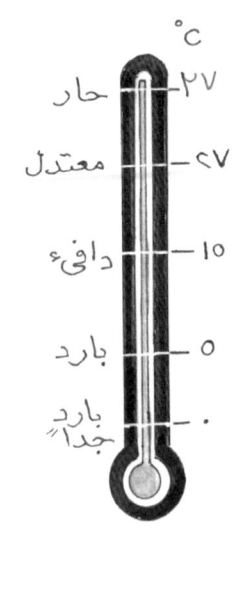

مصر	سيدني	سياتل	كيف حال الجو في...؟
٢°	حار ممطر	٨°	يناير / فبراير
	٢٨°		مارس / أبريل
٢٠°		١٩°	مايو / يونيو
	٢٨°		يوليو / أغسطس
٢٤°		١٦°	سبتمبر / أكتوبر
	٢٢°	٠°	نوفمبر / ديسمبر

تدْريب (٧)

١) مَنْ يَلْبَس هَذِهِ الْمَلابِس؟ Who is wearing these clothes?

نَظَّارَة - شُورْت - لِبَاس الْبَحْر (مَايُوه) - حِذَاء رِيَاضَة - بَنْطَلُون جِينْز - تِي شِيرْت - جُونِلَّة (تنورة) - قُبَّعَة

أ - يَلْبَس لِبَاس الْبَحْر وَائِل وسِهَام وسَيْف.

ب - يَلْبَس بَنْطَلُوناً طَوِيلاً ....

٢) مَاذَا يَفْعَل كُلٌّ مِنْهُم؟ What are they doing?

يَجْرِي - يَقْرَأ - يَكْتُب - يَلْعَب - يَسْبَح

١ - سَيْف ٢ - سِهَام

٣ - وَائِل ٤ - مَاجِد

٥ - عَبِير ٦ - تَهَانِي

تدْريب (٨)

١) صِلْ الجمْلة (أ) مَعْ (ب) لتكوّن جملاً عن الصّورة:

Match the two columns to make sentences about the picture:

جمْلة (ب)	جمْلة (أ)
يَقْرَأُ كِتاباً.	سَنَاء
يَشْرَب عَصيراً.	شَاكِر
يَأْكُل بِيتْسَا.	صَفْوَت
نَائِم عَلَى الكَنَبَة (الْأَريكَة).	سَليم
تَكْتُب خِطَاباً.	تَامِر
يُشَاهِد التلفزْيُون.	صَفَاء
تَتَكَلَّم في التِّليفُون.	عَلَاء

٢) اكْتب سؤالاً عن الأشْخاص في الصّورة ثمّ أجب عن السّؤال. اسْتخْدم: هَلْ / مَاذَا / مَنْ / أَيْن؟
Write questions about people in the picture, then answer your questions.

مثال: ١ – هَلْ سَنَاء تَلْعَب؟

– لا ، سَنَاء لَا تَلْعَب.

٢ – مَاذَا تَفْعَل سَنَاء؟

– هِيَ تَتَكَلَّم فِي التِّليفُون.

١) عَلاء / يَشْرَب

٢) شَاكِر / يَشْرَب

٣) سَلِيم / يَقْرَأ

٤) تَامِر / يَتَكَلَّم

٥) صَفَاء / تُشَاهِد التِّلفِزْيُون

٦) سَلْمَى / تَكْتُب خِطَاباً

تدْريب (٩)

١) مَاذَا تَعْمَل هُوَيْدَا في الإجَازَة الأُسْبُوعيَّة؟ اخْتر (✓) أو (✗).

مثال: هُوَيْدَا لا تُشَاهِد التِّلفِزْيُون فِي الإجَازَة.

(✗) (✓)

١ – تُشَاهِد التِّلفِزْيُون.

٢ – تَلْعَب رِيَاضَة.

٣ – تَطْبُخ.

٤ – تُنَظِّف.

٥ – تَقْرَأ.

٦ – تَسْمَعْ مُوسِيقَى.

٧ – تَكْتُب عَلَى الكُمْبْيُوتَر.

٢) مَاذَا يَفْعَل وَالد هُوَيْدَا في الْإجَازَة الْأسْبُوعيَّة؟ اخْتَر (✓) أو (✗).

مثال: وَالِد هُوَيْدَا يسمَعْ الْمُوسِيقَى فِي الْإجَازَة.

(✗) (✓)

١ – يُنَظِّف الْمَنْزِل.

٢ – يَقْرَأ الجَرِيدَة.

٣ – يَطْبُخ.

٤ – يُسْمَعْ الْمُوسِيقَى.

٥ – يَكْتُب عَلَى الكُمْبْيُوتَر.

٦ – يُشَاهِد التِّلفِزْيُون.

٧ – يَلْعَب تِنِس.

Useful Grammar Terms مصطلحات مفيدة

English term	Arabic term
Arabic grammar	قواعد العربية
Masculine	مذكر
Feminine	مؤنث
Demonstrative pronoun	اسم الإشارة
Relative adjective	صفة النسب
Letter	حرف
Word	كلمة
Question	سؤال
Sentence	جملة
Interrogation	أدوات الاستفهام
Negation	نفى
Independent pronoun	ضمير منفصل
Bound pronoun	ضمير متصل
Possessive pronoun	ضمير ملكية
Singular	مفرد
Dual	مثنى
Plural	جمع
Preposition of place	ظرف المكان
Preposition	حرف جر
Indefinite	نكرة
Definite	معرفة
Sun letters	حروف شمسية
Moon letters	حروف قمرية
Noun	اسم

Glossary الفهرس

English	Arabic
Father	أَبٌ
Needle	إِبْرَةٌ
Gold	إبريز
Pot	إِبْرِيقٌ
April	إبريل
Son	ابن
Daughter	ابنة
White	أبيض
During	أَثْنَاءَ
Clothes	أَثْوَابٌ
Ethiopia	إِثْيُوبْيَا
Holiday	أجازة
Prettier	أَجْمَلَ
Loved	أَحَبَّ
Anybody	أَحَدٌ
Feeling	إحساس
A male name	أَحْمَدُ
Red	أَحْمَرُ
Brother	أخ
News	أَخْبَارٌ
Sister	أُخْتٌ
Took	أَخَذَ
Wood	أخشاب
Green	أخضر
Sisters	أَخَوَاتٌ
Enter	ادخل
Ear	أُذُنٌ
Permission	إِذْنٌ
Numbers	أرقام

English	Arabic
Rabbit	أَرْنَبٌ
I want	أريد
Blue	أزرق
A male name	أُسَامَةُ
Week	أسبوع
Professor, Mr.	أستاذ
Break	استراحة
Australia	أستراليا
Airport information	استعلامات المطار
Baggage claim	استلام الحقائب
Application, form	استمارة
Continue until	استمر حتى
Keep going	استمر في
Lion	أَسَدٌ
Family	أُسْرَةٌ
Disk, record	أُسْطُوَانَةٌ
Prices	أسعار
I am sorry	آسف
Islam, also used as a male name	إسلام
My name is . . .	اسْمِي
My name is Khaled, and you?	اسْمِي خَالِدٌ وَأَنْتَ؟
Teeth	أسنان
Black	أسود
Trees	أَشْجَارٌ
Fingers	أصابع
Became	أَصْبَحَ
Yellow	أصفر

English	Arabic
Eighth	الثامن
Second	الثاني
Twelfth	الثاني عشر
The second	الثانية
The three	الثَّلاثُ
Tuesday	الثُّلاثَاءُ
The grandfather	الْجدُ
Grandfathers	الْجُدُودُ
Part	الْجُزْءُ
Algeria	الجزائر
Friday	الجمعة
Gouna, a Red Sea resort	الْجُونَةُ
Neighbors	الْجِيرَانُ
Eleventh	الحادي عشر
Love	الْحُبُّ
Hajj	الْحِجُّ
Heat	الْحَرُّ
Husayn (Cairo district)	الحسين
Gratitude	الْحَمْدُ
The animal	الْحَيَوَانُ
Fifth	الخامس
Autumn, fall	الخريف
Store	الْخَزِينُ
Vegetables	الْخُضْرَوَاتُ
Thursday	الخميس
Imagination	الْخَيَالُ
Income	الدَّخْلُ
Dokki (Cairo district)	الدقي
The world	الدُّنْيَا
Frame	إطَارٌ
Plates	أطباق
Exposed, showed	أظهر
Lame	أَعْرَجُ
Informed	أعلم
August	أغسطس
Branches	أغصان
Remembered	افتكر
Brilliance	أَفْذَاذٌ
Copts	أقباط
October	أكتوبر
Ate	أَكَلَ
Cups	أكواب
Monday	الإثنين
Vacation	الأجازة
Sunday	الأَحَدُ
Wednesday	الأربعاء
Jordan	الأردن
Now	الآن
The first	الأول
Dairy products	ألبان
Stinginess	الْبُخْلُ
Brazil	البرازيل
Oranges	البرتقال
Resurrection	الْبَعْثُ
Ninth	التاسع
Five minutes past nine	التاسعة وخمس دقائق
Tahrir (Cairo district), liberation	التحرير
Third	الثالث

English	Arabic
Daher (Cairo district)	الضاهر
Dab'a (town)	الضبعة
Weather	الطقس
Dhahran	الظهران
Tenth	العاشر
I play tennis	ألعب تنس
Currency	العملة
Mathematical equations, problems sets	العمليات الحسابية
Feast, Eid	الْعِيدُ
Living	العيش
Al-'Ain (U.A.E.)	العين
Hurghada	الغردقة
One thousand	ألف
Dawn	الْفَجْرُ
Pride, glory	الْفَخْرُ
Farafra (oasis)	الفرافرة
Fayoum	الفيوم
Cairo	القاهرة
Kuwait	الكويت
God bless you	الله يسلمك
Germany	ألمانيا
Hungary	المجر
International Language Institute	المعهد الدولي للغات
Morocco	المغرب
Minya (Egyptian city)	المنيا
Club	النادي
Austria	النمسا

English	Arabic
Doha	الدوحة
Slaughter	الذَّبْحُ
Gold	الذهب
Which, who (masculine)	الَّذِي
Fourth	الرابع
Profit	الرِّبْحُ
Spring	الربيع
Extinct bird	الرُّخُّ
Riyadh	الرياض
Za'farana (town)	الزعفرانة
Zamalek (Cairo district)	الزمالك
Seventh	السابع
A male name	السَّادَاتُ
Sixth	السادس
Saturday	السبت
Price	السعر
Saudi Arabia	السعودية
Embassy	السفارة
Sudan	السودان
Duty free	السوق الحرة
Sharjah (U.A.E.)	الشارقة
Winter	الشتاء
Chechnya	الشيشان
Salon, living room	الصالون
The morning	الصُّبْحُ
Desert	الصحراء
Somalia	الصومال
Summer	الصيف
China	الصين

English	Arabic
Nubia	النوبة
India	الهند
The oases	الواحات
The valley	الوادي
White rose	الوردة البيضاء
To	إلى
Yemen	اليمن
Greece	الْيُونَانُ
Mother	أُمٌّ
In front of	أمام
A male name	إمَامٌ
Combs	أمشاط
Rains	أمطار
My mother	أُمِّي
Prince	أَميرٌ
A male name	أَميرٌ
I	أَنَا
I am from	أنا من
You (male)	أنتَ
You (female)	أنتِ
You (masculine plural)	أنتم
You (dual)	أنتما
You (feminine plural)	أنتن
Warning	إنْذَارٌ
Miss (form of address)	آنسة
Rescued	أَنْقَذَ
Hello	أهلاً بكَ / بكِ
Welcome	أهلاً وسهلاً

English	Arabic
Papers	أوراق
Goose	إوَزَّةٌ
Children, boys	أَوْلادٌ
Can I help you?	أي خدمة؟
Days	أيام
Also	أيضاً
Salesman	بائع
Door	بَابٌ
Father, papa, dad	بَابَا
To spend the night	بَاتَ
Told a secret	بَاحَ
Cold	بارد
Prominent	بارز
Sold	باع
Exactly	بالضبط
Coat	بالطو
A female name	بُثَيْنَةُ
Beside, next to	بجانب
Searched	بَحَثَ
Sea	بَحْرٌ
Vapor	بُخَارٌ
Was miserly	بَخَلَ
Miser	بخيل
The beginning	بدء
Appeared, seemed	بَدَا
Started	بدأ
Began	بَدَأَ
A man's suit	بدلة – سترة
Seeds	بُذُورٌ
Oranges	بُرْتُقَالٌ
Orange	برتقالي

English	Arabic	English	Arabic
To ring, hammer	تَدُقُّ	Tower	بُرْجٌ
Dust	تُرَابٌ	Garden	بُسْتَانٌ
Tailor	ترزي	Ducks	بط
Canal	تِرْعَةٌ	Sweet potatoes	بطاطا
Registration	تسجيل	Potatoes	بطاطس
To watch	تُشَاهِدُ	Credit card	بطاقة ائتمان
Delay	تعطيل	Slow	بطيء
Apples	تُفَّاحٌ	Watermelon	بَطِّيخٌ
Apple	تُفَّاحَةٌ	After	بعد
Intersection	تقاطع	Greetings	بعد التحية
Pupil, student	تلميذ	Afternoon	بعد الظهر
Telephone	تِليفُونٌ	Cows	بقر
Statues	تَمَاثِيلُ	My country	بَلَدِيٌّ
Okay	تَمَامٌ	Girls	بَنَاتٌ
Exactly	تماماً	Girl	بِنْتٌ
Statue	تِمْثَالٌ	Rifle	بُنْدُقِيَّةٌ
Dates	تَمْرٌ	Gate	بوابة
Crocodile	تِمْسَاحٌ	Stove	بوتجاز – موقد
Raspberry	تُوتٌ	Owl	بُومَةٌ
Figs	تِينٌ	House	بَيْتٌ
Wealth, fortune	ثَرْوَةٌ	With my hands	بِيَدِي
Snake	ثُعْبَانٌ	Sale	بيع
Fox	ثَعْلَبٌ	In between, between	بين
Hole	ثُقْبٌ	Houses	بُيُوتٌ
Three	ثَلاثَةٌ	Crown	تَاجٌ
Thirty	ثَلاثُونَ	Birth date	تاريخ الميلاد
Refrigerators	ثلاجات	Slowing	تباطؤ
Refrigerator	ثلاجة	Under	تَحْتَ
One-third	ثُلُثٌ	Below zero	تحت الصفر
Fruit	ثِمَارٌ	Below me	تَحْتِي
Valuable	ثَمِينٌ	Graduation	تخرّج

English	Arabic	English	Arabic
Dehydration	جفاف	A female name	ثَنَاءٌ
Galabiya, tunic	جِلْبَابٌ	Robe	ثَوْبٌ
Sat	جلس	Ox	ثَوْرٌ
Customs	جمارك	Revolution	ثَوْرَةٌ
A male name	جَمَالٌ	Garlic	ثَوْمٌ
Camels	جِمَالٌ	A female name	ثُوْمَةُ
Camel	جَمَلٌ	Clothes	ثِيَابٌ
Sentence	جُمْلَةٌ	A female name	جَابِي
Beautiful (masculine)	جَمِيلٌ	Argued	جادل
Beautiful (feminine)	جَمِيلَةٌ	Neighbor	جَارٌ
Soldier	جُنْدِيٌّ	Jacket	جاكت
Nationality	جنسية	University	جامعة
Soldiers	جُنُودٌ	Mountains	جِبَالٌ
One pound	جنيه	Cheese	جُبْنٌ
Pound (currency)	جُنَيْهٌ	Corpse	جُثَّةٌ
Two pounds	جنيهان	A small hole	جُحْرٌ
Passports, airport immigrations	جوازات	Grandfather	جِدٌّ
		Grandmother	جدة
Guavas	جَوَافَةٌ	New	جَدِيدَةٌ
Sock	جورب	Worthy	جدير
Army	جيش	Pocket	جِرَابٌ
Armies	جيوش	Surgeon	جراح
Wall	حَائِطٌ	Tractor	جرار
Hot	حار	Wound	جُرْحٌ
A male name	حَامِدٌ	Made an inventory	جَرَدَ
A stand	حامل	Bell	جَرَسٌ
Pregnant	حَامِلٌ	Puppy	جِرْوٌ
Tried	حَاوَلَ	Ran	جَرَي
A male name	حَبَشِيٌّ	Newspaper	جَرِيدَةٌ
Grains	حُبُوبٌ	Carrots	جَزَرٌ
Stones	حِجَارَةٌ	Bridge	جِسْرٌ

English	Arabic	English	Arabic
Barber	حلاق	Stone	حَجَرٌ
Milked (a cow)	حَلَبَ	Room	حُجْرَةٌ
Cooking pot	حَلَّةٌ	Reception	حجرة الاستقبال
Shaved	حلق	Living room	حجرة المعيشة
Dream	حُلُمٌ	Bedroom	حجرة النوم
Donkey	حمَارٌ	A hawk-like bird	حِدَأَةٌ
Enthusiasm	حماس	Borders, limits	حُدُودٌ
Bathroom, a bath	حَمَّامٌ	Iron	حَدِيدٌ
Ladies' room	حمّام سيدات	Garden, park	حديقة
Carried	حَمَلَ	Garden	حَدِيقَةٌ
Walls	حوائط	Shoe	حِذَاءٌ
Almost, around	حَوَالَيْ	Cautious	حَذِرَ
Whale	حُوتٌ	Canceled, omitted	حُذِفَ
Sink	حوض	Heat, hot	حر
Bathtub	حوض الاستحمام، بانيو	Heat, temperature	حَرَارَةٌ
Life	حياة	War	حَرْبٌ
Afraid	خَائِفٌ	Plowed	حَرَثَ
Private	خاص	Embarrassed	حَرَجَ
A male name	خَالِدٌ	Letters	حُرُوفٌ
Baker, stove	خَبَّازٌ	Silk	حرير
Bread	خُبْزٌ	Political party	حزب
Cunning	خَبِيثٌ	Became sad	حَزَنَ
Expert	خبير	Calculated	حَسَبَ
Seal	خَتْمٌ	Grass	حشيش
Shy	خجل	Horse	حُصَانٌ
Was shy, shyness	خَجَلَ	Put	حط
Anaesthetize	خَدَّرَ	Party	حفل
Served	خَدَمَ	Party	حَفْلَةٌ
Let down	خَذَلَ	Bags	حقائب
Went out	خَرَجَ	Rights	حقوق
		Bag	حَقِيبَةٌ

English	Arabic	English	Arabic
Became drowsy	دُخْتُ	Went out	خَرَجْتْ
Turn around	در	Beads	خرز
Bicycle	دَرَّاجَةٌ	Exit, exiting	خُرُوجٌ
Study	دراسة	Sheep	خَرُوفٌ
Drawer	دُرْجٌ	Safe, treasury	خَزَانَةٌ
Class, level, grade	درجة	Stored	خَزَنَ
Temperature	درجة الحرارة	Cashier, safe box	خزينة
Lesson	دَرْسٌ	Lettuce	خَسٌّ
Shower	دش	Wood	خشب
Flour	دَقِيقٌ	Feared, to be afraid	خَشِيَ
Bucket	دَلْوٌ	Vegetables	خُضَارٌ
Guide, proof	دليل	Green (feminine)	خَضْرَاءُ
Blood	دم	Letter	خِطَابٌ
Tears	دُمُوعٌ	Letters	خطابات
Medicine	دَوَاءٌ	Bat	خُفَّاشٌ
Cattle, herd	دَوَابٌّ	Hid	خَفِيَ
Role, floor	دور	Light (weight)	خفيف
Lavatory, restroom	دورة مياه	Mixed	خَلَطَ
Cupboard, closet	دولاب	Behind	خلف
Closet	دُولابٌ	Created	خلق
My home, city	دِيَارِي	Downpayment	خُلُوٌّ
December	ديسمبر	Five	خَمْسَةٌ
Rooster	دِيكٌ	Peaches	خُوخٌ
Wolves	ذِئَابٌ	Helmet	خُوذَةٌ
Wolf	ذِئْبٌ	Fear	خَوْفٌ
Who has	ذَا	Cucumber	خِيَارٌ
Dissolved	ذَابَ	Horses	خَيْلٌ
That	ذَاكَ	House	دَارٌ
Flies	ذُبَابٌ	Warm	دافئ
Fly	ذُبَابَةٌ	Bear	دُبٌّ
Slaughtered	ذَبَحَ	Chicken	دَجَاجَةٌ

English	Arabic	English	Arabic
Plus, extra	زائد	Arm	ذِرَاعٌ
Garbage	زبالة	Corn	ذُرَةٌ
Client	زبون	Chin	ذَقْنٌ
Bottle	زجاجة	Going	ذَهَابٌ
Water bottle	زجاجة ماء	Went	ذَهَبَ
Button	زر/ زرار	Gold	ذَهَبُ
Agriculture	زراعة	Gold	ذهبي
Colleagues	زملاء	Who has	ذُو
Partner, colleague	زميل	Who has	ذِي
Flower	زهرة	Tail	ذَيْلٌ
Flowers	زهور	Lung	رئة
Marriage	زواج	Radio	راديو
Husband	زوج	Head	رَأْسٌ
Wife	زوجة	Won	رَبَحَ
Visit	زيارة	Quarter	ربع
Short visit	زيارة قصيرة	Men	رجال
Oil	زَيْتٌ	Returned	رجع
Sarcastic	ساخر	Leg	رِجْل
Watch, clock, hour	ساعة	Man	رَجُلٌ
Leg	ساق	Trip	رحلة
Asked	سَأَلَ	To have mercy	رَحَمَ
A male name	سَامِحٌ	Mercy	رحمة
September	سبتمبر	Cheap	رَخِيصٌ
Lion	سَبْعٌ	Attire	رداء
Whiteboard	سبورة	Letter	رسالة
Curtain	ستارة	Lead, bullets	رصاص
You will visit	ستزور	Sidewalk	رصيف
Pulled	سَحَبَ	Shelf	رف
Water heater	سخان	Number	رقم
Bed	سَرِيرٌ	Sands	رمال
Price	سعر	Pomegranates	رمان

English	Arabic	English	Arabic
A drink	شراب	A male name	سَعِيدٌ
Sail	شراع	Traveling	سفر
To drink	يشرب	Ship	سَفِينَةٌ
Drank	شَرِبَ	Poured	سكب
Explained	شَرَحَ	Sugar	سكر
Policeman	شرطي	Knife	سكين
Company	شركة	Serenity	سكينة
Construction company	شركة بناء	Stairs	سلالم
		Peace	سلام
Apartment	شقة	Hello	سلام عليكم
Thanked	شكر	Basket	سلة
Thank you very much	شكراً جزيلاً	Waste basket	سلة مهملات
		Stairs	سلم
Sun	شمس	Ladder	سلم
Umbrella	شمسية	Fish	سمك
Candle	شمعة	Fishing rod	سنارة
Month	شهر	Year	سنة
Months	شهور	Fence	سُورٌ
Streets	شوارع	Market	سوق
Soup	شوربة	A female name	سِيَادَةٌ
Fork	شَوْكَةٌ	Car	سيارة
(Potato) chips	شيبسي	Cigarette	سيجارة
Rocket	صَارُوخٌ	Lady	سيدة
Hall, living room	صالة	Street	شارع
Airport transit hall, layover lounge	صالة الترانزيت	Beach	شاطئ
		Saw	شاف
Arrival hall	صالة وصول	Youth	شباب
Morning	صباح	Window	شُبَّاكٌ
Good morning	صَبَاحُ الْخَيْرِ	Winter	شتاء
Good morning	صَبَاحُ النُّورِ	Tree	شجرة
In the morning	صباحاً	Fragrance	شذا

English	Arabic	English	Arabic
Drums	طبول	Morning	صُبْح
Doctor	طَبِيبٌ	Journalist (feminine)	صحفية
Dentist	طبيب الأسنان	Rocks	صخور
Ground	طَحَنَ	Friend	صديق
Tahini	طحينة	Your friend	صديقك
Threw, suggested	طَرَحَ	Screamed	صَرَخَ
Roads	طرق	Small	صغير
Road	طريق	Page	صفحة
Food	طعام	Box	صندوق
Child	طفل	Pictures	صور
Tomato	طماطم	Picture	صُورَةٌ
All the time	طول الوقت	Pharmacist	صيدلي
Tall, long	طويل	Pharmacy	صيدلية
Pilot	طيار	Summer	صَيْفٌ
Mud	طين	Chinese	صيني
Birds	طُيُورٌ	Tray	صينية
Apparent	ظاهر	Police officer	ضابط
Deers	ظباء	Officers	ضباط
Deer	ظبي	Laughed	ضَحِكَ
Envelope	ظرف	Beat	ضرب
Envelopes	ظروف	Hit	ضَرَبَ
Cute, funny	ظريف	Molar	ضرس
Nail	ظفر	Molars	ضروس
Shadow	ظل	Rib	ضلع
Shadows	ظلال	Light	ضَوْءٌ
Hoof	ظلف	Guest	ضيف
Back	ظَهْر	Plane	طائرة
Noon	ظُهْر	Queue, line	طابور
At noon	ظهراً	Cooked	طَبَخَ
Appearance	ظهور	Plate	طبق
Extended family	عائلة	Drum	طبلة

English	Arabic	English	Arabic
Milk carton	علبة لبن	A male name	عَادِلٌ
Flag	علم	Lived	عاش
On, over, above	على	Capital	عاصمة
At the beach	على الشاطئ	Year	عام
On the left	على اليسار	Worship	عبادة
On the right	على اليمين	Reproach	عِتَابٌ
Buildings	عمارات	Found	عَثَرَ
Building	عمارة	A male name	عُثْمَانُ
Laborers	عمال	Wondered	عَجَبَ
Currency	عملة	Calves	عُجُولٌ
Grapes	عِنَبٌ	Car, compartment	عربة
He has	عنده	To limp	عَرَجَ
I have	عِنْدِي	Bride, doll	عروسة
Barking	عُوَاءٌ	Played music	عزف
Capitals	عواصم	Dear (feminine)	عزيزتي
Lute	عُودٌ	Dear	عزيزي
Clinic	عيادة	Ten	عشرة
Shame, flaw	عَيْبٌ	Gang	عصابة
Birthday party	عيد ميلاد	Perfume	عطر
My feast	عِيدِي	Vacation	عطلة
Eye	عين	Weekend	عطلة أسبوعية
Eye, spring	عَيْنٌ	Perfumes	عطور
Defects, flaws	عُيُوبٌ	Bones	عظام
Eyes	عُيُونٌ	Bones	عظم
Cloudy	غائم	Greatness	عَظَمَة
Expensive	غالي	Bone	عَظْمة
Glue	غراء	Great	عظيم
Crows	غربان	Excuse me; sorry; you're welcome	عفواً
Chamber, room	غرفة		
Room	غرفة	Scorpion	عقرب
Deer	غزال	Box	علبة

English	Arabic	English	Arabic
Season	فصل	Deers	غزلان
Seasons	فصول	Plentiful	غزير
Silver	فضي	Washing machines	غسالات
Horrible, incredible	فظيع	Washing machine	غسالة
Poverty	فقر	Branch	غصن
Thought	فكّر	Inflation	غلاء
Jasmine-like flower	فل	Rich	غني
Coffee cup	فنجان	Cloud	غيمة
Hotel	فندق	Clouds	غُيُومٌ
Above, on top of	فوق	Passed	فَاتَ
In, inside	في	Fayed (Egyptian city)	فايد
On vacation	في أجازة		
List	قائمة	February	فبراير
Capable	قادر	Can opener	فتاحة
Said	قال	Tear apart	فَتْقٌ
Hat	قُبَّعة	Sedition	فِتْنَةٌ
Before	قبل	Brilliant	فَذٌّ
Zucchini	قَثَّاءُ	Chicken	فِرَاخٌ
Capability	قدرة	Free time	فراغ
Threw	قَذَفَ	A male name	فَرَجٌ
Monkey	قرد	Was happy	فرح
Loan	قرض	Became happy	فَرِحَ
Monkeys	قرود	Chick	فَرْخٌ
Piasters (currency)	قُرُوشٌ	Brushes	فرش
Villages	قُرى	Teams	فرق
Village	قرية	Oven	فرن
Department	قسم	France	فرنسا
Police station	قسم البوليس	French	فرنساوي
Peel	قشر	Unique, also a male name	فَرِيدٌ
Story	قصّة		
Palace	قصر	Dress	فُسْتَانٌ

English	Arabic	English	Arabic
Kaaba	كعبة	Stories	قصص
Palm	كف	Short	قصير
All	كل	Train	قطار
Everyday	كل يوم	Cat	قطة
Talk	كلام	Cotton	قطن
Dog	كَلْبٌ	Stop	قف
Word	كلمة	Glove	قُفاز
All of us	كلنا	Jumped	قفز
What is the time now?	كم الساعة الآن؟	Cage	قفص
		Pen	قلم
Couch	كنبة / أريكة	Cloth	قماش
Church	كنيسة	Shirt	قميص
Cave	كهف	Hedgehog	قُنْفُذٌ
Caves	كهوف	Departure	قيام
Cup	كوب	Goblet, cup	كأس
Bag	كيس	Camera	كاميرا
How is the weather today?	كيف / ما حالة الطقس اليوم	Priest	كاهن
		Big	كبير
How?	كيف؟	Book	كِتَابٌ
Kilogram	كيلو	Books	كتب
Don't be late	لا تتأخر	He wrote	كَتَبَ
No problem	لا مشكلة	Kohl	كُحل
Note	لاحظ	Also, as well	كذلك
Chewing gum	لُبان	Notebooks	كراسات
Got dressed	لِبس	Notebook	كراسة
Milk	لبن	Chairs	كراسي
Beard	لحية	Ball	كرة
Therefore	لذَلكَ	Chair	كرسي
Delicious	لَذيذٌ	Broke	كسر
Tongue	لسان	Laziness	كسل
Glued	لصق	Lazy	كسلانة

English	Arabic	English	Arabic
Lawyer	محامي	Thieves	لصوص
Respectable	مُحْتَرَمٌ	Nice	لطيف
Bus stop	محطة أتوبيس (موقف)	Toy	لعبة
		Turn	لف
Issuing station	محطة الإصدار	For you	لك
Store	محل	But	لكن
Mobile phone	محمول	Why?	لماذا؟
A male name	مُحْيِي	For us	لنا
School	مَدْرَسَةٌ	If you please	لو سمحت
Heater	مِدْفَأَةٌ	Lolo, a female name	لولو
A female name	مَدِيحَةُ	Color	لون
Manager	مدير	Color/colors	لون / ألوان
Manager (feminine)	مديرة	Lemon	ليمون
Having fun	مَرَحٌ	Minaret	مِئْذَنَةٌ
Hello	مرحباً	Celsius	مئوية
Boat	مركب	What is your name?	مَا اسْمُكَ؟
Mall, shopping center	مركز تجاري	What do you do for work?	ما عملك؟
Patient, sick	مريض	What is the day today?	ما هو اليوم؟
Good afternoon / evening	مَسَاءُ الْخَيْرِ	One hundred	مائة
Good afternoon (used as a reponse)	مَسَاءُ النُّورِ	Two hundred	مائتان
		March	مارس
At night, in the evening	مساءاً	A male name	مَأْمُونٌ
		May	مايو
Hospital	مستشفى	Freezing	متجمد
Mosque	مَسْجِدٌ	Museum	متحف
Theater	مسرح	Dusty	مترب
Ruler	مسطرة	Triangle	مُثَلَّثٌ
Serial, soap opera	مسلسل	Dual	مُثَنَّى
Muslim	مسلم	Accountant	محاسب

English	Arabic	English	Arabic
Broom	مكنسة	Comb	مشط
Iron	مكواة	Sunny	مشمس
A plot	مكيدة	Side light, torch	مصباح
Clothes	ملابس	Egypt	مصر
Actor	ممثل	Elevator	مصعد
Eraser	ممحاة	Racket, bat	مضرب
Passage	ممر	Airport	مطار
Nurse	ممرضة	Kitchen	مطبخ
Rainy	ممطر	Rain	مطر
From	من	Restaurant	مطعم
Who are you?	من أنت؟	Needed, requested	مطلوب
Where are you from?	من أين أنت؟	Pocket knife	مطواة
Where is this from?	من أين هذا / هذه؟	With	مع
Who is he?	من هو؟	Goodbye	مع السلامة
Who?	من؟	Moderate	معتدل
Suitable	مناسبة	With you	معك
Windows	مَنَافِذُ	Teacher	مُعَلِّمٌ
Towel	منشفة	Personal information	معلومات شخصية
A female name	مُنَى	Key	مفتاح
Dowry, bride's gift	مَهْر	A male name	مَفْدِيٌّ
Important	مهم	Scissors	مقص
Engineer	مهندس	Seat	مقعد
Present, available	مَوْجُودٌ	Closed	مَقْفُولٌ
Source of income	مَوْرِدٌ	Pencil case	مقلمة
Banana	موز	Coffee shop	مقهى
Music	موسيقى	Office	مكتب
Issue, subject	مَوْضُوعٌ	Security office	مكتب الأمن
Employee	موظف	Tourist information office	مكتب السياحة
Appointment	موعد	Post office	مكتب بريد
Mechanic	ميكانيكي	Library, bookstore	مكتبة
Praise	ثَنَاءٌ		

English	Arabic	English	Arabic
This (masculine)	هَذَا	People	ناس
Those (dual)	هَذَانِ	Window	نافذة
This (feminine)	هَذِه	Minus	ناقص
Pyramid	هرم	Plant	نَبَاتٌ
Do you work?	هل تعمل؟	Desert berries	نَبْقٌ
Crescent	هلال	Star	نجم
Anchor	هلب	Stars	نجوم
They	هم	A female name	نَجْوَى
Them	هما	We	نحن
Burdens	هموم	Palm tree	نَخْلَةٌ
Indian	هندي	Vowed, pledged	نَذَرَ
Indians	هنود	Eagle	نسر
He	هُوَ	Monkey	نسناس
Air	هَوَاءٌ	Active, energetic (feminine)	نشيطة
She	هي		
A female name	وِئَامٌ	Script	نصّ
A male name	وَائِلٌ	Advised	نَصَحَ
Wide	واسع	Matured	نَضَجَ
Preacher	واعظ	Kicked	نَطَحَ
Father	والد	Glasses	نظارة
Mother	والدة	Nefertiti	نفرتيتي
Trusted	وَثِقَ	Transported	نقل
A male name	وَجْدِي	Numbers	نمر
Afraid	وجل	Tiger	نَمِرٌ
Frightened, fear	وَجَلَ	Number	نمرة
Face	وجه	Notepad	نوتة
Faces	وجوه	Light	نور
A female name	وِدَادُ	November	نوفمبر
Farewell	وَدَاعٌ	Hoopoe	هدهد
Rose	وَرْدَةٌ	A female name	هُدَى
Paper	وَرَقَةٌ	Present	هدية

English	Arabic	English	Arabic
To study	يدرس	Roses	وُرُودٌ
To teach	يُدرِّس	Baggage check-in	وزن الحقائب
To approach	يَدْنُو	Pillow	وِسَادَةٌ
To study	يذاكر	Intervention	وَسَاطَةٌ
To go to the cinema	يذهب إلى السينما	Medal	وِسَامٌ
To go to work	يذهب إلى العمل	Handsome	وَسِيمٌ
To inherit	يَرِثُ	Scarf	وِشَاحٌ
To go back, return	يرجع إلى	Arrived	وَصَلَ
To ride	يركب	Arrival	وُصُولٌ
To gaze, look	يَرْنُو	Put down, place	وَضَعَ
To visit	يزور	New job	وظيفة جديدة
To ask	يسأل	Jar	وِعَاءٌ
Equals	يساوي	Preachers	وعاظ
To bathe	يستحم	Preaching	وعظ
To wake up	يستيقظ	A female name	وَفَاءٌ
A female name	يُسْرَا	Delegation	وَفْدٌ
To listen, to hear	يسمع	Stood up	وَقَفَ
To watch	يشاهد	Standing up	وُقُوفٌ
To thank	يَشْكُرُ	Childbirth	وِلادَةٌ
To get up	يَصْحُو	Boy	وَلَدٌ
To go up	يصعد	A male name	وَلِيدٌ
To listen	يُصغي	Sir, madam	يا افندم
To cook	يطبخ	A male name	يَاسِر
To work, to do	يعمل	A female name	يَاسَمِينُ
To wash	يغسل	To have dinner	يتعشى
To have breakfast	يفطر	To have lunch	يتغدى
To meet	يقابل	To run	يجري
To read	يقرأ	To sit	يجلس
To stand (up), to stop	يقف	To like, to love	يحب
To write	يكتب	A male name	يَحْيَى
He writes	هو يَكْتُبُ	Hand	يَدٌ

English	Arabic
To get dressed	يلبس
Right (side)	يَمِينٌ
Yen	يِنٌ
To sleep	ينام
January	يناير
To go down	ينزل
To clean	ينظف
To get out of bed	ينهض من فراشه
A male name	يُوحَنَّا
Tangerines	يُوسُفِي
July	يوليو
Day	يَوْمٌ
A male name	يُونَانُ
June	يونيو
Three pounds	٣ جنيهات
Five minutes to nine	التاسعة إلا ٥ دقائق